BU DONG GUANLI JIU ZUOBUHAO LAOBAN

# 不懂管理就做不好老板

陶雅慧 孙朦 著

管理篇

吉林出版集团有限责任公司

图书在版编目（CIP）数据

不懂管理就做不好老板 / 陶雅慧著. -- 长春：吉林出版集团有限责任公司，2014.6
ISBN 978-7-5534-4435-2

Ⅰ．①不… Ⅱ．①陶… Ⅲ．①企业管理 Ⅳ．
① F270

中国版本图书馆 CIP 数据核字 (2014) 第 097187 号

## 不懂管理就做不好老板

| 作　　者 | 陶雅慧　孙朦 |
| --- | --- |
| 选题策划 | 北京瀚文锦绣国际文化有限公司 |
| 策划编辑 | 孙朦　陶雅慧 |
| 责任编辑 | 王平　齐琳 |
| 封面设计 | 邓文强 |
| 开　　本 | 710*1000　1/16 |
| 印　　张 | 20 |
| 版　　次 | 2014 年 8 月第 1 版 |
| 印　　次 | 2014 年 8 月第 1 次印刷 |
| 出　　版 | 吉林出版集团有限责任公司 |
| 电　　话 | 总编办：010-63109269 |
|  | 发行部：010-52473226 |
| 印　　刷 | 三河德利印刷有限公司 |

ISBN 978-7-5534-4435-2　　定价：34.00 元

如有印刷、装订质量问题，请致电 010-52473227

版权所有，侵权必究

# 前 言

　　经营与管理是密不可分的。经营与管理，好比企业中的阳与阴，"他"与"她"，必须共生共存，在相互矛盾中寻求相互统一：光明中必须有阴影，而阴影中必须有光明；经营与管理也相互依赖，密不可分。忽视管理的经营是不能长久，不能持续的，挣回来多少钱，又浪费掉多少钱，"竹篮打水一场空"，白辛苦。

　　四川农村有一句土话："外面有个笆笆，家里有个篓篓"，意思是男人在外面挣钱，女人在家里也要节省，小日子才能过得红火，说的是同样的道理。另一方面，忽视经营的管理是没有活力的，是僵化的，为了管理而管理，为了控制而控制，只会把企业管死；企业发展必须有规则，有约束，但也必须有动力，有张力，否则就是一潭死水。

　　企业使用人才问题，在当前情况下是一个所有管理者比较关心的问题。如何使用人才使企业利润最大化，或者说利益最大化，这是一门科学，也是一门艺术。

　　乔布斯是一个"走动式管理"大师。苹果公司的员工可能每天都会看到他在走廊里走动，然后顺便拜访并询问："你现在在做什么？"或者"你有什么问题吗？"偶尔，甚至还会被问到一些更富挑战性的问题："你做什么能让我觉得我付给你工资是值得的？"

　　对某些团队成员来说，这可能会让他们不舒服。他们认为这是"微观管理"。但是，这种方法也能创造一些积极的情绪，使人们感觉到："他不仅关心产品，也同样关心我在其中所起的作用。我是伟大事业的一部分，我们一起参与其中。"长期以来，乔布斯通过不断出现在员工的生活中来管理他们。他认为，如果你平易近人并且愿意聆听他们的心声，他们就会努力提升自己以达到你的期望。

  管理的实质是什么？管理心理学对于管理实践的指导意义和现实价值又是什么？如何才能让他人努力工作？是命令他？强迫他？还是影响他？激励他？对于任何一个合格的企业管理者而言，"知彼知己"方能"百战不殆"。

  本书浓缩了当今著名企业的管理智慧，采撷了当今最强企业的管理精华，反映了经济全球化大背景下企业所面临的运行速度和规律，具有很好的借鉴和指导意义。能让管理者在轻松愉快的阅读中学习到世界级管理大师的管理套路，领悟到管理的奥秘和真谛。相信本书对于想成为一个优秀管理者的老板，有着深刻的指导意义。

# 目 录

## 第一章 做一名成功的老板

今日的不平凡皆是昨日平凡的累积所造就，这似乎在告诉我们"没有成功的捷径"，更多的是认真、实在的学习管理技能，把每一种技能的掌握当做功力的累积。

总经理的特质 /2

领导能力九大自然法则 /4

老板要善于内省 /10

面对错误，勇于承担 /11

是老板，也是普通人 /14

明确的目标是企业走向成功的基础 /15

对员工进行目标管理 /21

编制计划的基本步骤和方法 /25

现实地估算时间 /29

效率提高10%的秘密 /32

老板该不该有情绪 /34

抑制工作中的自负 /37

学会控制你的愤怒 /39

笑是精神消毒剂 /42

如何面对中年职业倦怠 /44

# 第二章 与时俱进，大胆创新

成功不仅是一种可能，你还必须要实现它，否则你就是一个永远失败的人。我们无法做到与时间赛跑，因为我们永远都跑不过它，但是我们完全有可能做到比自己原先的步伐再快一些。每个人之所以会有不同的成就，原因就在于所提出的问题不同，思考的方式不同，吸取他人智慧的程度不同。

全面强化创新意识 /48

努力适应全新思维 /49

及时更新管理方式 /53

开发执行官的领导艺术 /57

知识管理时代下的领导能力开发 /59

技术 ≠ 知识管理 /62

员工是强大知识体系的载体 /64

如何靠演说激发干劲 /68

建立公司的质量改进计划 /70

全员参与质量管理 /71

预见危机，防患于未然 /74

选择时机，压缩经营规模 /77

果断应对突发事件 /80

# 第三章 以人为本，注重团队管理

管理者一定要重视利用团队。团队可以随时组建，完成工作，随后予以解散。团队所做的工作是无法用其他方法来完成的。不管是研制新产品还是改进流程，团队可以把多种优势、技能和知识揉合在一起。

要给予充分授权 /84

充分尊重下属 /87

采用优秀的管理原则 /90

改善工作环境，提高效率 /94

提升面试技巧 /96

评估求职者的适应性 /98

性格测试中的设计 /100

招聘高情商的人才 /104

构建高效团队 /106

让团队运作有效 /110

让员工树立主人翁意识 /113

放下老总架子 /115

采用个性化绩效管理体系 /118

360度反馈评估 /123

绩效管理中的"皮格马利翁效应" /126

企业文化是一种软性管理 /130

# 第四章 提升管理效能，合理财务体系

为了保持员工的报酬满意度，各个公司都建立了相应的制度，其目的在于保持公司的工资水平在内部比较与同其他公司的外部比较中处于均衡状态。

保持均衡制度的因素 /134

消除传统财务会计制度的弱点 /137

财务总监要全面把握现在状况 /141

算一算，你的公司能跑多快 /145

算清公司成长账 /147

破解集团财务信息化难题 /149

企业筹资的方式 /152

资本运作的特征 /154

固定资产投资的分类 /155

固定资产投资的特点 /156

固定资产投资管理的程序 /157

固定资产投资的现金流量 /158

投资决策中使用现金流量的原因 /160

投资决策评价指标 /161

# 第五章 科学人事管理，提升人才素质

我们知道，21世纪是全球化时代、知识经济时代，"21世纪最贵的是人才"，人在价值创造中的地位和作用越来越重要，企业的生存和发展越来越依赖于人的因素，越来越多的企业通过"人"来获得竞争优势，人力资源管理渐成一门科学。

学习人事管理的意义 /164

人事管理的研究方法 /166

加强人事管理机构建设 /168

国有企业人事管理的转变 /174

制定高级人才引进策略 /182

加强猎头合作 /185

如何发展新成员 /191

新手上岗前的管理 /193

管人的技法 /195

促使下属快速成长 /199

劳动合同的履行与变更 /203

劳动合同的解除与终止 /206

劳动争议的处理 /208

深化事业单位的人事制度改革 /212

事业单位工作岗位分类 /216

退休标准和退职标准 /218

离退休人员的管理与服务 /220

# 第六章 世界500强高管给你的建议书

要努力掌握、精通这些来自世界五百强企业高管们的思想，因为掌握了这些思想就等于打开了一个新世界。但要记住，世界500强的这些管理方略也只是工具，重要的还是扩展思路，提高思维水平。

沃尔玛的低成本经营模式 /226

虚拟经营的典范——耐克 /232

宝马——成功的新形象 /236

迪士尼的体验营销模式 /240

戴尔：演绎直销的先行者 /246

雀巢公司的模块组合战略 /251

宝洁公司的多品牌营销战略 /255

松下电器的长青秘籍 /259

中国移动与动感地带 /264

通用电器与多元化 /269

丰田崛起的秘诀：JIT 管理 /273

从联邦快递的诚信说起 /278

东芝公司独具特色的目标管理 /280

三星电子的三维管理模式 /285

阿尔弗雷德·斯隆的分权制衡机制 /296

LG 电子的人本管理 /301

# 第一章 做一名成功的老板

今日的不平凡皆是昨日平凡的累积所造就,这似乎在告诉我们"没有成功的捷径",更多的是认真、实在的学习管理技能,把每一种技能的掌握当做功力的累积。

## 总经理的特质

总经理，一般泛指企业中的高级管理人才，即厂长、经理、总裁或相应的职务。总经理对企业的营运负有最高责任，拥有日常经营管理之最高权限，并对董事会负责。

总经理，其责任是利用有限的资源：人力、财力、物力、机器设备、技术和方法、时间、信息，为企业带来最大的成果；市场信誉、市场占有率、赢利性、企业状态、投资报酬率、规避风险等。成功的总经理总是最有效地利用资源，尤其是人力资源，去完成企业的目标。总经理绝不能事必躬亲、事事都管。

著名哈佛商业管理学教授路易士·龙伯格认为,总经理履行三大职责：第一，为公司的未来设定战略目标和发展方向；第二，确定合适的人才是否被安置到合适的位置，考虑目前的同时应考虑未来的需求和变化；第三，查证公司各阶层的每一个人，对于预先设定的目标与期望是否确已达成。

成功的总经理总是受到社会大众的尊敬，因为他是创业者，使企业化无为有、化小为大、从差到好、从弱到强；他也是风险的承担者，赢利必有亏损的风险，总经理必须预见未来，规避各种风险，或在风险到来时，使企业遭受最少的损失；他也是财富的创造者，他要率领全体员工敬业守法，为社会、投资者、顾客和员工创造财富。为完成以上目标，总经理不但要履行其职责，还要扮演如下三种角色：其一，决策者。管理大师西蒙认为，总经理人员的任务在于决策，即决定企业该做什么；为此他要运用各种资源，排除各种障碍，与内部和外部的各类人员和集体打交道。其二，人际关系方面，作为组织的首脑履行社会义务；作为领导者，起到身先士卒、先公后私的作用；作为组织的代表，扮演联络员的角色。其三，信息方面，是信息接受、传播者；对公众而言，总经理是企业的发言人。为扮演这些角色，总经理必须具备运用并发展三种基本技能：概括分析能力、人际交往能力和业务技术能力。相对而言，三种能力之重要程度依次序降低。

在成功的总经理之中，管理风格不尽相同：有些坚信严格控制的力量；有些相信在轻松的环境中，下属们会做得更好；有些自己做决定；有些人广泛发动群众，发挥集体智慧，等等。但每种风格，只要能保持适当的平衡，都是有效的。

另一方面，这些成功的领导人也有很多的共同之处。他们对公司情况都有深刻的了解，否则他们会失去下属们的尊敬或者很容易犯致命的错误。最主要的是，他们非常关心公司的命运。除了这些基本的之外，成功的总经理一般都具有四条明显的或许是不同一般的特征，虽然特征的强度和保持平衡的能力各不相同。这四个特征是：为实现美好的理想而奋斗不息；是企业的建设者，而不是财富的追求者；既有集体合作精神，又有独立工作能力；精打细算的冒险家。

①坚持不懈的毅力。成功公司的主管都具有献身精神。不管怎样，公司及它的声誉是他们生活中最重要的东西。

②事业的创造者，而不是财富的追求者。总经理一旦成功之后，钱对他们来说就不是那么重要了。美国企业联合会的领导人很少在退休时不成为亿万富翁的。一部分领导人如果把持有的股票和证券卖掉的话，甚至就能成为千万或者亿万富翁。但他们这时不需要钱，他们真正需要的，是给后来人留下这样一份遗产而建立起一个有领导威信的强大的企业结

构，这样他们就心满意足了。

③善于合作，注重组织建设。成功的总经理注意多方面培养他们的工作人员，提高他们的技能和健全管理制度。

④敢于冒险。成功的总经理都认识到有胆略的重要性——他们知道什么时候可以计划冒险。在调查中，90%以上的人说，他们把冒险看做是高速发展公司的必要手段，而74%的人说，冒险对他们公司的成功是非常重要的。

⑤把握机遇。对于成功的总经理来说，掌握冒险机会和愿意冒险同样重要。

在采取冒险行动之前，大部分总经理都深入市场和深刻了解竞争者的反应，彻底掌握外部环境的影响，以便预先估计可能出现的不利形势。更重要的是，这些总经理头脑能保持清醒，有应急的计划来处理失败的可能性，并争取使不利形势变为有利形势。

## 领导能力九大自然法则

自然法则一：领导者要有心甘情愿的追随者

成为一个领导者意味着什么？领导能力的第一项自然法则就是回答这个本质性的问题，即一个领导者要有心甘情愿的追随者。如果没有取得别人的支持，领导者也不复存在。然而，成为一个领导者意味着什么，这样关键的因素，却是很典型地被忽略了。

传统观点是根据一系列的品性、品质、嗜好或行为来解释领导者的。然而，越来越多的管理者指出：只有当他们取得追随者的支持，他们才是领导者。

一般的看法是，伟大与荣誉归于领导者，而追随者通常被认为是第二等级或低位的角色。领导能力的第一项自然法则改变了我们对追随者的观点，因为正是他们起着众志成城和绿叶扶持的作用。追随者们与领导者们是一个整体相辅相成、不可缺少的两个方面。

自然法则二：领导能力是一个相互作用的活动范围——是领导者们与追随者们之间的相互关系

领导者和领导能力不是一回事。当人们说起"我们需要好一点的领导"时，他们的实际含义是说："我们需要一个与常人不同的领导者。"然而，"领导能力"一词，其涵义远远超过"领导者"这样一种单一的意义，它包含了领导者与追随者两个方面。

追随者是加入领导者的合作者，是这两者一起产生了驱动组织机构向前发展的能力。人们对一些英雄般的高瞻远瞩的领导者的敬佩常常会产生一种错误的看法，即领导能力来自某一个人。想一想，李·艾科卡是如何在克莱斯勒公司的巨大转轨关头赢得信任的，史蒂夫·乔布斯作为苹果电脑公司的创办人是如何被人们所称颂的，格洛里亚·斯坦纳姆是如何在妇女运动的紧急关头被人拥戴的。上述三位只是在与他们的追随者们的相互关系中产生影响的。

这种说法，不懂得领导能力是随着领导者与追随者的活动范围的出现而存在的，不懂得这种联合是暂时的和随时变化的。

任何一个为实现他的领导愿望而为之斗争的人都知道，这是一个挺微妙的问题。人们可能对领导者所走过的特殊道路不感兴趣。通用汽车公司的董事会免去了罗伯特·斯坦佩尔的职务，因为他们觉得他不可能指导企业组织走上正确的轨道；美国人民放弃了乔治·布什，因为人们想要变革。领导者们也知道，他们的首要问题，是赢得追随者们的信任，继而不断反复取得他们的信任。

领导者与追随者的活动有他们的开始、发展和结束的过程。他们随着不连续的相互作用的发生而出现，但每一次都有领导者和追随者参加。

如果一个领导者经历了众多的领导事件，其领导能力就能连续不断地产生。一些追随者，在相当长的一段时间内，始终保持着对某一特定的领导者的忠诚，并在各种不同的情形下始终支持着他。

领导能力不是一个人或一个职位，而是领导者与追随者相联系时所发生相互作用的关系，即活动范围。领导能力活动范围是不可分割的整体，是整体组合的舞蹈。看一看弗雷德·艾斯坦尔和金杰·罗杰斯两人的优美舞蹈。完美的舞蹈得以展开，是由于弗雷德优美的领舞，由于金杰丝丝入扣的随舞，由于迷人的舞蹈动作艺术，弗雷德·金杰—音乐—动作—舞池融为一体，这正是舞蹈的美妙之处。舞蹈是一种活动范围，是一种同时把诸多方面联系起来的相互关系模式。

领导能力也是一种舞蹈，是领导者与追随者之间进退有序的相互作用。要了解领导能力的活动范围，我们必须注意领导者与追随者之间的相互作用，研究他们之间的关系。

自然法则三：领导能力随着事件发生而产生

人们通常把领导能力看做是一个大人物所特有的持续不断的特征和一系列恒久的气质、价值和水平。普遍被接受的字眼"天生的领导人"增强了人们对领导能力是永久性的品质。

领导能力这一概念说明，如果为数众多的领导者，在不同的情形下都取得了追随者，那么领导能力就产生了，就遍及整个组织。小组会议投了票，有人得到支持，使会议的话题回到了主题，这时领导事件就发生了。当某人提出了其他人愿意接受的方针时，或者当某人激发整个组织或社区去支持某一特定的方针时，领导事件发生了。当人们取得公司和政府机构不同层面的上上下下的追随者们的支持时，随着领导能力在不连续的事件中产生，这个组织机构就充满了活力。

自然法则四：领导者不是依仗职权施加影响

领导者们通过影响来得到追随者，然而经理们也是依靠影响把事情完成的。两者之间差别在于领导者所产生影响的来源不同。

只要是上司，便可使某人成为领导者，然而管理方面的影响和领导能力的影响是相当不同的。领导者的影响是从追随者与领导者之间的相互作用产生的，而经理的影响则来自等级制度下的经理职位。领导能力是人与人之间的影响，管理是职位与职位之间（上级对下级）的影响。管理的职权在组织机构图上有严格规定；而领导能力的影响的产生就像一张相互作用的蛛网，把想要参与的人们联系起来。领导者与追随者的相互作用是基于信任，经理与下级的联系是依靠行政命令。领导者激励别人愿意去支持或与他保持一致，经理则要求别人遵照组织机构所明确规定的经理权限的要求去办事。当然，经理也能表现领导者的影响。那些被挑选坐上经理职位的人们，除了取得追随者之外，还需得到管理方面的影响。

自然法则五：领导者们在组织体制所规定的程序之外工作

领导者们获得追随者们是因为人们和组织机构需要方针，虽然经理们也提供了方针，可领导者们是在不同的范围确定方针。领导者们要在组织规则、条例、程序和政策所定的路线之外工作。当体制结构对如何行事不能提供某种指导的时候，领导能力的活动场所就存在了。

每一个组织机构已建立的路线总干梗阻了，或者人们在常规陷入困境，一种新的可能性出现了，但它不是在现有路线上。当没有任何路线可遵循时，领导者迈开了步伐。

今天，一个很普遍的想法是"经理做事总是对的"，"领导者们总是做正确的事"，这是个令人容易记住的区别。但是,我们除了回顾往事外,如何能知道哪些是正确的呢？

领导者们和经理们两者都做正确的事，并且两者都必须正确行事。他们各尽其能的工作。当人们与组织机构面临尚未为人知道的活动场所,需要有人挺身而出，去担负领导并取得自愿的追随者时，领导者们就脱颖而出了。

自然法则六：领导能力伴随着风险和不确定性

领导者们的生存没有纯粹的安全可言。未知的领导能力的活动场所内总是充满着模棱两可和混乱不清的东西，而领导者的任务总是伴随着风险和不确定性。无人涉足的和结构不明的领导能力的活动场所，要求在不稳定的情势下完成行动。

在现实中接受领导要求担受风险和不确定性，是领导能力活动范围的组成部分。冒风险可能不会有成功的结果，因为没有一个人能完全控制行动的后果，而且领导者们认识到，他们不可能保证特定的结果。尽管如此，他们仍然把风险看做是担负领导这个复杂任务的一部分。

自然法则七：不是每一个人都愿意追随领导者

领导者的面子是有限的。也许最有限的是：不是每一个人都愿意追随一个领导者。没有一个领导者，甚至于那些所谓的像甘地或林肯那号人物的伟大的领导者们，得到过每个人的支持。

取得追随者们是不可预测的事，追随者们是很难取得的。有的人对领导者们的主动性不以为然，有的人当领导者提出行动路线时则采取回避的态度。

为了确保领导效果，规定"正确的"领导风格和指导，这种努力收效甚微，没有一个人有一个水晶球能预见将来。不确定性总是存在的，特别是在不确定的领导能力活动场所更是如此。一些人不相信某个领导者能卓有成效地指导他们，另一些人不愿和任何人步入充满风险的场合。要成功，就需要把注意力集中于那些要追随的人们身上，取得他们的支持，然后向前行进。

自然法则八：意识信息的处理能力产生领导能力

领导能力从一个能解决问题与利用机会的想法开始。当领导者完成行动并影响了追随者们，从而追随者们接受领导者的方针时，他就取得

## 第一章 做一名成功的老板

了追随者们。实际上,两者是想在一起了,同心同德。意识信息处理能力,是领导能力根本的源泉。领导能力,如同舞蹈一般,在意识的舞台上展开了。

意识是表示人们如何来解释信息并根据信息产生意图。当领导者们与追随者们双方都以相似的方法处理信息时,领导者们就取得了追随者们,处理信息的机制首先在于领导者。

领导者的意识与尚未被人涉足的、未知的领导能力的活动场所相互作用。领导者们察觉机会并认识到如何来克服为其他人所没察觉或不能察觉的障碍。

领导者们的想法常常有别于他人。领导者们具有一种综合的能力,他们能把一些不相关的信息变成一个新的、更为有用的统一体,以此来提供解决问题的方法和提出方针。

领导者必须影响其追随者们去理解他的有用方针。当追随者们与领导者的意图同步行进时,领导者就联系着追随者们。领导者与追随者的活动范围是一种意识之间的结合力,即相互作用。共同的活动范围表示在行动中共同的意识,统一了关于如何解决问题和利用机会的思想。

自然法则九:领导行为是一种自我安排过程

领导者们与追随者们从他们各自的主观目的和参照的内在框架来处理信息。意识是人们怎样来处理信息,自我安排把处理信息的主体作了定位。

自我安排解释,世界就是以我们为中心,基于我们意识的主观状态。领导者们解释和回答问题和可能性的时候,是用一种与他们的意识状态相一致的方式。

每一个领导人都是通过他的特殊的透镜观察世界的。相同的是,追随者们认同他们的领导者,是因为领导人符合他们自我安排的意象,即领导者该是怎样的人。追随者们接受领导者的行动路线,是因为他们有相同方向的自我安排。

当领导者们不能与追随者们的意识水平相符合时。他们就不能取得追随者们。例如，一个从事食品批发的销售经理提出了一系列为顾客服务和努力发展销售组织的建议，以改变他的工作班子的落后面貌，提高效率。工作班子的成员们是这样评价的："这对我们来说没有任何价值"，"这类问题在别处也存在"，"他不懂得该做些什么事情"。这个经理还没有建立起与追随者们意识水平的联系，这种与追随者们的意识水平的联系，对于他去影响他们并使他们追随于他，是十分必要的。

"自我安排"的概念对理解和实践领导能力是至关重要的。大多数领导模式试图以解释客观的决定因素去描绘领导者的能力。它们的意思是，领导能力是一种独立于领导者和追随者主观观点的实体存在。自我安排则阐明，领导能力存在于内部，存在于领导者与追随者们的意识中。

自我安排表示了发展领导能力的最重要的指令。领导者们不得不深化他们的意识，因此他们要在更加团结一致和更有启示性的状况下运作。领导者们必须摆脱那些受限制和有害的观念。意识的深化能使领导者们从自以为是转向以自己的目光来认识世界。

## 老板要善于内省

生意是以经营为始末的，为了使其更加完美，管理也必须不断更新。请在责难与你共事朋友不合作的同时，先检讨你自己的所作所为，请在抱怨你的付出与所得不成比例时，记住自己也是铸造此结果的一分子。

可见，我们只有善用管理方法来使企业起死回生，才能培养自己成为深谋远虑的经理人，来承担事业兴衰的勇气。

在实际工作中，通常在一个企业面临危机时，其经理人会怨天尤人地说:"我真是生不逢时,又劫难当头。"这种托辞,完全建立在"自命不凡"的假象里。推敲其弦外之音,不过想自欺欺人罢了。

众多的事例告诉我们,断定一个人是否在经营上犯了最大的错误,看他是否常常持着这样的理由,为自己开脱:我的失败完全是由于外在不可抗拒的因素所导致。尽管他可以为自己找到上百个借口,诸如:"如果不是因为我10岁的小女,我早就飞黄腾达了。""要不是贷款利率高,我早就发迹了。""如果不是被这收支不平衡所绊,我早就一鸣惊人、名扬四海了。""都怪政治介入坏了我的互相管理方案,不然我就自立门户了。""我原本可有轰轰烈烈的事业,就因为不相干的意外,弄得功败垂成。"别人听了他这番话,真以为他是牺牲品,为了发出不平之声博取同情来开脱自己。事实上这是逃避责任的借口,只说明他缺少与现状搏斗的勇气与策略。

内省式经理人,从事经营管理,必须先使自己成为有强烈独立自主意识、具备很高责任感的人,有能力领导别人,而别人也敬畏服从你的领导,这是获得信任与尊敬的关键。相反,在经历失败和挫折时,有这样的认识:"好,由于我的错误,我失败了,但这宝贵的教训告诉我勿再蹈覆辙,今日的失败是明天成功的跳板。"

## 面对错误,勇于承担

你是否经常听到有人在问"这是谁的错?"专家指出,即便这种话不是每天都能听到,你也会看到许多人在抵赖狡辩,或者为了推卸责任而指责别人,也许你会发现你自己也有这种习惯。

的确,生活中的事情没有尽善尽美的。每一天,我们都会遇到麻烦。有时你就会想:"为什么倒霉的又是我呢?"你犯了错误、判断失误、

## 不懂管理就做不好老板

记错事情、受人干扰分了心，你没办法做到无所不知，因而有时会在常识方面有所欠缺。诚然，有许多在所难免的错误可以澄清、解释并改正。但是，人们有时还会故意捣乱，然后再编造借口或寻找漏洞以逃脱惩罚。如果指责无关痛痒，人们就不必为那些小小的失误或错误行为解释开脱了。

但是，指责往往会引起不快和惩罚。为了避免这些不快与惩罚，许多人想尽办法逃避责任，比如转移批评、推卸责任、文过饰非，等等。"免罪"理论可以帮助我们理解常见的逃避责任的行为的深层原因。免罪理论的内容如下：

避免或逃脱责罚是人类的一种强烈本能。

多数人在"有利"与"不利"两种形势的抉择中都会选择趋吉避凶。通过各种"免罪"行为，人们可以暂时逃脱责罚，保持良好的自身形象。现在，让我们看一些逃避责任的伎俩，并分析其内在含义：

① "这不是我干的。"或"这不是我的错。"是一种全盘否认。否认是人们在逃避责任时的常用手段。当人们乞求宽恕时，这种精心编造的借口经常会脱口而出。

② "我不是故意的。"则是一种请求宽恕的说法。通过表白自己并无恶意而推卸掉部分责任。

③ "没有人不让我这样做。"表明此人想借装傻蒙混过关。

④ "本来不会这样的，都怪……"是凭借扩大责任范围推卸自身责任。

找借口逃避责任的人往往都能侥幸逃脱。他们因逃避或拖延了自身错误的社会后果而自鸣得意，这种心理强化使得这些借口得到了广泛使用。这类"免罪"的借口经常能够获得部分或完全的成功，否则人们就不会使用这种手段了。

为了免受谴责，多数人都会选择欺骗手段，尤其当他们是明知故犯的时候。这就是所谓"罪与罚两面性理论"的中心内容，而这个论断又

## 第一章 做一名成功的老板

揭示了这一理论的另一方面。当你明知故犯一个错误时，除了编造一个敷衍他人的借口之外，有时你会给自己找出另外一个理由。

桑德拉没有按时完成小组工作计划中自己那一部分任务，她给自己的理由是她需要时间进入状态。而当同事们问起她延误的原因时，她却对他们说自己生病了。

人们在逃避指责时，经常会含糊其词，或者故意隐瞒关键问题，或者干脆靠撒谎来逃脱批评与惩罚。比如说，工作拖拉的人多半不会轻易承认："我的报告交得迟是因为我不喜欢干烦人的工作，我才不在乎我的延误会不会对别人造成影响呢！我偷懒的时候，从来是只图自己舒服的。"相反，他们常常会说："我家里出了一些事情。"或是其他一些夸大其词的谎言。

编造借口可以博取同情，一旦赢得了同情，那些工作拖拉的人们就能免受惩罚并因此自鸣得意。但是，随着编造借口逐渐习惯成自然，撒谎的技巧渐趋熟练，你也就积习难改了。养成为逃避公正的谴责而撒谎的习惯，等于做出了一个危险的选择。踏上这条不归路，你就很难再有其他的选择了。如果你对事态的发展真的无能为力，大多数明白事理的人是不会苛责你的。只有当一个人明知故犯并造成恶果时，人们才会对他进行谴责。

人生在世，孰能无过。从你出生时起，你就在与周围的世界产生积极的互动。环境对你产生影响，但是你往往更会对周围的事物产生影响。你能够在众多选择中做出自己的决定，这就是所谓"自由意志"。这说明你拥有主宰自身行为的能力，因而完全能够对周围环境产生影响。

如果是这样，你就应该为自己的行为负责。你做出决定，就理应承受相应的责备与赞扬。但是有时，人们在作决定时确实会受到种种客观情况的干扰：比如信息不通、缺乏常识、时间紧迫或者精神不够集中，等等。所幸人类具有创造力，因此你有办法逃避应当承担的责任。当然，如果你真是无辜的，你经常能够通过事实、证据和逻辑驳斥对你的指责。但是，如果你真的有责任，就应该接受别人的责备。不过，这样做往往是有风险的。

如果你辜负了同事的信任，继而若无其事地对他们撒谎，你们之间的关系就会遭到毁灭性的破坏。为了免受应得的责备，有些人会掩盖真相、敷衍搪塞、编造借口、无中生有、言不对题或者真真假假，闪烁其辞。这些欺骗伎俩并非总能奏效，但是其目的却已昭然若揭：不过是想方设法逃避谴责与惩罚罢了。承认"我错了"意义非常重大，因为人人都难免犯错，所以大多数人都能原谅别人的过失。勇于承认自己的错误可以提高一个人的信誉，并且有助于自我完善。

## 是老板，也是普通人

管理者的位置决定了你应该与众不同。你的员工应当尊重你，信任你，得到你的支持。你的员工也期待你去做出一些困难的决策，去解决实际问题。他们期望你像个管理者，因此经理人应当在员工中表现自己的身份。

你应当注意自己的表现方式，注意你的穿戴会给其他人带来的影响。不要以为员工不会注意你松开的领带、蓬松的头发和发皱的衣服，他们会最先注意你的这些不佳的穿戴方式。经理人应时刻牢记，员工们会根据你的外表、言语和行动来决定对你的态度。因此，经理人要注重自己的衣着、外表，来显示出自己相应的职位。

当然更重要的是表里如一。外表是哄不了他人的，不要以此来虚张声势。经理人表现出的老板派头不仅指你的穿着，还包括你说话的气势，更重要的是你的处事方式。

经理人的身份可以从许多方面得到体现，如走路、说话、微笑、眼神、腔调、办公室的环境、对日常细节的注意、对待危机问题的反应，等等。你也许有一个精明的头脑，但不一定非得通过一种老板姿态表现出来，这样会疏远员工。

你也许是人们想象的那种真诚待人的人，但如果你脸上堆了过多的微笑，似乎又令人难以信任。你走起路来箭步如飞，员工就无法跟上与你交谈。你也可能说话太慢，人们难以忍受地等着听你的要点。你可能在遭受压力时拍桌摔椅，或者疲倦时怒气大发。也许你充满信心而员工却对你失去信心，因为你似乎从未听取过他人的意见，总以为自己是对的。因此，作为经理人，你要随时意识到自己的言行对他人的影响。

经理人要避免做出一些让人对你失去信心的行为，你必须完全控制着自己。那些过分控制自己的人往往与人疏远，但作为一个人，必须具有较强的自我意识，要意识到自己看起来怎样，做起来怎样以及对人的影响怎样，员工会根据每一个微小的事情来判断你。当你显示自己的身份时，你是将办公室的门敞开还是紧闭，谁去弄饮料，谁站在队伍的前面。当你走出办公室时，如何与员工招呼，你如何接听电话，如何回复来信。作为经理人，你应尽力培养出一种完整的意识，表明你是怎样的人，并向员工传递这些信息。

经理人也应注意自己是个普通人。当你表现自己时，一切都应随意自如，应与你显示自己的老板身份相一致。作为经理，你表现出来的形象应该既是一个老板，又是一个普通人。

## 明确的目标是企业走向成功的基础

哈佛目标结构管理教授曾经做过这样一个实验：组织3组人，让他们沿着公路步行，分别向10公里外的3个村子行进。甲组不知道去的村

**不懂管理就做不好老板**

庄叫什么名字，也不知道它有多远，只告诉他们跟着向导走就是了。这个组刚走了两三公里时就有人叫苦了，走到一半时，有些人几乎愤怒了，他们抱怨为什么要大家走这么远，何时才能走到。有的人甚至坐在路边，不愿再走了。越往后人的情绪越低，七零八落，溃不成军。

乙组知道去哪个村庄，也知道它有多么远，但是路边没有里程碑，人们只能凭经验大致估计需要走两个小时左右。这个组走到一半时才有人叫苦，大多数人想知道他们已经走了多远。比较有经验的人说："大概刚刚走了一半儿的路程。"于是大家又簇拥着向前走。当走到 3/4 的路程时，大家情绪低落，觉得疲乏不堪，而路程似乎还长着呢！而当有人说快到了时，大家又振作起来，加快了脚步。丙组最幸运。大家不仅知道所去的是哪个村子，它有多远，而且路边每公里有一块里程碑。

人们一边走一边留心看里程碑。每看到一个里程碑，大家心理便有一阵小小的快乐。这个组的情绪一直很高涨，走了七八公里以后，大家确实都有些累了，但他们不仅不叫苦，反而开始大声唱歌、说笑，以消除疲劳。最后的两三公里，他们越走情绪越高，速度反而加快了，因为他们知道，那个要去的村子就在眼前。

这个实验说明当人们的行动有着明确的目标，并且把自己的行动与目标不断地对照，清楚地知道自己行进的速度和不断缩小达到目标的距离时，人的行动动机就会得到维持和加强，人就会自觉地克服一切困难，努力达到目标。

企业管理者是组织的"头儿"，他的职责是统一全体成员的意见和行动，并为他们确立目标，提供行动的方向。所谓"领导"，就是要为成员们"指导方向"，"领而导之"。只有这样做，方可称得起"领导"！但有些管理者并不明白这一点，他们不懂得"目标的确是管理的基础"这一道理，他们自以为自己的下属们对于要干什么已经很清楚了。可是，当你到他们的单位里去，问那里的职工他们的工作是什么，你会惊异地

## 第一章 做一名成功的老板

发现，他们的回答与他们的"头儿"所讲的十有八九不是一回事。其实，对那些管理者来说，要让下属们干什么，这个底，心里还是有的。只是他们懒得以通俗易懂的方式把底和盘托出给下属们。这就使下属们对自己行动的目标莫名其妙、糊里糊涂。所以，管理者们应当为下属们确定目标，并把自己的意图明明白白地传达给他们，这是一种令人鼓舞的方式，是协调工作的基础。

勿庸置疑，目标对每一个人都是非常重要的。目标对于每一个企业或者组织同样必不可少。目标有多种功能，当员工是新手，或对特定的工作尚不了解时，清晰而具体的目标可以让他们少走弯路。目标还能使员工很快明确工作的内容及先后顺序。有经验的员工则可以将清晰的目标当做制定工作计划、明确工作责任的基础。目标的制定不仅要考虑工作本身，还要考虑员工的经验与能力以及员工之间的关系。

有人曾罗列了某公司总经理戴尔和销售经理桑德拉的一段对话，以说明总经理对制定明确目标的重要性。

戴尔："好吧，桑德拉，我们来看看你上两个月的销售成果。你跟我说好会有显著的改善，对吗？"

桑德拉："确实如此。不过，我还以为要到这个季度结束再来评估我的成果。不管怎样，我想我已经有了相当显著的改善。"

戴尔："是吗？你的总销售量好像是上去了一点儿，但增长的部分多半来自小客户。"

桑德拉："我并不想忽略大客户，但我认为提高自己销售量最好的办法是在一些中等的客户上下工夫。这样做可能不是很引人注目，但它确实有效。"

戴尔："但是，无论如何，我还是希望每个人都将精力放在大客户上。这样，一小批客户就能将销售额提高很多。"

桑德拉："哦，你难道是要我提高销售额吗？我还以为要从增加销售给每个客户的产品种类起步呢。"

戴尔："增加产品种类当然也没错,但这并不能增加销售额。"

桑德拉："那你的意思是我做的这一切毫无价值?"

为什么销售经理桑德拉和总经理戴尔会产生争执?问题的症结在于总经理戴尔没有为下属提出明确而具体的目标。下属按照自己的想法去实现目标,最终却发现这根本不是总经理所需要的。上述对话表明,桑德拉致力于提高销售量,特别是增加卖给每个顾客的产品种类,然而总经理戴尔的要求却是增加销售额。目标对于改善工作业绩非常重要,但同时目标对正在进行的日常工作也十分关键。

目标是一切工作的基础。有了明确的目标,下属就能有明确的努力方向,全力以赴做出令自己、总经理和客户都满意的工作业绩。一边工作,一边修正随时出现的问题需要花费更多的时间、精力和资金,而事半功倍的做法则是通过有效的规划来防止问题的发生。

桑德拉与总经理之间真正的分歧并不在于她的工作业绩,而在于两者对她应该实现的目标的认识上。良好的目标应该详细说明所要产生的具体结果以及产生这一结果的具体时间。这一目标要包含一条或数条明晰的标准,以说明成功的结果所应具备的特性。如果项目内容广泛,一个好的目标还应包含子目标以及实现这些子目标的标志。这一目标要对项目报告所需的过渡状态做出说明,除非项目很单一、很直接,都应将目标以文字形式记录下来,而有关人员要在上面签字。具体地说:

①良好的目标应该详细说明所要产生的具体结果,以及产生这一结果的具体时间。你可能很容易为目标的细节所困扰——谁应该在什么时候做什么,诸如此类。这些细节可能确实重要,但必须是以每个人都明确所要得到的结果为前提。看看桑德拉,她追求的是自己所理解的目标,最终却发现浪费了太多的时间。另外,还要注意的是,对于何时评估工作的提高,桑德拉与总经理之间也存在着误解。这些都对工作的成功带

来干扰。在工作开始前，就应该让每一个相关人员明确最终的结果及时限。这可能会花掉一些时间，但花得值得。

②目标应包含一条或数条明晰的标准，用以衡量结果的成功与否。

③如果项目内容广泛，目标应由数个子目标以及完成子目标的标志构成，参与项目的人越多，他们之间的依赖性也越强；而这些人的经验越是缺乏，就越有必要设定明晰的子目标及完成子目标的标志。大项目很容易一下子出问题，而事发时会根本没人觉察。当许多人一起工作时，人们往往难以保持步调的一致，并对别人的要求产生误解。而缺乏在大项目中工作经验的人经常会在自己还没有意识到的时候犯错。如果将工作开始后的一个月设定为第一个阶段，并对工作进行检查的话，桑德拉与她的经理可能就不会产生这么大的分歧。

④这一目标要对项目报告所需的过渡状态做出说明。带有过渡性质的子目标及其标志应该在中期报告里得到反映，不管中期报告是书面的还是口头的。即使项目不是很大，用不着设定子目标，总经理也要开一两次中期会议，检查一下工作的进度。当参与的下属缺少项目工作的经验，或对某一领域的工作不太熟悉，以及总经理尚不习惯与这些下属共事时，中期会议尤其显得重要。

⑤如果项目非常复杂，就应该将目标以书面形式规定下来，并让每一个相关的人在上面签字。在德克萨斯，许多几百万美元的交易靠握握手就定下来了；但如果仅仅靠口头的协议，要完成哪怕是最简单的目标也会有很多麻烦。

⑥要明白，标准不是强加在员工身上的主观臆断，而是衡量成功业绩的尺度。由于历史上有过劳资之间对"人为标准"的纠纷，大多数员工往往将标准视为管理人员强加于他们身上的负担，一种迫使他们超负荷生产的方法。如有必要，总经理确实可以采取这种方法，但这绝不是标准的本质用途。标准是对顺利完成一项任务或一个目标所具备的条件

的说明，如果有可能，这可以是一种定量的说明。

白领工人经常抱怨说他们的工作是不可能定量的。更精确的说法应该是，他们的工作不太容易度量。如果总经理和下属能对想得到的结果进行描述，他们就能找到度量这一结果的方法。同样，他们获得的标准肯定是对"怎样才是成功的结果"的一种刻画。想一想，假使桑得拉和她的经理在制定目标时就对业绩的标准达成一致，能够省下多少麻烦！

⑦不要把标准的制定想得过于简单，也不要期望能做得面面俱到，除非是一项简单的重复劳动。在大多数情况下，标准都只能是个说明一项成功工作的基本内涵的原则。

⑧找出成功的结果所包含的基本因素。对于推销员来说，基本因素包括销售增加的百分点以及拜访新客户的数量。对于会计人员而言，则可能包括何时完成月报，以及月报数据的正确率。对于大学的招生人员而言，基本因素可以是学校招收的新生里优秀学生的比例。如果按时完成工作阶段对工作或项目的成功非常关键的话，那么工作阶段往往可以被视为一种标准。人选的因素必须对工作的成功具有关键意义，在选择时绝不要贪图简单。举个例子：许多公司以每小时接多少个电话来作为衡量客户服务部门工作的标准。结果他们发现不满的顾客越来越多，为了达到这个标准，工作人员敷衍了事，三言两语就把顾客给打发走了。

⑨以关键因素为基础，将基本的标准整合起来。如果其他办法不能奏效，认真地估计一下，会计人员会愿意在每月结束后的4个工作日内交出月报。并保证95%以上的正确率；年报则在会计年度结束后的10个工作日内完成，并保证出错率低于5%。

## 第一章 做一名成功的老板

## 对员工进行目标管理

在优秀的管理者看来，对员工进行目标管理是十分必要的，因为这样的管理无论对员工、企业还是管理者自身都有其独特的效用：

1. 让员工清楚了解企业制定的目标

虽然公司员工每天都来公司上班，但很难说他们都对公司的目标非常清楚。因为每个人都忙于自己的工作，所以对公司目标的认识往往是非常片面的。让公司员工明白公司的目标是人力资源部门进行员工管理的首要任务，人力资源部门可以通过多种途径来宣传公司的目标：

①讲座：对公司全体员工进行公司目标及相关内容的讲座。讲座由人力资源部门主持，可由各主管经理和部门经理讲解本部门的发展目标。如果公司人员较多，可以以部门为单位进行讲座。

②讨论：一般以部门讨论为宜，让员工对如何完成公司的目标畅所欲言。

③内部刊物：许多公司有内部刊物，通过内部刊物宣传公司的目标是一个非常不错的办法。

2. 明确每一位员工的职责和权限

在使员工明确了公司目标之后，来确定员工岗位的工作目标是比较容易的。由岗位目标可以确定出该员工岗位职责、职权范围以及与他人的工作关系。在进行岗位描述(包括岗位职责、职权范围及工作关系等)时，人力资源部门也可以采用下面一些方法：

①上行分析法。上行分析法是指采用自下而上的分析方法，通过对现存组织和工作的分析来完成岗位描述的编写。上行分析法在具体实施中有"工作日记法"、"重要事件分析法"、"工作描述法"等操作方法。

"工作日记法"也叫"工作日志法"，由各岗位员工填写工作日记表，要求对每件事情进行详细记录，不论这些事情是本职工作内还是本职工作外的。一般以记录一周为宜，由人力资源部门对工作日记进行工作内容分类、整理、抽象，然后将抽象出的工作范围确定为岗位职责。

"重要事件分析法"是指通过对员工工作中重要事件的完成过程进行详细记录并分析的一种方法。因为每位员工都有自己的最重要的本职工作，重要工作的完成情况可能会直接影响到部门或企业整体的效率，所以将重要工作单列出来进行分析是完全有必要的。由于重要事件往往要涉及到其他部门或外界，所以对重要事件的分析更能清楚地明确该员工的职权范围和工作关系。

"工作描述法"与"工作日记法"较类似，它是由员工进行口头工作描述，人力资源部进行记录并提问的一种方法。这种方法适合于不便于随时进行工作记录的员工，如经常在外奔波的市场人员等。

上述三种方法可以分别使用，也可以综合使用。最佳的办法是用"工作日记法"分析岗位职责，用"重要事件法"分析职权范围和工作关系，通过"工作描述法"直接与员工沟通，以减小其他方法带来的误差。

②下行分析法。下行分析法是指采用自上而下的分析方法。通过分析组织的使命、目标和经营目的入手，确定要实现计划目标必须完成哪些工作，需要设定哪些岗位。

下行分析法最适合公司业务转型或公司组织改组时设定岗位描述时的需要。另外，即便员工安排就绪，也可以使用下行分析法，这样可以确保管理者在进行岗位描述时能够排除干扰，使每位员工从事适当的工作。在使用下行分析法时应注意，人力资源部门要与上层领导充分讨论，并参考其他公司的成功经验，以避免出现大的偏差。

3.定期检查和考核员工的工作绩效

绩效考评是人力资源管理中的重要内容，绩效考评的水平在很大程度上制约着其他人事政策的效力。

绩效考评的内容一般分三种类型：

①品质基础型：忠诚、可靠、主动、有创造性、有协助精神等定性的形容词，难具体掌握，操作性与效果差，含混而主观，不具体，不明确，不公正，且往往与具体的工作行为和效果没有直接关系。

②行为基础型：对工作行为不但分等级，而且每个等级都设计了标准的尺度以供定量性的测定。尺度的描述不应是 A、B、C、D、E 等，这样主观性较强，应该将一定行为的描述语和某一刻度联系起来，这样增加考评的可操作性。

③效果基础型：着眼于"干出了什么"，而不是"干什么"，重点在结果，而不是行为。这种测量操作性好，但具有短期性和表面性，对具体生产操作的员工较适合。

将上述三种基础型综合起来进行考评效果最佳。

在设计具体考评项目时，要注意以下几个问题：首先内容要客观明确，每个项目的考评重点，使考评人和被考评人一看即懂，不会产生歧义。其次，项目不可过多，一般每大类为五至八项即可。最后，考评的尺度尽可能细化，如果制作成"优秀"、"良好"、"一般"、"较差"、"很差"等比较抽象，考评人容易主观判断产生误差；如果将每个尺度都进行细化，往往情况会好得多。在考评的最后，要由考评人和被考评人进行单独的考评沟通，考评沟通的主要目的是让员工明白自己在工作中的优缺点及如何改进。

4. 协助并指导员工提高自身素质

在考评沟通中，员工已明白了自己的优缺点，并明白了自己的改进目标。但仅通过考评沟通促使员工提高自身素质还有些不太理想，这需要人力资源部门组织专门的员工素质培训以提高员工素质。

对于专业技术培训，可以组织技术讨论，或轮流进行技术讲座；对综合素质培训，可由人力资源部门自行组织或联系专业培训机构进行培训。

需要注意的是，通过一、两次特定的培训来提高员工的自身素质，特别是综合素质是比较困难的。人力资源部门应该制定一些相应的岗位任职资格要求，对于达不到资格要求的员工进行警告，这样可以促使员工主动提高自身素质。另外还可以将一些培训形式如讨论、轮流讲座等固定下来，成为制度，使员工养成不断提高的习惯。

5. 及时鼓励和奖赏员工

任何一个优秀的企业，都会对员工有名目繁多的奖励。特别是当多数员工在某方面出现错误时，表彰出色者无疑会有很大的带动作用。"重奖励，轻处罚"应该是现代员工管理中的一个趋势。在奖励时，可以采取精神奖励和物质奖励并重的方式；而在处罚时，应注意采用以耐心说服和做思想工作为主，一般不应采取经济处罚(给公司带来直接经济损失除外)。

6. 使员工从工作中得到满足感

根据马斯洛的人类需求的"五层次"理论，当人们在满足生理需求、物质需求之后，更加追求精神需求和自我成功。让员工在工作中体会到满足感与成就感是进行人力资源有效开发的前提。从管理角度讲，管理者应该为员工创造轻松的环境，它包括物质环境和心理环境两部分。物质环境是指员工是否有良好的完成任务的物质条件，如设备、资料等等；心理环境是指员工是否具有愉快的心情和完成任务的冲动。

心理环境的建设是管理者往往忽视的部分，而这部分内容对员工是否能出色地完成任务，是否能够从工作中得到满足感起着关键的作用。作为一个优秀的管理者，应该对员工表现出信任；并且重视员工的建议和尊重员工的工作过程，不要随意干涉具体工作；另外还需要对员工不断地鼓励和赞扬，以提高工作士气。

## 编制计划的基本步骤和方法

有关专家指出,企业的经营计划根据计划期的长短可分为长期计划、中期计划和短期计划。中、长期计划的编制过程,一般要经历三个阶段:编制计划的准备阶段,制定目标阶段和确定计划阶段。

1. 编制计划前做好充分的准备

企业必须重视编制计划前的准备工作,因为做好准备工作是提高企业计划的科学性的重要条件。因此,编制计划首先必须通过周密的调查研究,收集和掌握有关的信息情报资料。编制计划前,必须掌握的资料主要有以下三个方面:

①企业的环境分析。环境分析就是对市场调查、预测所获得的各种有关环境资料进行的分析研究。对环境因素分析的目的是为了准确地掌握企业所处的客观环境的变化规律,了解企业现状是否与客观环境相适应。只有搞好环境因素的分析,才能使企业的计划适应客观环境的变化,并在多变的环境中,寻找发展的机会。

②企业能力分析。企业能力分析主要是对企业的生产能力、销售能力和经营管理能力的分析。企业能力分析的目的在于充分掌握企业的长处和短处,以便在制定计划时扬长避短,使计划目标制定得更加先进。

③企业成绩分析。企业成绩分析主要是对企业以往完成的生产、销售和其他各项业务活动情况的分析。通过企业成绩分析,可以掌握企业的经营管理水平以及克服困难的能力,等等。企业在编制计划时,要充分发挥企业在这些方面的能力,同时也要估计到计划期可能出现的问题,以及防止问题出现应采取的措施。

一个企业,能否编出科学的、准确的计划,在很大程度上取决于调查研究和收集资料的工作质量。规模较大的企业,应设立专门的综合计划部门来负责这项调查研究工作，事先拟定调查规划，明确调查项目、范围、数量、质量和完成的时间，并对收集的资料做好整理、分析、储存和保管等工作。

2. 制定适宜的目标

在进行环境、企业能力和成绩分析之后，首先要根据环境的变化和企业的实际情况，制定企业的经营战略和方针，决定扩大哪些事业，压缩哪些事业，建立哪些新的部门，与哪些企业合并，收买哪些企业；决定企业经营结构、产品结构和产品市场战略。其次，确定整个企业的经营目标和企业在计划期要达到的水平。再次，规定各事业部和各职能部门在计划期应完成的具体指标，从而形成完整的指标体系。

3. 制定计划

①拟定草案。企业的计划部门同各事业部和各职能部门主管计划的负责人一起拟定计划草案。

②征求意见。把制定的计划草案分发给各事业部门和各职能部门，发动职工进行充分讨论，鼓励职工大胆提出补充方案和修改意见。

③优化方案。通过对各种方案和意见的反复讨论、分析、对比，最后选出最优计划方案。

4. 编制计划的具体方法1：

计划是确定未来行动的方案，是建立在科学预见的基础上，但是有许多不确定因素往往是难以准确预测的，尤其是长期计划，更加不可能一下子定得十分周密无误。要使计划既具有高度的准确性和严肃性，又要充分注意计划的灵活性和应变性，就必须在计划执行过程中，根据实际的变化情况，不断地调整或修改计划，使主观的计划符合客观实际，保持它的科学性和准确性。只有这样，才能使企业始终有一个较为切合实际的长期计划作为指导，并使长期计划与年度计划紧密地衔接起来，充分发挥长期计划对年度计划的指导作用。为了达到这一目的和要求，采用滚动式计划是一种行之有效的方法。

滚动式计划主要是采取"近细远粗",不断进行滚动式的调整修改计划的方法。它适用于长期计划和年度计划,也适用于综合计划和专业计划。以五年计划为例,这种滚动式计划的基本特点是:

①计划是动态型的。无论是长期和短期的计划,在一个滚动期内,计划量要按社会需要不断地进行调整变动,要按照滚动期延续不断地编制计划。所以滚动式计划有适应社会需要而多变的特点。

②每年要对上一个五年计划进行检查、分析、修改或调整,每年都要制定一个新的五年计划。

③把长期计划与年度计划有机的结合起来,做到"近细远粗",即第一年计划是具体的年度计划,第二、三年计划比较细一些,第四、五年计划比较粗一些。

④"近细远粗",具有弹性,便于根据新时期、新情况,把握时机,避免风险。同时,连续滚动有利于长远目标的实现。

⑤连续滚动,便于保持生产连续,产供销衔接,生产技术准备持续连贯。

5. 编制计划的具体方法2:

循环法,PDCA 是 Plan(计划)、Do(执行)、Check(检查)和 Action(处理)四个英文单词的缩写。它的基本原理,就是做任何一项工作,通常都是先有设想,并通过计划表达出来;然后按照计划规定去执行、检查和总结;最后通过工作循环,一步一步地提高水平,把工作越做越好。这是做好一切工作的一般规律。即:计划—执行—检查—处理四个阶段的循环,简称 PDCA 计划循环法。

PDCA 计划循环法一般可分为四个阶段和八个步骤的循环系统。其主要内容如下:

(1)PDCA 四个阶段的循环

第一阶段是制定计划,包括确定方针、目标和活动计划等内容。

第二阶段是执行,主要是组织力量去执行计划,保证计划的实施。

第三阶段是检查,主要是对计划的执行情况进行检查分析,找出存在的问题和原因,总结经验和教训。

第四阶段是处理,主要是根据检查的结果,采取相应的措施,对成功的经验加以肯定,形成标准,进行推广。总结失败的教训,防止再次发生,把没有解决的问题转入下一个 PDCA 循环改进、解决。

(2)PDCA 循环的工作步骤

PDCA 循环的四个阶段可进一步划分为八个步骤:

①提出工作设想,收集有关资料,进行调查研究和预测,确定企业方针和目标。

②按规定的方针和目标,进行试算平衡,提出各种决策方案,从中选择一个最优的方案。

③按照决策方案,编制具体的活动计划,下达执行。

以上三个步骤是第一阶段计划 (P) 的具体内容。

④根据规定的计划任务,具体落实到各部门和有关人员,并按照规定的数量、质量和时间等标准要求,认真贯彻执行。这是第二阶段执行 (D) 的具体内容。

⑤检查计划的执行情况,评价工作成绩。通过检查进行比较,找出成功的经验和失败的教训。

⑥对于已发现的问题,进行科学分析,从而找出问题产生的原因。

上述⑤、⑥两项工作步骤是第三阶段检查 (C) 的具体内容。

⑦对发生的问题应提出解决办法,好的经验要总结推广,错误教训要防止再发生。

⑧对于尚未解决的问题,应转入下一轮 PDCA 循环予以解决。

上述⑦、⑧两项工作步骤是第四阶段总结(A)的具体内容。

以上八个工作步骤是PDCA循环工作方法的具体化,四个阶段和八个步骤有着不可分割的连续关系。

**现实地估算时间**

在某些方面,我们对时间的观念的自我陶醉的习惯(或者说是过度膨胀的乐观主义情绪)可能是很危险的。如果你问大家,在规定的时间里,你们到底能够完成多少工作,对此,几乎所有的人都会有一种过度的或者说是膨胀的乐观主义情绪。

我们原计划用1个小时结束会议,但事实上却用了2个小时。我们答应在两天内给委托人提交一份建议书,4天过去了,我们还没有完成工作。这种自我欺骗的习惯几乎影响了我们每个工作日的所有业务安排。我们以为我们在20分钟之内可以穿过城市准时到达开会地点,但是往往由于严重的交通阻塞或者转错了弯,使我们不能如愿到达。事实上,我们光花费在路上的时间就是30分钟。

我们每个人都不可能不受这种盲目乐观情绪的影响。如果我们能够按照我们所想象的安排时间,那么我们在日程表上安排的一切工作都可以在当天完成,而不用拖到第二天。但是现实却不是这样,我们对自己一天能够完成多少工作往往是持乐观的态度,而不是悲观的态度。这种态度常常让我们为此付出代价。我们盲目的乐观主义态度常常令人感到恼火,让人感到失望,而且在极端的情况下,还会毁掉我们的信誉。

改掉这种习惯的最快的办法是,在乐观的估计时间的使用时犯错误。因为错误的发生往往会给人留下深刻的甚至是痛苦的记忆,这种记忆促使他们去改掉那些坏毛病。如果你知道在正常情况下(没有交通阻塞,也没有红灯)20分钟内可以穿过小镇的话,你应该考虑到不正常情况随时可能会出现,并多给自己10分钟的时间。这样,你应该把自己在路上的时间安排为30分钟(如果你认为你可以在15分钟内到达会场,那么这除了说明你是在自欺欺人之外,什么都说明不了)。

我们并不能指望人们可以在一夜之间由一个在时间问题上持乐观主义态度的人变成一个悲观主义者,这就像要一个酒鬼当场戒酒一样。一步一步地来,效果可能更好一些。哈佛教授曾向学生推荐的几种可以帮助大家更加现实的估计时间的方法。

1. 检讨一下自己上班后是否在认真工作

当你觉得自己每天都没有足够的时间来完成本职工作时,你就应该向自己提出这个问题:"我每天上班后,是在认真地工作吗?"

一个编辑兼撰稿人在纽约一家月刊杂志社工作,他唯一的责任是负责杂志中的一个版面编辑,并且每个月写一篇1000字的专栏文章。然而,每当朋友给他往家里打电话时,总是被告知他正呆在办公室里写他的专栏文章,几年来他一直就是样。朋友问他是不是喜欢放弃周末去写专栏文章,他说他讨厌在周末继续工作。

"那么,你为什么不在上班的时间里把它写完呢?"朋友问。

"因为我每天都太忙了,我得开许多会议,出去参加午宴,接电话,把稿子敲定下来……"他说。

也许,对在办公室工作的许多人来说,这都是事实。在工作时却要应付这么多分心的事情,他们根本没有足够的时间来完成他们的本职工作。

如果你想真正掌握自己的时间,你首先就要看看在你上班以后,自己实际上是怎么工作的。

2. 检讨哪些工作是不必做得十全十美的

我们经常会遇到这种情况,当他们有两天时间可以用来完成一项工作时，他们会打算在一天之内把它完成，因为这样，他们就可以用剩下的这一天来把工作做得完美无缺。在他们能够做到百分之九十时，他们希望他们的工作能够百分之百的被大家接受。

我们并不是提倡在工作上应该以次充好，也不是为此找借口。但是，我们的确应该重新考虑一下，到底有哪些工作(包括细节问题)需要我们对之加倍的关注，而哪些工作又不需要这样做呢？比如，一位经理每个星期可以花50个小时在通信上面——从销售信函到内部公文，到传真，到感谢信，到回信，如此等等。而且，这位经理有一个习惯，那就是他希望凡是有他签名的文件，都要尽力把它们写得更好一些。

但是，后来，他宁愿随便抽出他写的100封信，每封信都能够打90分，也不愿有90封信都能够打到100分，这为他节省了大量的时间。至于公文，在它们能够像钻石一样闪闪发光之前，是不值得花费时间和精力的。

如果我们能够经常退出来以另一种心态来问问自己："我真的有必要在这项工作上如此劳神费力吗？别人会注意到(或者忽视)我的努力吗？我是在浪费时间吗？"那么我们每星期的有效工作时间就一定会增加。

3. 警惕你周围的时间杀手

时间杀手是指那些在我们的生活中耽误别人时间的人，是指那些对约会总是习惯性地迟到的人，是指那些不给你回电话的人，是指那些几个星期都不给你的咨询信做出答复的人。他们通过让你等待他们几分钟、几小时甚至几天的耗费你的时间。时间杀手在时间问题上比一般人更加乐观。如果你意识不到这种行为所造成的巨大破坏，那么你肯定也是一个时间杀手。

有些人认为，他们可以令时间杀手改变浪费他人时间的坏习惯；有些人拒绝与时间杀手打交道；绝大多数人都是时间杀手的受害者——要么，他们没有意识到时间杀手在浪费他们的时间；要么，他们以为他们能够在时间杀手身边工作，根本不会受到影响。

4. 最好的策略是拒绝做受害者。

由于某些原因，人们对在工作场合遇到的时间杀手一般警惕性不高，或者不愿意去约束他们。如果你跟某个人约好上午 11 点在办公室会谈，时间为一个小时，而这个人却迟到了十分钟。在这种情况下，你是仍然按照原来的时间安排处理呢，还是按照他们的时间表处理？你会在 12 点钟结束会谈吗？你会延长会谈时间来迁就这位姗姗来迟的访问者吗？只有那些自认为时间比较宽裕的人才会打乱自己的时间安排，去迁就那些时间杀手。

有关专家指出，我们在办公室里的选择余地实际上并不像上述例子里所说的那般泾渭分明。有些时候，时间杀手就在我们身边，而我们却难以察觉。

## 效率提高 10% 的秘密

担任哈佛管理课的教授们，在启迪学生智慧方面十分注重旁敲侧击。他们说，音乐大师们可能在一年或数年中每天都必须拿出大量时间进行苦练，才能使技艺略有长进。事实上，他们的技能已经达到较高的水平，但就为了保持这个水平，他们便不得不付出大量时间练习，更别说在此基础上再有所提高。其实，这是在引出一位古典音乐家的话："一天不练，自己知道。二天不练，妻子知道。三天不练，听众知道。"

教授们接着会告诉大家，就经理人的素质而言，却少有甚至没有可堪称大师者。所以经理人可以在个人能力方面取得显著的改善效果——10%–15% 以上，且无需付出太多心血。

比如制作某种小型器具，你一小时能做 50 个，你能把效率提高

10%，即每小时做55个吗？也许可能。开动机器说干就干！你不需要对生产方法进行根本性变革，也无需有超人般的生产速度，只需稍微加把劲。

你会发现几乎任何事情要提高10%的效率都不难做到，而这少许的努力将产生不菲的回报。在前一个例子中，如果你在器具生产车间每天工作8小时，效率提高10%后，一年将多生产1万套器具。如果每套器具的利润为10美元，则每年的赢利将额外增加10万美元。

把效率提高10%，如何能更有效地利用时间？哈佛有一篇文章为提高日常活动效率提出了以下几点建议：

①定出专项时间。如果你需要专心致志于某几个棘手难题，不希望被打搅，可以预定出几段专项时间。告诉你身边的人，在这几段专项时间内任何人都不见。

把比较容易办的事放到专项时间以外，在专心投入某项工作之外的其他时间内，尽可以记记笔记或读读商贸杂志。

专项时间要雷打不动，如果你的专项时间定在午后2点至4点，就不要打算在下午3点去看牙医，否则会使你的专项时间被肢解。

②注意小憩。较高的工作效率只能保持一两个小时，这是集中精力工作的最佳时间长度。研究表明，全神贯注于某种活动90—120分钟后，精力便难以继续集中。这时你需要休息一会儿，以便于体内进行生化反应，恢复体能。两次紧张的工作会议之间的小憩无需太久，2—5分钟便可为你补充足以支持一两个小时工作的能量。

③注意饮食。多获取10%的能量。在实施全套提升体能计划之前，工作中注意以下两点：午饭不要过饱。否则会使你惛惛欲睡。应试着"少食多餐"。所谓少食多餐是指破除一天二餐或三餐的传统习惯，改为多次少量进食。专家认为这更有利于健康。在布拉格进行的一项调查表明，将每天二餐的热量分多次摄取的人较少患心脏病。

在工作时不要饮酒。酒精会使你睡眼惺忪，影响思维能力。工作午餐时，可以要一杯柠檬汽水或冰茶，而非葡萄酒或鸡尾酒。

④提前起床。将起床时间提前10%。你想寻求一种能提高个人办事能力的简便有效的方法吗？那么就请你每天提前一个小时起床上班。提前的这一个小时不会使你感到困倦，相反只能为你带来意想不到的惠泽。你尽可以在办公室里开始变得蜂拥一团之前，悠哉游哉地品品咖啡，查查邮件，读读报纸，回回信件，或回顾一下昨天的工作。

⑤避免浪费时间的活动。少浪费10%的时间，尽力避开浪费时间的活动。

比如参加那些专业协会、社区联防队、志愿者团体等，你一定要肯定其确有价值而且自己感兴趣才行。你越感兴趣，你就会越投入，你自己以及这个组织就会因为你的参加而获益甚多。千万不要仅仅为了承担义务而随便地参加一个什么组织，不要去参加那种自始至终你都是一个盲目的跟从者的会议，即使你在该组织中担任领导职务，那样只会浪费你和别人的时间。

⑥让思考速度提高10%。像其他任何事情一样，思考也是一个不断进步的过程，它可以被传授，被学会，可被实践和发展。过程很简单：找出问题所在，汇总所有的相关因素，寻求相互之间的关联，建立一个清单，收集反馈意见，与其他人合作，为新思想的产生提供机会。一旦你理解了这一过程，便可以从容地制定决策，解决问题，并灵感泉涌。

## 老板该不该有情绪

在哈佛的情绪管理课上，乔·安德鲁教授问同学们：你现在的心情如何？是欢乐、烦恼、生气、担心、害怕、难过、失望或者是平静无常呢？还是你根本不懂自己的心情。对于同学们的各种回答，安德鲁教授面带笑容频频点头，表示赞同。接着，教授开始正式讲课。

他说，我们拥有许多不同的情绪，而它们似乎也为我们的生活增添了许多色彩。然而，有情绪好不好呢？一个成功的人应不应该流露情绪？怕不怕被人说你太情绪化？所以宁愿不要有情绪……其实真正的问题并不存在情绪本身，而在情绪的表达方式，如果能以适当的方式在适当的情境表达适度的情绪，就是合理的情绪管理之道。

人和人打交道时管理好自己的情绪非常重要，哈佛商学院心理学教授加利·斯梅尔做了一个实验，他将一个乐观开朗的人和一个整天愁眉苦脸、抑郁难解的人放在一起，不到半个小时，这个乐观的人也变得郁郁寡欢起来。加利·斯梅尔随后又做了一系列实验证明，只要20分钟一个人就可以受到他人低落情绪的传染。一个人的敏感性和同情心越强，越容易感染上坏情绪，这种传染过程是在不知不觉中完成的。

许多人都知道一些交际的心理知识和一些交际技巧，每当他们自信地和人打交道时，结果却因为自己不能保持良好的情绪，让人际交往的结果大打折扣。原因很简单，他们注意到了很多技巧性的东西，却忽略了自己的情绪，这些或紧张或烦躁或失落的情绪直接反映到一些细节上，例如，双眼暗淡无神，不时地看手表，表情僵硬等。这些小细节都会给对方无聊、紧张、冷漠的心理暗示，在这种暗示的影响下，他们原本的情绪就会不自觉地被牵引，变得十分糟糕，进而对交往产生障碍。当然，事物都有两面性，糟糕的情绪表现会破坏你和陌生人的交往，乐观积极的情绪又会感染对方。正确利用情绪效应，让它为你所用，就能帮你给别人留下很好的印象。

自己的情绪自己来控制。旁人的称赞会使你获得良好情绪，但是现实生活中还存在着种种不如意的挫折以及反对的意见等等。所谓自己来控制自己的情绪，就是不等待别人的鼓励和暗示，自己利用积极的心态来控制和改善自己的情绪。

**不懂管理就做不好老板**

找出使自己情绪不好的原因，努力排除它。当你情绪不好的时候，你要问一下自己，是什么使自己不高兴？然后想这件事是否真的有那么重要？即使它真的很重要，你也应该保持健康的心态积极面对，完全没有必要被它困扰。最后你应该用实际行动排除掉那些烦扰你的事情，释放你的心灵，用自我暗示法调节情绪。有时，引起你情绪不好的原因很难排除。这时候，你就先接受它，然后进行自我暗示。常用的自我暗示的方法就是自我鼓励，例如：对自己说："我是×××，×××是最坚强的！"这种积极的暗示能够调节情绪。

用行动转移法调节情绪。心情开始不好的时候，去忙别的事情，使自己没有时间去思考不愉快的事情，这也是一种有效的办法。将自己不愉快的事情说出来。人在情绪不好的时候，应当有节制地发泄，把闷在心中的不快倾诉出来。你可以试着把烦扰自己心灵的事情说给自己的好友或者家人听，这样也许能得到他们的安慰、开导，找到解决问题的办法。

学会幽默。幽默是一种特殊的情绪表现，也是人们适应环境的工具。具有幽默感，可使人们对生活保持积极乐观的态度。许多看似烦恼的事物，用幽默的方法对付，往往可以使人们的不愉快情绪荡然无存，立即变得轻松起来。

除了这些心理上的调节方法，我们还可以通过遵循特定的生理规律来调节情绪——保证充足的睡眠。匹兹堡大学医学中心的罗拉德·达尔教授的研究发现，睡眠对我们的情绪影响极大，人们在睡眠充足时心情最舒畅，看待事物的方式也更加乐观。

经常运动。一个极有效的驱除不良情绪的自助手段是健身运动。哪怕只是散步10分钟，对克服一个人的坏情绪都能起到立竿见影之效。研究人员发现，健身运动能使人的身体产生一系列的生理变化，其功效与那些能提神醒脑的药物类似。但比药物更胜一筹的是，健身运动对你百利而无一害。

## 第一章 做一名成功的老板

安德鲁教授最后说,如果我们能够明白这些行为都是经过自己抉择、决定的结果,进而能为自己的情绪负责任,则不必要的情绪问题便可以减少。问题是,生活中所面临的许多事对个人而言是具有威胁性的,有些大到足以引起个人内心焦虑的事,旁人看来却只是芝麻绿豆大,然而对个人而言,却可能意味着个人形象、价值感、自尊心的折损和破坏,令人方寸大乱!此时,恐怕就得费些工夫才能对情绪操控自如了。

### 抑制工作中的自负

自负是人类的一个基本偏见,这使得人们在琐碎的问题上很难有大的成就,这一点在工作场合表现得尤其普遍。哈佛的有关专家们经过研究认为,在军人、中央情报局(CIA)工作人员、首席执行官、审计人员、谈判专家和大量的为我们提供精确信息的专业人员中,这种现象普遍存在。

自负者习惯沉浸于虚无的胜利幻想中,他们常常因为一次的成功就自我满足,眼前显现的永远是早已逝去的鲜花与掌声。他们把别人给予他们的荣誉看做是理所当然的,他们不能静下心来想一想如今自己都做了些什么,都收获了什么。自负者总认为曾经的成功能长久,总认为别人只会甘拜下风。所以,他们自视清高、目中无人,更有甚者非但自己不思进取,还伺机嘲讽别人的努力,最终导致了心理的扭曲。

1. 工作中的自负

职场中常有存在自负心理的人,他们往往对自己的能力评价过高,而对别人的能力评价过低,工作中喜欢强调个人的作用,而忽视他人或集体的力量。即使有人对他的缺点做出指正,他也未必能听得进去,这样我行我素,势必会在自己的工作中,与同事的沟通中,甚至是在和领导的接触中暴露自视过高的迹象。

职场中有自负心理的人，一般很少关心同事，与他人关系疏远。他们经常从自己的利益出发，不太顾及别人，对人缺少热情，似乎人人都应为他服务，结果落得门庭冷落。这种情况下，一旦工作出错，就陷入孤家寡人的地步，甚至都不会有人站出来为他说话，最终的结果极可能是被开除走人。

2. 抑制自负

自负是一种过分膨胀的自我意识，是实施有效领导的主要绊脚石。领导力专家史蒂夫斯说："绝大多数组织都有这样一个人，他过度自负，盲目自信，缺乏客观的自我认识，以致造成一种非常消极的氛围，人人深受其害。"

一个办法是不断地学习，要知道没有任何人可以做到百事精通。另一个办法是征求别人的批评意见。史蒂夫斯在《戴尔战略》一书中这样写道："今天的领袖人物都在如饥似渴地学习。"一些最惨痛的教训并不是来自对公司的管理，而是作为领导对自己的管理。这正是预防自我膨胀的第二剂良药（征求批评意见）所起的作用。不听取他人的批评意见，就很难对自己有一个客观的认识，就很容易与外界隔绝。有一位作者将这一现象称为"CEO病"。克劳德博士在他的书中讲述了戴尔如何预防CEO病的经历。克劳德写道："接下来发生的事情在很大程度上说明了为什么戴尔是管理最完善的科技公司之一。如果是其他行业巨头，CEO和他的主要副手都可能对这些批评意见一笑置之或让问题自然消失。但在戴尔公司不是这样。由于担心人才外流，两位经理人便集中精力解决这些抱怨。"

接受批评是根治自负的最佳办法。自负者的致命弱点是不愿意改变自己的态度或接受别人的观点，不愿通过接受别人的批评来改变过去固执己见、唯我独尊的形象。

提高自我认识。要全面地认识自我,既要看到自己的优点和长处,又要看到自己的缺点和不足,不可一叶障目,不见泰山。认识自我不能孤立地去评价,应该放在社会中去考察,每个人生活在世上都有自己的独特之处,都有他人所不能及的地方,同时又有不如人的地方,与人比较不能总拿自己的长处去比别人的不足,把别人看得一无是处。

保持客观可以有效抑制自负的产生。那么如何提高自己的客观性呢?首先,一个好的消息是:针对存在自负的简单训练对于消除这种偏见大有好处。

在一些文章中,自负被看做是一种财富,可以激励我们改变自己的生活,可以使我们在困难的环境中坚持下来。但是如果自负妨碍了理性的思考和分析,就可能造成毁灭性的后果。通过抑制自负,你可以获得健康、友谊、自信。

## 学会控制你的愤怒

有关专家曾引用诺贝尔文学奖得主赫曼赫塞的话告诉学生们:"痛苦让你觉得苦恼的,只是因为你惧怕它、责怪它;痛苦会紧追你不舍,是因为你想逃离它。所以,你不可逃避,不可责怪,不可惧怕。你自己知道,在心的深处完全知道——世界上只有一个魔术、一种力量和一个幸福,它就叫爱。因此,去爱痛苦吧,不要违逆痛苦,不要逃避痛苦,去品尝痛苦深处的甜美吧。"

有关专家曾做过这样的实验:让在事务所工作的年轻人让·马克对不能将愤怒表达出来而造成的不良后果描写得出来:

・他人对自己的任意摆弄;

・私下里常常对自己的无力反击而痛苦烦恼;

## 不懂管理就做不好老板

· 一个男人缺少表达愤怒的能力，被看做唯命是从，缺乏男子汉气魄。

教授们认为，适当地愤怒并不是件坏事。因为人在生活中不可避免总会遇到一些愤怒的事，但如果长期压抑自己，不爆发出来，会对自己有很大的伤害，但愤怒并不是独立存在的，而是被其他的情绪所引发，是不可避免的。因此，我们要做的不是压抑，而是找到引发愤怒的根源，在爆发之前消除这些情绪，从而消除愤怒带来的消极影响。

此外，在哈佛进行的一项涉及2000人的研究中，詹姆斯·格罗斯、简·里卡兹和奥利弗·约翰教授揭示了两种形式的情感管理的社会和认知上的成本。一种是压抑情感，换言之，就是通过不表达情感来控制它；另一种则是换位思考，也就是通过改变我们思考问题的方式来控制情感。

通过实验，有关专家告诉学生，管理愤怒情绪的方法，就是要能清楚自己当时的感受，认清引发愤怒情绪的理由，再找出适当的方法缓解或表达愤怒情绪，可以归纳成为以下三部曲：

1. WHAT——我现在有什么情绪

由于我们平常比较容易压抑感觉或者常认为有情绪是不好的，因此常常忽略我们真实的感受，因此，情绪管理第一步就是要先能察觉我们的情绪，并且接纳我们的情绪。情绪没有好坏之分，只要是我们真实的感受，我们要学习正视并接受它。只有当我们认清我们的情绪，知道自己现在的感受，才有机会掌握情绪，也才能为自己的情绪负责。而不会被情绪所左右。

2. WHY——我为什么会有这种感觉（愤怒情绪）

我为什么生气？我为什么难过？我为什么觉得挫折无助？我为什么……找出原因我们才知道这样的反应是否正常，找出引发情绪的原因，我们才能对症下药。

3. HOW——如何有效处理愤怒情绪

允许自己生气。告诉自己，愤怒是你告诉别人，你已经对他的摆布感到厌倦的一种方式。

教授们告诫学生：

为自己争取。与其采取故意不交工作报告或者故意开会迟到，你不如鼓足勇气告诉老板，你长期以来超负荷的工作量已经超出了你所能承受的范围，或者你和一个同事之间的矛盾已经不可调和了。这的确不容易，不过重新找份工作也同样不容易。

学会掌控。如果你因为被寄予了过高的期望，却无法达到而感觉不舒服，你不能转变成破坏型愤怒者，而应该在此之前做些努力来改变自己的现状。比如你无法独立承担房贷或家中的经济支出，你应该告诉伴侣，你需要他的支持和付出，而不是一边随便再找份工作努力维系，一边却充满怨气经常对家人发脾气。

学会宣泄。宣泄按社会效果说，有合理与不合理之分。善于心理自救者总是选择合理的方式来宣泄心中的苦痛：一是理智性的合理宣泄。如对自己的至亲好友诉说心中的委屈和痛苦，或者自己跟自己倾吐，诉诸文字，让心中的苦水流泄出来。二是情感性的合理宣泄。据说，美国某任总统的办公室内设一装满细沙的沙箱，以必要时宣泄心中的怒气，这实在是明智之举。我们不妨照此办法，在适当场合，大哭一场，大叫一番，任怒火喷发，这也是智者和强者所为。因为这是陷入极度心理困境的即时性的最佳自救策略。

没错，愤怒也能被管理和控制。愤怒需要管理，是因为我们的生活并不总是尽如人意，总会有些让人挫败甚至想要爆发的瞬间。但每个人都不想让自己的愤怒"开锅"，所以学会控制你的愤怒吧！

**不懂管理就做不好老板**

## 笑是精神消毒剂

"在生活和工作中,作为管理者,我们要学会用微笑向其他人传递良好情绪。笑是精神消毒剂,幽默是走出心理困境的阶梯。当事业和生活受到挫折时,当交际出现僵局时,微笑的行为常常能使困境和窘迫转为轻松和自然,从而使精神紧张得到放松,和缓气氛,释放情绪,减轻焦虑,摆脱困境。"这是有关专家对"笑"的作用的真实讲课记录。

的确,笑是良药。据美国芝加哥《医学生活周报》报道,美国一些大型医院和心理诊所已经开始雇用"幽默护士"。她们陪同重病患者看幽默漫画并谈笑风生,以此作为心理治疗的方法之一。幽默与笑声,帮助不少重病患者或情绪障碍者解除了烦恼与痛苦。

笑声一般都是人们所喜欢的,每个人都不愿意看到朋友愁眉苦脸。最新的医学研究发现,笑口常开可以防止传染病、头痛、高血压,可以减轻过度的精神压力,因为欢笑可以增加血液中的氧分,并刺激体内免疫物质的分泌,对抵御病菌的侵袭大有帮助。而不笑的人,患病概率较高,而且一旦生病之后,也常是重病。笑能使肌肉松弛,对心脏和肝脏都有好处。如果生活中没有时间去慢跑,我们可以每天多笑一笑,甚至哈哈大笑几十次,以调节身体状态,增进健康。

心理学教授列文博士说:"笑表达了人类征服忧虑的能力。"笑又往往是人欢乐的一种表达,之所以欢乐,是人体在生理上产生了某种愉悦的缘故。

用微笑传递良好的情绪的时候,要注意以下几个小技巧:要相信微笑的力量。微笑往往会给人乐观向上、自信的印象,容易让人产生信任感。因此在微笑之前,你需要相信微笑有一种感染人的积极力量,富有自信的微笑更能打动人。酒店帝王希尔顿尚且一文不名的时候,他的母

## 第一章 做一名成功的老板

亲就告诉他，必须寻找到一种简单容易、不花本钱而行之长久的办法去吸引顾客，方能成功。希尔顿最后找到了这样东西，那就是微笑！依靠"今天你微笑了吗？"的座右铭，他成为了世界上最富有的人之一。

微笑的力量是无穷的，要笑得自然。微笑是美好心灵的外观，微笑需要发自内心才能笑得自然，笑得亲切，笑得美好、得体。切记不能为笑而笑，没笑装笑。要笑得真诚。人对笑容的辨别力非常强，一个笑容代表什么意思，是否真诚，人的直觉都能敏锐判断出来。所以，当你微笑时，一定要真诚。真诚的微笑让对方内心产生温暖，引起对方的共鸣，使之陶醉在欢乐之中，加深双方的友情。

微笑要看场合。微笑使人觉得自己受到欢迎、心情舒畅，但对人微笑也要看场合，否则就会适得其反。如，当你出席一个庄严的集会，去参加一个追悼会，或是讨论重大的政治问题时，微笑是很不合时宜的，甚至招人厌恶。当你同对方谈论一个严肃的话题，或者告知对方一个不幸的消息时，或者是你的谈话让对方感到不快时，也不应该微笑。因此，在微笑时，你一定要分清场合，微笑的程度要合适。

微笑是向对方表示一种礼节和尊重，我们倡导多微笑，但不建议你时刻微笑。微笑要恰到如处，比如当对方看向你的时候，你可以直视他微笑点头。对方发表意见时，一边听一边不时微笑。

如果不注意微笑程度，微笑得放肆、过分、没有节制，就会有失身份，引起对方的反感。微笑的对象要合适，对不同的交际对象，应使用不同含义的微笑，传达不同的感情。尊重、真诚的微笑应该是给长者的，关切的微笑应该是给孩子的，暧昧的微笑应该是给自己心爱的人，等等。

哈佛商学院认为，良好情绪是人际交往过程中的润滑剂。掌握好这些技巧，得心应手地运用情绪心理规则，你就能控制好情绪并达到用情绪感染别人的效果。

**不懂管理就做不好老板**

# 如何面对中年职业倦怠

"职场中的你,是否已对工作产生厌倦情绪?是否曾因办事效率低下而不能如期完成任务?面对工作抱着'不主动、不拒绝、不负责'的态度?如果你的答案是肯定的,那么,你可能已经陷入职业倦怠。"哈佛的有关专家们说。

人到中年,为什么同样在职场上生存,有的人越做越有精神和信心,有的人却越来越觉得疲惫呢?很大程度上,这是个自我面对职场的心理问题。不论你多么擅长于这份工作,只要你心里倦怠了,你也就很难做好这件事了。

职业倦怠者大多入行4-7年,本应当是工作黄金年龄的熟手为何变成"倦鸟"?

有些倦鸟则属于性格情绪化、自我评价低、对己要求过高的完美主义者、以回避态度对待问题的人。特别是孤身飘在异乡,出现职业倦怠后,因缺乏人际网络支持,较少有倾诉对象来释放压力,因此应对压力的能力较差,久而久之就会严重影响工作。

职业倦怠常发生在熟手的劳动人口中,被称为导致劳动者提前"报废"的杀手。最常见的表现是:

工作时常常感到精疲力竭、情绪波动、热情仿佛耗竭,经常妄自菲薄、工作不主动、"懒得做""没意义"成为口头禅,工作效率低等。有些人因长期承受巨大压力导致的"能力恐慌",在工作时反复产生不愉快情绪,而这种不愉快情绪引发身体症状。

多交朋友多倾诉,有助化解职场压力。很多人将职业倦怠归咎为工作压力,但压力并非导致职业倦怠的最主要原因,只是导火索。专家指出,生活的常态就是"人人都有压力"。关键在于,有压力不要硬扛,要从积极角度着眼，找到化解之道。特别是要建立积极的人际网络，多交朋友，将不开心的事向朋友倾诉。化解职场压力也有技巧，一旦感到特别疲惫，要敢于拒绝额外的工作任务，但要向上级说明原因，而不要硬撑。每周给自己一天时间，彻底与工作隔绝。

此外，公司如何帮助职业倦怠者重新找回激情？员工情绪管理是一招好棋。

1. 把提高员工的情绪管理能力列入人力资源管理的培训内容

目前的人力资源管理培训多是关于技能或者知识的培训，情绪管理能力的培训较少。但是因为情绪管理能力具有后天可培养性、可塑造性，在人力资源规划中应该将员工情绪管理能力的培训作为一项重要内容。例如，怎样观察自己和他人的情绪、怎样对待情感波动、如何战胜压力和焦虑、如何积极交往、如何跟同事共享成功喜悦、如何培养相互的信任感、如何激励自己与他人等。

2. 加强对员工的人文关怀

对员工的人文关怀应包括两方面，一是工作当中的关怀，二是日常生活中的关怀。首先在工作的环境中，企业应该尽力制定完善的规章制度，公平的对待每一位员工，应建立透明、合理、公平、健全的管理制度，选择符合大多数员工情感特点和需要的管理方式，以此规避由于不良管理产生的负面情绪。

在专家看来，情绪管理作为人力资源管理的一个重要方面，在企业管理中越来越受到普遍关注。企业应该多管齐下，不仅要在看得见的"硬件"方面改进，还要在看不见的"软件"方面下功夫，不断提高管理员工情绪的能力。这样，一方面可以降低员工绩效的波动幅度，另一方面可以不断地吸引优秀的人才，同时可以为企业培养卓越的管理者，实现企业持续发展的战略目标。

# 第二章 与时俱进,大胆创新

　　成功不仅是一种可能,你还必须要实现它,否则你就是一个永远失败的人。我们无法做到与时间赛跑,因为我们永远都跑不过它,但是我们完全有可能做到比自己原先的步伐再快一些。每个人之所以会有不同的成就,原因就在于所提出的问题不同,思考的方式不同,吸取他人智慧的程度不同。

## 全面强化创新意识

对于企业强化创新意识,有关专家都有自己独到的见解,他们告诉学生,创新意识有这样几点:

1. 全面真实技术创新的重要意义

不少企业的领导之所以创新意识不强,主要是对技术创新的重要意义还缺乏认识。当前,即全球信息化、网络化、一体化的大趋势下,科学技术发展日新月异,人类知识总量迅猛增长,经济生活瞬息万变,对一个企业来讲,不先行一步、不超越,就被动、就可能被淘汰。尤其是走入知识经济时代的今天,不能再像过去那样依赖于资源和资本,必须认识到知识经济作为一种新的、复杂的经济形态,更加依赖于知识的积累和应用,更加强调创新的作用。知识经济的关键在于创新,技术创新已成为知识经济的基础和落脚点,只有不断创新,才能获得持续的竞争优势,才能弥补资源和资本上的不足。

2. 正确认识和解决企业技术创新中的现实问题

要强化领导的创新意识,就要解放思想,开辟新的道路,寻找新的突破点,必须打破原有思维方式。传统思维和新思维在动机来源上的主要区别是,传统思维主要考虑外部作用和影响,而新思维着眼于内在创造力。思维方式的转换就是要我们学会跨世纪的思维方式,学会按照打破现状思维的独特性原则、展开目的原则、追求应有状态原则、系统思维原则、收集必要信息原则、参与介入原则以及继续变革等七项原则,来正确认识和解决企业技术创新中的现实问题,从而达到创新和对系统的重新整合。

3.加强学习,尽快成为知识型总经理

积极培养知识型企业家,要掌握以下几点:一要激发对学习的兴趣,有了创新的使命感、紧迫感,自然就有了明确的学习目的和动力,就会对新知识有一种永不满足的爱好,这是所有好的革新者、创造者的特点。二在学习的内容上要广泛、适用,除了学习必学的专业、科技文化知识、现代管理知识外,要特别把创造性思维与方法的教育作为最重要的必修课,以不断提高他们的创造思维和创新能力;同时要根据自己的工作需要,学以致用。三要注意学习方法的创新,除了见缝插针以及刻苦学习的精神外,学习方法的创新很重要。四要创造知识化的学习环境,尽快建立和完善职业教育和继续教育体系,针对不同程度、不同职业的企业家,采用适宜的组织培训、进修形式和方法,分层次培训和进修;还要尽可能配备现代化的学习设施,如电脑、网络等,使他们每天不停地接受最新的信息、最新的资料,学会用最新的处理程序过滤和加工变成知识和智能的本领,尽快成为知识型的企业领导人。

## 努力适应全新思维

有关专家们非常重视对管理者适应能力的能力,他们认为,作为管理者,应努力适应全新思维,在管理、组织结构等方面全面适应不断变化的形势,在这方面,要注意:

1.管理观念创新

世上没有永远对任何企业都通行的管理模式,在不同的时期,不同的企业都应有与之相适应的形式。在管理世界中,没有权威,只有创新。

## 不懂管理就做不好老板

美国的管理专家毕可斯描绘了这样一幅画面：由于信息技术的日益进步，未来企业的办公室内，看不到一个员工，有人选择在家或工作室工作，有人在外面拜访客户，所有的工作都可以通过网络进行。迹象表明：虚拟的办公室工作状态，已逐渐成为发展趋势。这种情况的出现，打破了传统的权威管理和严格管理，意味着组织的分权，把权力从领导者手中分散到组织成员手中，员工获得了独立处理问题的机会。领导者则支持、指导、协调员工的工作，激发员工的智慧，并为员工服务。这时企业的领导不再是聪明的总裁，而是集体智慧的网络。大家通过网络分享信息，在企业内部形成一种"无为管理"的管理理念。所谓"无为管理"并不是取消管理，而是管理进入更高层次和更高的境界，人人都是管理者，都是重大决策的参与者，也是决策的执行者。管理达到如此境界，才能使领导者摆脱日常事务，面对未来，纵观世界，审时度势，筹谋企业发展的根本大计。

2. 采用扁平化的组织结构

知识经济时代，信息技术的发展使得知识在管理者及劳动者之间共享，企业组织等级结构已不再受到管理幅度的限制，纵横交错的信息渠道造就了一种崭新组织结构——扁平化的组织结构。企业扁平化的组织结构是一种通过减少管理层次，压缩职能机构，裁减人员而建立起来的一种紧凑而富有弹性的新型团体组织。它具有敏捷、灵活、快速、高效的优点。扁平化的组织结构是一种静态构架下的动态组织结构。其最大的特点就是等级型组织和机动的计划小组并存，具有不同知识的人分散在结构复杂的企业组织形式中，通过未来凝缩时间与空间，加速知识的全方位运转，以提高组织的绩效。扁平化组织结构的竞争优势在于不但降低了企业管理的协调成本，还大大提高了企业对市场的反应速度和满足用户的能力。不难预言，扁平化的企业组织将是知识经济时代独具特色的组织创新。

### 3. 建立学习型的企业组织

随着知识经济时代的来临,市场信息复杂多变,人类知识日益膨胀。在美国每天约有1000家企业诞生,同时每天又有1000家企业倒闭。人们不仅要问:面对纷繁复杂的变化,企业如何才能保持永久的生命力?英国壳牌石油公司的企划主任伍德格告诉我们:"企业唯一持久的竞争优势,或许是具备比你的竞争对手学习得更快的能力。"真正出色的企业,都是那些能够设法使各阶层人员全新心投入并能不断学习的组织。彼得·圣吉在研究系统动力学的管理理论和无数优秀大企业的管理实践后提出:未来理想的企业组织形式是学习型组织。学习型组织必须进行以下几项修炼:一是超越自我,不断学习,集中精力,培养耐心,客观的观察事物;二是改善心智模式,发掘内心,并加以审视;三是建立共同愿望,把领导者个人的愿望转化为能够鼓舞组织的愿望;四是组织团队学习,运用深度交谈和讨论,建立真正有创造性的"群体智力"。学习型组织的出现,是企业制度的一次创新。

### 4. 制定全球化的经营战略

全球化的战略,首先是面向全球开发与配置资本、劳动力、技术等生产资源。根据不同地区的不同利税和金融风险来配置资本,根据不同地区技术发展水平和优势来组织技术开发,根据不同地区文化水平和企业需要来开发和利用人力资源。其次,建立一套基于国际分工协作的高效生产体制。越来越多的企业改变了以国内生产为主、海外生产为辅的传统经营方式,力求建立各种形式的海外生产基地。再次,全球化的经营战略更多的是指建立面向全球的国际市场营销体系许多企业通过启用当地营销人才或加强培训等方式,大力培养不仅懂营销、懂外语,而且熟悉当地文化特点和消费习惯的营销人才,以完善国际营销体系,迅速准确地把握市场信息。

### 5. 倡导以人为本的企业文化

在向知识经济时代迈进的过程中，最主要的经营资源就是知识，因此综合利用知识能力的人才也就越来越重要。这时，企业能否成功的关键往往取决于对人力资源的开发和管理。工业社会里的企业文化，把人看成是"经济人"、"社会人"，认为人仅仅是生产机器的一个组成部分，忽视了人的精神需要与创新精神，而知识经济时代的企业文化把人看成是"文化人"。它注重发掘人的内在潜力和积极性，偏重于人的作用和价值的实现。近年来提出的"柔性管理"就是一种以人为本的企业文化，它通过管理者与员工的直接交流，使管理者更加关注员工的需要，为员工提供更多的发展事业的空间。微软公司的成功奇迹可以说是代表了一种以人为本，重视内部创新人才的企业文化的胜利。

### 6. 重视知识型的生产要素

知识经济时代，高新技术渗透到商品产、供、销各环节，谁率先进行技术创新，拥有先进技术，生产出成本更低、效用更大、更能够满足消费者需要的新产品，谁就会在竞争中处于不败之地。反之，就会在竞争中处于劣势，被市场淘汰出局。不创新无异于慢性自杀。美国的王安电脑公司曾鼎盛一时，但进入20世纪80年代以后，电脑市场竞争激烈，而该公司满足于自己产品在设计和技术水平上的优势和声誉，没有跟上电脑转型创新的步伐，及时推出新型电脑，终于败在美国国际商用机器公司和苹果公司手下，最终导致破产。由于技术创新大多具有高效低耗、较少影响环境的特点，因而可以提高效益，加快速度，调整结构，优化配置，实现企业要素的最佳组合，使企业始终保持旺盛的生命力。

## 第二章 与时俱进，大胆创新

### 及时更新管理方式

在哈佛的课堂上，有关专家总是这样告诉学生：科技革命的浪潮使得许多企业依靠传统的管理方法变得毫无生机，必须另谋出路。企业内部劳资关系的变化也要求总经理们寻求新的体系。总经理们需要对过去那些曾指导众多企业走向繁荣的管理原则进行重新审视，或是进行全面批判，以适应时代的发展。

1. 企业的宗旨是创造"财富"而不是"利润"

以往美国企业管理的主流理论认为，企业的目的就是赚钱，利润就意味着管理成功，"获取最大限度利润"、"扩大投资报酬率"成了企业的最高目标，至于产品质量、服务水平等，是不必作为办企业的宗旨的。因为市场机制会使企业找到它应该达到的产品和服务水平。现在，这种思想正在受到批判。

2. 留住人才，比招聘人员更重要

传统的管理理论认为，人员频繁流动是企业活力的源泉，是企业生存的基本前提，因而他们对日本的"终身雇用制"嗤之以鼻。不过，这种思想目前遇到了挑战。

《Z理论》的作者威廉·大内说过这样的话："美国企业管理一向是以'异质性'、'流动性'、'个人主义'为特点的，在这种管理环境下，人员流动频繁。美国公司人员的补缺率约为日本的4—8倍。大量的人员流动带来培训成本升高；促使人们追求迅速提升，而忘掉公司目标；人际沟通困难，缺乏合作；企业与职工关系淡漠，彼此缺乏信任感；管理机构严重官僚化，没有人情味；管理当局控制有余，指导和激励不足，等等。"

在这种模式下，企业内彼此都是"陌生人"，即使每个人都很出色，但要让大家深刻领会企业宗旨，分担风险，为企业献身，事实上是不可能的。为此他提出应学习日本，使雇佣稳定化。雇员稳定会不会成为公司的累赘？大内说，这是传统管理思想狭隘之处，担心是多余的。其一，因为企业在衰退时期不解雇工人造成的损失，是可以通过赢得职工的忠诚得到超额弥补的。其二，稳定雇用等于公司保持了长期以来积累的技术和管理经验，这是竞争的条件。其三，由于衰退时期员工的报酬、工作日等都可以压缩，使他们分担企业亏损，所以企业仍然有利可得。因此，在技术革新步伐加速时代，抛弃临时雇用思想，确立稳定雇用思想是形势的要求。

**3. 权力下放，比金钱刺激更有效**

金钱万能历来是资本主义的信条。表现在企业管理上，人们普遍认为，只要肯出大价钱，优秀的管理、技术以及职工对企业的忠诚都可以买来。然而实践并非如此，在管理中物质刺激这一魔杖作用是有限的，到一定阶段它就失去了往日的动力。正如美国学者丹尼尔贝克所批评的，对人像对牛一样，需要的仅仅是为了更多地得到牛奶。人，不是经济人，而是社会人。因此，现代管理者要把目光更多地投向物质需求以外的精神需求，尽早放弃"人是会说话的工具"这一原始陈旧观念。由于物质激励是外在的，而不是发自职工内心的需求；并且物质需求容易满足，一旦满足就失去了作用力，因此物质激励并不总是可靠，必须寻求精神激励的途径。对此，当前美国管理界众说纷纭，有的主张管理要回到基础中去，即改变工人成为机器附庸的状况，让人变成人；有的主张改革管理方式，提倡管理当局和职工建立"亲密感"；有的提出应把权力下放，倡议建立自治小团体等。

**4. 应该关怀员工而不是监督他们**

汤姆·彼得斯和南希·奥斯汀在《追求卓越》一书中说道："最近20年来，我们已经给经理塑造了这样的形象：警察，裁判，吹毛求疵，争论不休，善于分析但毫无感情，业务专家，决策人员，总是唱反调，否决别人的意见，喜欢宣布判决，等等。"因为在传统的管理理论看来，领导必须有至高无上的权威，必须是业务专家，必须是拥有处置大权的人物，只有这样领导行为才能有效率。

5. 所有者、管理者、员工的"三位一体"

美国早期的企业管理，是以明显的劳资对立为特征的。本世纪初，泰罗的"管理革命"促使管理者阶层迅速发展，介入了两大对立阶级之间。泰罗认为：管理高度的职能分离是提高企业效率的"普遍原则"，是推动工业革命的强大引擎。当今美国的管理学者认为，泰罗的"让工人做简单明确的工作，管理者从事计划、组织、指挥"的管理思想对美国企业建立标准化大生产方式做出了杰出的贡献。然而今天这种思想的作用已经枯竭，它甚至成了阻碍企业进一步发展的障碍。

6. 提高自身实力，从容应付迎面而来的管理问题

①拓宽视野。你不应只看到眼皮底下的机会。韦恩认为，有三种障碍阻碍人们的视野：目光迟钝（看不出变化）、无动于衷（对看出的变化没反应）及套用老办法（根据以往经验做反应），谨防这些障碍。

②采取行动。在瞬息万变的行业（所有行业不都如此吗），你可能会在战略上浪费时间。北方电讯公司行政总监吉妮强调，最关键的成功因素是"行动"。只要确保自己的行动完全符合业务目标，就要拼命干。

③实时反应。有关专家举例说，营销高手麦肯拉在《实时：如何面对永不知足的顾客》一书中指出，顾客在速度方面已被宠坏了。因此，"那些为21世纪做了最充足准备的企业认为，在实时系统方面进行投资对留住顾客至关重要。他们利用信息和通信技术来回应不断变化的环境，更为重要的是，以便在尽可能短的时间内满足其顾客的需求。"

④抓住黄金机遇。《上层》杂志称，现在最赚钱的，是为中小型网上企业外包目前只有大企业享有的自动交易处理能力。"我们说的是贸

**不懂管理就做不好老板**

易服务提供商这种全新行业。它在电子贸易中的作用就像国际互联网服务提供商在入网和主机服务中的作用一样。小型企业是国际互联网商业领域发展最快的部门,向这些企业提供价格适宜的电子贸易能力,其收益相当可观。"

⑤重新创造优势。丰田公司的奥田硕是一位新型的日本总裁。他很快摒弃了日本式管理的传统(终生就业、基于共识的管理),建立了新的典范(因才提拔、加快决策速度)。结果,一种令竞争对手胆战心惊、日本和西洋相结合的成功模式产生了。

⑥网罗全球化探险家。《快捷企业》杂志说,在招聘这一问题上,许多行业的领先企业都得出了同一结论:"素质比知识更重要。招聘并非是找有合适经验的人,而是要找有合适思维方式的人。这些企业招聘看态度,技术靠培养。"全球化探险家的角色分四种:船长(有远见卓识的领袖)、制图员(向导)、大副(日常管理者)和资助者(忠告、经验、资金的提供者)。如果你无法网罗到全部四种人,至少找两位领头人。《红鲱鱼》杂志认为,在发展的每一阶段都需要不同类型的领导,很少有哪个行政总监能胜任所有职能。甲骨文公司蒸蒸日上就是因为有两位领导:运作总监林瑞和行政总监艾立生。

⑦不断选择新的增长之路。从下列五条全球运作之路中任选一条:打破规则(打破行业平衡)、参与竞争(在不断增长的市场满足现有需求)、制定规则(控制市场标准)、专业经营(专注于缝隙市场)及临场发挥(从变革中获利)。

⑧瞄准局限。要提高利润,很显然,关键并非降低成本。至少对戈拉德来说是这样。这位流行经典作品《目标》的作者指出,每个企业在经营中都至少有一种局限,不然,企业的利润将无穷无尽。因此,关键是瞄准局限,提高产出(企业通过销售获取资金的速度)和利润。

⑨学习、学习、再学习。你并不认为人们已忘记了"学习型企业",

是吧？现在，成为一个学习型企业日趋重要，你更不会这样认为了。

日本的野原教授指出："在一个唯一能够肯定的东西，就是什么都不能肯定的经济世界里，保持竞争优势的唯一源泉就是知识。"由于当今世界的竞争游戏总是快手者胜，因此企业的总经理必须比对手更快捷地掌握新技巧、学习新技术、取得新能力……企业不仅要获取市场份额，更要获取知识份额，把握尖端产品和流程的知识。

⑩打破常规。有两种战略逻辑可供选择：一是常规的战略逻辑，另一种则是被W·金昌和莫邦在《哈佛商业评论》杂志上所称的"价值创新逻辑"。思维力应立足于顾客所寻求的整体解决方案，"不管这样做是否会超出企业的传统业务"。

## 开发执行官的领导艺术

随着商业环境正在发生根本性的变化，培养管理者的途径也日益进入公司现有经验之外的新领域。由于对成功的企业领导者的要求已经改变，因此培养领导者的方法也发生了变化。

"全球市场是复杂的。"哈佛公司课程资深主任简·希勒·法伦说，她曾帮助全世界成千上万的公司高层行政人员制订培训计划。"市场的节奏千变万化，公司自身已经不能提供他们想要的那种培训体验和发展环境。"

当你在温室里培养领导者，最后只能培育出温室里的花朵：它们看上去非常美丽，但是一旦与外界接触就会枯萎。

领导能力开发不是一个独立的过程。尽管公司的确有培训领导者的正式项目，但是大多数情况下，执行开发是在工作中进行的，更重要的是，服务于工作的需要。随着前程似锦的管理者向前发展，他们会面临一系列的挑战，从中他们学会在各种环境下运用这一模式的方法。开发过程会给予年轻的执行官极其广泛的自主权来拓展其能力并迅速其成长。

有时候，企业领导人常常不能预见，一个不合常规的与传统企业模式格格不入的员工可能成为很有潜质的领导者。

例如，一位高级行政人员在公司里被认为是一个古怪和脱离现实的人，"公司不知道该拿他怎么办，"法伦说，"但当首席执行官来了之后，他认识到这个特立独行的人对于经营一个迅速发展的新业务将是个理想人选，经营这些业务需要对整个商业环境有全新的视角。"除了在财务、营销、技术、企业并购、经营管理、供应链和其他领域磨炼业务技能外，管理者培训课程需要进行地更加深入。他们需要从三个方面来衡量领导力水平：个人、团队和组织动态，领导者需要深入了解他们个人的强势和弱势。

在一个公司的培训课程中，管理者认识到很多失之交臂的生意却可以通过跨部门的合作得以挽救。"当你把这些聪明、有能力的人聚集在一间屋子里的时候，他们会创造奇迹。"法伦说，"他们认可个性、能力和资源，而公司以前却几乎没有意识到这些。"

五项指导性的原则推动了培养领导者的方法取得显著的成效：

(1) 关注全局。与大多数消费品公司不同，尽早地给那些有培养前途的人划出责任底线。

(2) 给予管理者行动的自由。卡夫前首席财务官加里·科赫兰说，这种方法减少了独裁，鼓励了个人的主动性。"如果你做得对，你不必写许多备忘录，"他回忆说，"一旦展现了你的能力，你就能放手去做，然后就能形成自己的处事风格。"一旦年轻的管理者掌握了基础业务，就给他们留下足够的空间，让他们决定如何达成目标。

(3) 教导管理者影响力的艺术，而不是发布命令。培养管理者影响力的艺术，使他们有能力调动整个公司的其他人员来共同完成工作。负责种类和品牌的执行官们不能简单的发布命令,他们必须学会说服别人并且统一意见。正如一位前执行官所说:"你要经常让许多人围桌而坐,如果你想成功的话,你需要让那些人各抒己见。因此,重要的是学会如何激励他们,而不是利用职权操纵他们的职业生涯。"

(4) 不鼓励自我宣传。鼓励的是团队成就,而不希望个人成为焦点。吉姆·柯林斯在他的著作《从优秀到卓越》中研究了具有个人魅力的公司领导者所带来的危险性。

(5) 为人才找到合适的位置。并非每个人都能领导公司,公司能给出的承诺是致力于留住人才,并且为没有成为领导者的价值创造者创设角色。当然,不是每个人都能成功地晋升到领导能力开发计划的最高层。经常将这些人转到职员部门,而不是解雇这些有经验的业务经理。的确,公司的最高管理层致力于安排一定的"职员名额"来留住优秀的人才为公司工作。

但是,其他公司可以采纳基本的思想。任何公司都能仔细思考自己的商业模式和基础性原则,都能为强化这些原则的管理者绘制出职业道路,都能赋予年轻的执行官们像成熟的首席执行官一样思考并行动的职责。

## 知识管理时代下的领导能力开发

近年来,以新技术革命为先导的人类社会步入知识社会,时代的重心都在向知识化转变,知识迅速成为经济的力量,已开始重新演绎出新的生命力。知识经济化,其中一个重要方面,就是新技术发展要求,不断对领导能力产生影响。哈佛的课程中关于这一点也有专门的讲解。

有关专家认为,学会如何领导不只是一个认知的过程,其中也有情

## 不懂管理就做不好老板

感因素。你向谁学习和你学习什么一样重要：两个人可以给我同样的建议，但是我会更善于接受曾经历过与我眼下所处的实际情况相似的人提出的建议。只有通过与你有过同样经历的人进行联系，经验教训才可能真正成为你自己的。

有教授说过："著名的医院会做两件事：一是照顾病人，二是教导资浅医生。奥美也在做两件事：一是照顾客户，二是教导年轻的广告人。在广告的领域里，奥美就好比一所教学医院。"奥美建立了具有特色的教学型组织文化，成为了一个成功的知识型组织。

社会进步的力量，通常也来自于先驱者对于新思维模式、价值观的塑造和扩散。对于企业这个组织而言，同样如此，在个人与组织整合互动的过程，最具有动态影响作用的因素便是领导，领导者个体行为常常会深刻影响着组织的群体行为。

但是，"瓶颈永远在瓶子的上端"，在目前知识导向的产业结构与企业变革压力下，如果组织领导者们不能认识到这种变革趋势并体现出相适应的领导力，则其所领导的组织必将会在这个浪潮中落伍。

管理大师彼得·德鲁克提出：因为信息科技的发展，使得企业组织的变革中"管理权与所有权分离"的第一次变革，到"指挥控制型组织"的第二次变革，发展成为"知识型组织"的第三次变革。

有关专家经常告诉学生：知识已经成为管理行为的基石，如果企业领导不能以知识作为决策的基础。在面对专业知识工作者时，会不可避免地陷入难以知识共鸣的困境，也会发生知识对话的落差以及相互沟通的障碍。

显然，团队型领导风格相对来说是较为完美的领导方式，尤其是随着知识经济时代的来临所导致的领导权力原因的转移，使团队型领导风格更显重要。传统领导理论强调的是"职位权力"，主要体现为合法权和奖惩权，前者是一种经过正式任命的权位权力，后者则是领导者对其下属的资源控制、奖赏、调职、减薪、降级或解雇而让部属不得不接受其领导的权力。然而，"职位权力"正逐步被以知识为基础的"知识权力"所取代。

可以说，"知识权力"下的领导行为更多是一种素质影响力，它依赖于领导者的素质品格，使得部属因心悦诚服而接受其领导，并完成其指派的任务，这样的领导行为要求领导者做到以下三点：

首先，要能给员工指出愿景，愿景是一种希望，也为一种能量，它是组织战斗力的目标；要成为团队训练者来帮助员工培养技能，对于知识型员工来说，领导者不善教导就难以领导。

其次，领导要起到感召的作用。大家都说"榜样的力量是无穷的"，员工为什么愿意跟随领导朝着一个共同愿景去努力奋斗，根源还在于员工对领导者行为和人格的信任，只有当领导者的做法让员工感到信任和尊重时，他们才会自觉自愿地追随领导者的做法，这就是榜样的力量。

最后，领导要给员工动力，要为员工喝彩。奥格威说："当员工有令人激赏的表现时，明确地表达你的赞美。"当然，赞美并不排斥责备，领导要善于为员工设立 SMART 的工作标准，员工没有达到时同样需要予以适当的责备。因为，最容易损伤团队士气的事常常是领导者容忍员工没有成效的工作成果。

一个领导者只有善于赋予团队以愿景、感召和动力，而不仅仅是过程控制、资源协调，才能真正实现从单纯管理者到真正领导者的转变。而且，"领导者"这个头衔并非专属于那些看似高高在上的人，我们每个人都会在特定时间、特定地点置身于作为领导者的境地，因此，"领导力"是每个人都应该培养的一项技能。

有关专家们最后告诫：在知识管理时代，企业家如果继续专注自己的权力，企业就无法适应瞬息万变的外部环境，企业员工尤其是那些知识型员工的主动性、积极性和创新性就会受到损害，企业的经营管理决策的科学性就无法得到保证。

## 技术≠知识管理

知识管理是为企业实现显性知识和隐性知识共享提供新的途径，是利用集体的智慧提高企业应变和创新能力的有效方法。它包括这样几个方面的内容：建立知识库；促进员工的知识交流；建立尊重知识的内部环境；把知识作为资产来管理。

他们认为，在企业中推行知识管理，不但需要员工们懂得知识管理的理念，而且要通过知识管理系统来使之变为现实。如何实现企业的知识管理系统，往往是企业知识主管和高层领导所关心的重要问题。近年来，由于信息技术的进步和IT产品的大量出现。现在许多IT厂商都推出了自己的知识管理系统开发平台，不少人认为知识管理系统就是一个现成的可以买来使用的软件包。但是，目前这些IT厂商的知识管理开发平台都仅仅是提供了一个可以进一步开发的工具，要实现企业的知识管理系统，不但要掌握这些工具，而且要对自己将要设计的系统具有清晰的认识。同时，还必须懂得通过什么样的途径，才能够减少失败的概率，有效的完成所规划的知识管理系统。

新技术并不是包治公司所有顽疾的良药，在采用知识管理之前，什么样的公司在什么样的情况下才适合使用知识管理？我们需要思考。

几乎所有具有合理规模的公司都可以通过规范的知识管理体系实现生产力的显著提高。

要确定贵公司是否能够从知识管理受益，公司规模仅仅是第一步。第二步要评估在对待知识方面的公司文化，从而明确需要改进的地方。

在知识管理流程中常常可以避免无谓的重复劳动。"如果你的目的

## 第二章 与时俱进,大胆创新

是试图改变公司的文化,你不应该抛弃已有的结构体系或沟通方式而重新建立一个崭新的系统,这将使这项工作倍加困难。通常的情况是,公司已经存在某些结构或方式,你只需增强它们的便利性和友好性。"

他们强调,知识管理曾经被ITT商和咨询师许以过高的承诺,其实却总是被他们弄得一团糟,以至于现在很少人仍然相信它。一些实行知识管理的先锋,如可口可乐公司已经终止了他们的知识计划。

然而说到底,知识管理不仅是竞争优势的来源,而且也决定了如何对价值链的重组。而那些保守的人,任何时候都会像在19世纪抵制新机器使用一样抵制最佳做法和新软件的运用,即知识管理。但是,知识管理也有其自己的特殊要求,如何使知识管理产生切实的成果并不是一件简单的事。知识有各种形态,它可以嵌入到设备、工具、流程以及聪明人的头脑中,并使他们都做得更好。知识的外在形态并不重要,从知识运用中所学到的经验是相同的,与知识的外在形态并没有联系。

不管是什么知识形态,要获得成功的规则都是类似的,你必须做好两件事情:第一,尽力共享最佳想法、促进同事之间的对话与交流以及给公司的每一位员工都提供他们工作所需的知识。这是人们常说的知识管理的主要内容,它很容易说,但要真正做到却很难。第二,要主动的去寻找和运用这样一些知识,它们能够极大的而且不断地增进公司为客户服务的能力。知识管理的范围可以大到像通用电气所使用的一些方法和理论。如根据需求来生产、六西格玛质量管理,也可以小到像英国石油与Schlumberger合作开发新的水平孔钻探技术。

千万不要以为你能够通过上面两项工作的任何一项就能获得成功,如果你跳过其中任何一项工作,你就会坠入无法真正改善财务底线或者无法改变公司文化的境地。传统的知识管理可以帮助促进公司文化的变革,而你也更需要注重产生成果的驱动力,这种成果将确保最终的变革。

知识管理的理论基础其实很简单:如果你让每一位员工都能够得到

**不懂管理就做不好老板**

另外的人所掌握的知识,并且得到他们完成其工作时所需要的核心内容和信息,那么每一个人的决策都会更优,公司运转将更为健康,更有效率,而每一位员工也会更快乐。当然,真正要做到并不简单,知识管理中存在一些缺陷:

1. 很多企业盲目武断地开始

知识共享是一种"反自然行为",因此明智的做法是以小项目启动,最好是那种可以在6—9个月的时间内评估其成效的试水项目,而一旦推广的时机到来时,必须投入相当的资源,才能获得可观的收益。

2. 企业过分依赖技术捷径

人们往往认为技术是包治所有知识管理顽疾的良药。但事实却不是这样,那些仅仅简单堆积资料而不进行整理和分析的公司往往会发现,由于存储空间有限,加上耗费时间查找错放的资料,过多的信息比完全没有信息更糟。

知识管理的成功要求有合适的流程和基础设施,确保把正确的知识和信息在正确的时间输送到正确的地方,这包括人员也包括IT。知识管理还需要一个变革程序以激励从业者之间互相合作。

注重主动地去寻找能够极大地而且不断地增进公司为客户服务的能力,这一点似乎与传统的知识管理大不相同,因为他们看起来是功能性的,但是这种专注于成果的努力总是与知识相关。

## 员工是强大知识体系的载体

随着知识经济时代的到来,掌握最有价值的知识资本的知识型员工日益成为企业提升竞争力的宝贵资源。以知识、科技和信息的产生、创新、流通、分配及应用为基础的知识经济正向我们走来,全球性的竞争将更加激烈，那么，谁将是竞争中的胜者？是那些占据人力资源综合素质的竞争。

在人员流动日益频繁的今天，如何降低知识性员工流失给企业带来的损失是企业人力资源管理中的一大难题。随着知识型员工的出现，企业知识的流失也覆盖了职业的整个生命周期，包括招聘、雇用、履行职责、留用和退休。公司可能尝试过许多未经整合的方法来解决这个难题，其中一些方法具有一定价值，如指导计划、知识数据库、返聘退休人员为合同工等，但大多数方法仅仅是治标而已。综合性问题需要综合性的配套解决方案。

如果员工流动过于频繁，企业缺乏一个比较稳定的员工队伍支撑，尤其是如果没有对组织保持忠诚的知识型员工的支持，企业必然会因缺乏人才而面临被市场淘汰的风险。流失风险识别就是识别其流失可能给企业带来哪些风险：

（一）掌握核心技术或商业机密的知识型员工的离职可能导致企业赖以生存的核心技术或商业机密的泄露。一旦发生这种情况，带给企业的将是极大的损失，尤其是当这些知识型员工跳槽到竞争对手企业或另起炉灶时，企业将面临严峻的竞争压力。

（二）知识型员工的离职可能导致企业关键岗位的空缺。由于知识型员工掌握某种专门的技能，所以一旦他们离职，企业可能无法立刻找到可替代的人选，那么这一关键岗位在一定时期内会空缺出来，这势必影响企业的整体运作，甚至可能对企业造成严重的损害。更糟糕的是，如果出现了知识型员工的集体跳槽，那么企业面临的风险将是成为一个没有血肉的空壳，假如不及时补充，面对的必然是死亡。

（三）知识型员工的离职使企业必须重新招募和培训新员工，以满足对人员的需求，这就需要支付相应的招募和培训费用，有时还要付出赢得新客户所需的成本。知识型员工属于稀缺人才，需要企业花费更多的成本来获取，而且招聘来的新员工是否胜任工作，是否能融入企业都具有不确定性，这些都是企业面临的风险。

知识的流失及其对劳动生产率和业绩的影响使问题更加错综复杂，因此一个或单一的办法不能解决所有问题，公司需要有整套的战略、方法和技术，并应该遵循下列步骤：

1. 确定公司最濒危的知识，并建立管理制度

公司首先必须确定信息和经验的流失将给它们带来的最大危险在哪里，这部分涉及绩效管理和职业发展制度的建立，因为这些制度本身可以确定员工中拥有最关键知识的人。

2. 建立知识社团

建立一个信息知识共享的电子化互动平台，使知识型员工能够自主方便地了解到各种所需的信息和知识，一方面增加了知识型员工的知识，另一方面加强了员工之间、员工与管理者之间的交流。通过这种开放式沟通，还可以随时了解和关注员工中存在的各种问题，是有利于对员工流失的防范比较顺畅的方法之一，将公司主要专家的即时通信对话保留并存档，这些对话往往富于见解，一般来讲一旦从电脑屏幕上消失就销声匿迹。但现在新的手段可以截取这些对话，消失后也可以重新取回，从而保证了通过即时通信传输的知识仍然留在公司内部。

3. 运用较为先进的电子学习法

电子学习法使员工培训方法发生了革命性的改变。过去有一种狭隘的看法，认为只有"正式"组织的课堂式的环境里培训才能称为学习。电子学习法将公司从这种认识中解放出来，它使高质量的培训内容在传播过程中保持一致，将以求学者为主导的、随时随地的学习变为可能。

帮助知识型员工自主进行职业生涯管理。开展职业生涯管理，可以使知识型员工清楚的看到自己在组织中的发展道路，而不至于为自己目前所处的地位和未来的发展感到迷茫，从而有助于降低知识型员工的流

失率。

**4. 实施内部流动制度**

某些知识型员工本身就有较强的流动倾向,其流动具有某种必然性,他们或者是由于对原有工作失去兴趣,或者是想尝试新工作以培养新技能。针对这种情况,企业可以采取内部流动的方式来迎合这种需求,减少离职倾向。

**5. 招聘新员工时挑选与组织相适配的知识型员工**

近来的研究显示,几乎80%的员工流失与招聘阶段的失误有关。同时,失误的主要原因不是流失的员工不能适应工作要求,而是因为他们不适合该企业的文化。为了减少流失率,在引进新员工时就应严格挑选程序,注意知识型人才的态度、个性和行为要与组织相适配,进行基于文化的招聘过程。

另外,为了减少事故所带来的损失而采取的控制性措施,即当知识性员工流失时,采取一定的策略以减少知识型员工的流失给企业带来的损害,使损失最小化。具体措施可以考虑以下几个方面:

(1) 做好人才备份工作

这一工作有利于保证企业不会因某些关键知识型员工的流失而中断新产品研发和市场开拓。做好人才备份,一方面要强化人才的储备和技术培训,使某项关键技术不会只被一两人独占;另一方面,同一尖端技术岗位至少要有2—3人同时攻关。

(2) 合同约束

合同约束即在员工进入企业之前,采用契约的形式规定员工对企业的义务,约束其行为,目的是为了防范由于员工流失而给企业带来的损害。

**不懂管理就做不好老板**

## 如何靠演说激发干劲

毫无疑问，我们都非常羡慕那些激情澎湃的演说家，从苏格拉底到罗伯斯庇尔，从马丁·路德·金到今天的奥巴马，他们的经典演说风头，甚至有时候影响了历史的进程。

哲学家弗里德里希·尼采有句名言："对语言的理解不仅仅限于词句，而是连同语句的声音、强度、变化、速度，并表达出来。简而言之，就是言语背后的音乐，就是发自内心的激情。"将激情注入演说，演说者将乐在其中。而激情，是每个人天生都具备的。正如著名演说家卡耐基所说："每个人只要会说话，就一定能成为出色的演说家。"

但是，哈佛管理课的教授们却经常这样告诉学生们：在现实中，很多人在台下是一个杰出经理人，博学多闻，见解精辟，但一站上台，却立刻变成一位无趣的讲者。经常会看到一名经理人头脑空白地侃了数分钟后，却发现下面的听众双臂抱胸，或茫然无措、打哈欠，有的还频繁看表，最糟糕的是有人已经开始离场……一旦出现这种情况，就表明这场演讲彻底失败了。

可见，演说和表演、作文有很大的区别。首先，演说是演说者(具有一定社会角色的现实的人，而不是演员)就人们普遍关注的某种有意义的事物或问题，通过口头语言面对一定场合(不是舞台)的听众(不是观看艺术表演的观众)，直接发表意见的一种社会活动(不是艺术表演)。其次，作文是作者通过文章向读者单方面的输出信息，演说则是演说者在现场与听众双向交流信息。严格地讲，演说是演说者与听众、听众与听众的三角信息交流，好的演说者不能以传达自己的思想和情感、情绪为满足，他必须能控制住自己与听众、听众与听众情绪的应和与交流。所以能激发听众干劲的演说都具有针对性、鼓动性的特点。

## 第二章 与时俱进，大胆创新

针对性演说：是一种社会活动，是用于公众场合的宣传形式。它为了以思想、感情、事例和理论来打动听众，"征服"群众，必须要有现实的针对性。

所谓针对性，首先是作者提出的问题是听众所关心的问题，评论和辩论要有雄辩的逻辑力量，要能为听众所接受并心悦诚服，这样，才能起到应有的社会效果；其次是要懂得听众有不同的对象和不同的层次，而"公众场合"也有不同的类型，如专业性会议、服务性俱乐部、学校、社会团体、宗教团体、各类竞赛场合，写作时要根据不同场合和不同对象，为听众设计不同的演说内容。

鼓动性演说是一门艺术。好的演说自有一种激发听众情绪、赢得好感的鼓动性。要做到这一点，首先要依靠演说稿思想内容的丰富、深刻，见解有独到之处，发人深省，语言表达要形象、生动，富有感染力。如果演讲稿写得平淡无味，毫无新意，即使在现场"演"得再卖力，效果也不会好，甚至相反。

林肯曾经说过："我相信，我若是无话可说，就是经验再多，年龄再老，也不能免于难为情。"这说明要进行成功的、能激发听众干劲的演说，需要有充足的准备，任何演说都需要做一定准备，长则数十年，短则数分钟。所谓"台上十分钟，台下十年功"。

那么在公开演说前要做哪些准备？最重要的是了解你将要面对的演说对象，想方设法了解演说听众的需求。演说者与听众间建立起和谐关系，是一切成功演说的关键。根据听众的兴趣来演说可以有效地抓住听众，也可以使自己尽早进入演说的角色。

曾把《如何寻找自己》这一题目讲过 6000 多次的演说家罗素·康威尔博士这样回忆："当我去某一城或某一镇访问时，总是设法尽早抵达。以便去看看邮政局长、旅馆经理、学校校长、牧师们，然后会找时间去同他们交谈。了解他们的历史与他们拥有的发展机会。然后，我才发表演说，对哪些人谈论，就得适当地选择当地题材。"

当然，所有的解决方法，都像是一个精心揣摩的过程，如果不能参透其中玄机，那么"方法"层面的"知识"就永远不可能变成"智慧"，你也将仍然经受着演说前的局促不安，并且收获"蹩脚"的演说。

我们不指望凭着三寸不烂之舌闯荡江湖，但至少要在演说中得到听众的重视和青睐，为自己的工作和生活加分。

## 建立公司的质量改进计划

有关专家在讲到关于建立公司的质量改进计划时，很善于用事实说话，他们曾讲到这样一个例子：

MONSANT化学工业公司培训了1.5万名职员，使之学会了一些质量管理技术。于是，公司放手让他们大胆革新，改进生产工艺，同时给他们必要的支配权，提供必要的资料和灵活处理问题的权力。在拉塞尔加工基地的员工，大大提高了生产积极性，产品质量也大大提高，存货合格率由低于75%跃升为99%，在两年时间内的毛利收入为300万美元。

有专家说，像美国的福特、摩托罗拉等大公司都很重视提高产品质量，提高企业效益。任何一家公司，只要不重视质量管理，就必定经不起竞争的考验，最终必将走向失败。任何一家公司，只要采用了质量管理的办法就要持之以恒，坚持下去，否则并不能真正改进产品质量。

总体说，要实施某个质量改进计划，需要付出极大的代价，但是一旦计划获得成功，你获得的收益也是巨大的。建立质量改进计划的模式是多如星斗的。因此在正式实施管理改进计划之前，就要有一个明确的计划和操作步骤。为了帮助你建立公司的质量改进计划，我们提供以下几点建议：

1. 获得公司高层的支持。由于质量管理活动使得职员们有权提出一些改进措施，这些改进措施经常涉及多个部门，就使得一些老板担心自己的权力受到削弱。因此要使一个质量改进计划取得长期成功，就要想办法让公司大老板积极支持，热情参与进来。

2. 从公司的不同部门，不同层面选出员工组成质量管理指导委员会，由它制定一些体系和操作步骤，倾听各方人员的改进意见并做出适当的分析，并予以评述，特别注意要保证质量管理指导委员会能直接与公司高层管理人员沟通。

3. 制定行动指南和操作规程。要注意认真听取员工关于改进质量管理、提高质量水平的建议，鼓励员工直接参与进来。由质量管理指导委员会对员工所提改进意见进行评述，然后一一拿出解决方案。委员会应定期总结所收集到的众多建议，将总结报告每隔一段时间下发全体员工一次。

4. 让员工了解，老板已放权给他们，让他们为公司的质量改进献计献策。

5. 定期评估质量改进计划所取得的阶段性成果也很重要。

## 全员参与质量管理

美国著名经济理论家托马斯·J·彼得斯提出了所谓的"最佳管理法的两把利刃"的观点。他指出："无论是在私营还是公营部门，也无论是在大企业还是在小企业，如果从长远的观点看，只有两个途径可以创造和维持企业优异的经营情况：

第一，通过优质服务和优质产品来特别关心你的主顾；

第二，不断地进行创新。他把质量问题摆到了第一位，应当说是极

## 不懂管理就做不好老板

有见地的。

经营管理的竞争归结到产品上，从某种意义上说就是产品质量的竞争。在美国管理界流行这样一句话："靠质量推销，而不是以价格取胜。"它可以说道出了今天人们对质量问题的新认识。

正如托马斯·J·彼得斯所说的："任何保持质量的方法——质量小组，统计方面的质量控制——都可能有价值。但是，只有各级经理人员在工作中时时记住质量问题，注意质量，在质量问题上花时间，一切方法才有价值。而且，各级经理人员必须懂得，质量要靠那些关心质量和专心致志于质量的人来保持。"

由此可见，质量问题首先就是一个管理问题。质量问题在当代经营管理中变得越来越突出和重要，是和当代消费的趋势倾向连结在一起的。

在西方消费市场上，有这样一个时髦的口号："贵，但是值得。"美国质量管理权威菲力普·克洛维斯在佛罗里达州奥兰多市近郊的冬季公园中开设的质量管理培训班，掀起了一股热潮。许多经理人员在那里学习后，感到得益匪浅。

克洛维斯早在20世纪20年代就提出"无缺点理论"(QC理论)，日本电气公司最早将它引入日本，形成了日本的全面质量管理系统，大大提高了产品的竞争能力。克洛维斯认为，不仅应该提出理论，而且应该推广他的理论，让它为广大经理人员所接受。于是他成立了一个咨询公司——菲力普·克洛维斯协会，以训练班的形式来宣传他的理论。最先登门求教的是国际商用机器公司的管理人员，以后通用汽车公司的管理人员也来轮流听讲，从那里接受教益。

按照克洛维斯的理论，产品完全达到合格是可能的，而原先所流行的观念则认为出次品是不可避免的。以前，生产100万块集成电路，次品总不下1万块，而今则已下降到一两千块，个别厂家已达到100块以内，克洛维斯认为，只要继续做出努力，接受"零"的状态是完全可能的。

## 第二章 与时俱进，大胆创新

以前在美国，企业对产品的质量管理，完全由质量管理部门来管。克洛维斯却完全改变了这种做法。他认为上至公司总裁，下至普通的职工，每一个人都对产品的质量负有责任，要消灭不合格产品，就得动员全体职工参加。

克洛维斯的训练班都是短期的，每天上课达 8 小时，两天半为一个单元。这一个单元的听讲费高达 l650 美元，外地的学员另外还得付住宿费。尽管收费高昂，听讲者仍络绎不绝，因为它能带来更多的效益。如国际商用机器公司根据他的理论改变质量管理方法后，其收益高达 20 亿美元。在这股追求卓越的热潮中，美国著名管理学家戴明的见解又一次受到了人们的重视。

戴明曾在 20 世纪 50 年代向日本人讲授他的极其严格的产品质量管理方法，为日本的振兴做出了贡献。当时日本天皇曾授予他一枚奖章，并设立了以他命名的奖金。

戴明对质量问题的一个独特看法是："94%的质量问题不是工人造成的，而是制度——也就是管理造成的。"应当说，他恰如其分地抓住了质量问题的要害。戴明坚持认为，鼓励工人提高质量用处不大，关键在于改进控制和改进工作程序，在每一个程序中把好关，为达此目的，企业应在以下几方面有所改进：

①把新的科学思想和科学理论迅速转化为应用知识、技术和工艺，并应用于生产。根据企业选择的发展方向，加强基础研究和应用开发，为及时掌握和发展最新科技成果提供科学依据。

②根据最新科技成果改造原有的工艺和设备，力求做到定期更新产品，淘汰在技术上过时的产品。把引进的专利用于解决产品质量和工艺问题，使产品的质量标准在技术数据可靠性及外观设计、成本、价格、竞争能力相适应国内外消费者的需求方面能领先一步。

有关专家最后说，落实各环节的经济责任制，用经济方法而不是用

**不懂管理就做不好老板**

行政方法明确划分所有者和经营者的责任权利，对于根本改进质量问题具有重要意义。

## 预见危机，防患于未然

危机谁都会遇到，关键你是否有预见性和前瞻性，或者说你是否有防患于未然的决心和胆识。对此，有关专家们强调：在谈到预见性的时候，人们往往普遍认为只有在处理危机时，才能显出谁是真正高明的管理者。因为当管理者冷静对待、从容化解危机时，总有一种伟大而戏剧般的效果。但是，真正高明的管理者应该能在数月或数年前就能预见到危机的来临，并且知道如何做才能防止危机的发生。

有关专家们讲，任何公司都有一种危险的倾向：业务顺利时便洋洋自得，成功好像是想当然的。还有一种更危险的倾向：有些人固执地反对任何形式的改变，他们坚信"水来土挡"的信条。

但是，必须认识到，即使是眼下最流行的事，三四年之后它也会全然改变，你不能永远稳坐钓鱼台，花样繁复的口味和不断加速的变化才是当今的形势。因此，一个更贴切的管理信条应该是："未雨绸缪"。

尽管道理很简单，但忽视它的仍大有人在。根据目标状况制定一个持续稳定增长的5年或10年计划看起来是很不错的。但实际情况并非如此，因为现在赢利100万美元，不等于今后每年都会赢利100万美元。这种"成功会带来成功"的错误推理忽略了一个关键因素：竞争对手。他们会打断你的好梦，并且办法很多。

比如：其一，提高产品质量，削减你的市场份额；其二，降低产品价格，减少你的利润额；其三，发明新的产品，把你挤出市场，等等。

因此，当你正设计不受外界干扰的稳定增长曲线时，肯定有人在想

## 第二章 与时俱进,大胆创新

方设法抹去它或替代它。

体育业的状况更易使人理解这个信条。没有比体育业更易变、更不可预测的了。在竞技场上,今天胜利而明天就可能落败,所以,应该不断地提醒下属"变化比计划快",督促他们远离"成功导致成功"的错误想法。下面是三个常见的导致危机来临的错误推论:

1. 领先优势不会改变。顺境时人们很难想象逆境是什么样子,人们会以为现在的成功不会结束,或他们可以不断地重复成功。其实,必须认识到,领先地位总有要改变的时候。

如果感到下属正在成为错误想法的牺牲品,可以和他一起回顾5年或10年以前的公司,想想谁是最强的竞争对手,谁是市场份额的领先者。对于这些领先者来说,10年前的他们和10年后的他们完全不一样,那么是什么原因造成了这么大的变化呢?

2. 工作出色就有高回报。另一个错误推论是:你干得漂亮,委托人就乐于给你报酬并让你继续做下去。其实并非如此,委托人也许会因此将你一脚踢开。对此,一位美国知名企业的老板有切身的体会:我们公司最大的优势之一就是拥有庞大的国际网络。我们在26个国家拥有67个办事处,国内大多数体育组织——不管是球队、团体、还是联盟都没有如此大的国际网络。所以,体育团体就会雇用我们在全世界销售其比赛转播权,他们不知道如何才能在欧洲或远东某地的电视上收看到他们的比赛,而我们可以知道。一开始我们以比较低廉的价格把播映权卖给国外电视网。一两年后,公众的兴趣培养起来了,电视观众增加了,转播权的价格也随之上涨,当然我们收入也就增长了。如果我们干得依旧漂亮,那么我们极有可能在七八年之后帮助委托人建立起一个像模像样的企业,你可能会以为委托人会非常感谢我们,因为我们发展了他们的海外转播事业,从一无所有到能赚几百万美元,他们将永远给我们高回报。

然而,事情绝非如此。总有一天,委托人会忘记我们立下的汗马功劳,

### 不懂管理就做不好老板

开始算计我们。具有讽刺意味的是，这种事往往发生在委托人的事业最兴旺发达的时期。这时，委托人将用回报我们的一个零头雇用当地的公司替代我们。为什么不呢？委托人对我们的一切都心知肚明。他熟悉公司情况，知道我们如何定价、签合同，这使委托人再和别的公司重新签订一个三年的合同就非常简单了，我们公司就只能靠边站了。

这种事我见的太多了，它千真万确的存在着。简单的做个比喻：你给别人造成了一个老鼠夹子，可最终他们却认为自己本来就会逮老鼠。当然，我们的经理们并不总是遭受命运的嘲弄，他们认为只要做得好就会得到好的回报。他们因日益增长的收入而感到兴奋，却忘了委托人可不这样想，因为委托人常常低估我们工作努力的程度。比起"谢谢你"这样的字眼儿，他们更倾向于说："最近你都为我做了些什么呀？"

因此，我时常提醒下属，他们应该让委托人感到："没有我们你将一事无成"。工作出色不见得就能带来回报，但工作非常出色却的确会招致危机。

3. 领先就可以放松。也许最危险的错误推论是：在完全胜任的领域可以放松一下。比如，公司在同行业或全国占有40%的市场份额，而最强的竞争对手只占10%。这时人的本性会使你因竞争差距大而感到自满，并且轻视任何一个敢于向你的领先地位发起挑战的"暴发户"。但正是这些不值一提的竞争者可以把你毁掉。不同的竞争者从不同的方面攻击你，或干扰你的经营，或蚕食你的市场份额，或消磨你的动力，或增加你的障碍，等等。所以，轻视这些"暴发户"就意味着自取灭亡。很多人都会联想到用IBM公司、微软、美国钢铁公司这样的例子来说明此观点，因为它们正遭受一群不值一提但日益强大的竞争者的蚕食。

赫伯特·曼利的故事更能说明这个道理。赫伯特·曼利是美国业余高尔夫球顶尖高手之一。他曾经参加过一场美国业余锦标赛，对手是一个15岁的男孩。

## 第二章 与时俱进，大胆创新

男孩被父母和邻居们簇拥着。比赛中，当曼利领先男孩4杆时，男孩竟在众目睽睽之下放声大哭。曼利感到他让男孩在父母面前丢脸，他非常内疚。因此接下来的比赛他打得很糟，最终输给了男孩。

曼利向他的教练、一个著名的职业高尔夫球手描述了这件事。职业高尔夫球手说："你不应被男孩的哭声所打动，在赛场上，你只能想到让对手没有任何喘息的机会，并且打翻他、碾碎他。"

有关专家们认为，话粗理不粗。在竞争中处于领先地位时不应放松。因此对于一个不能居安思危的管理者来说，真正的危机来得比他想象得快。

## 选择时机，压缩经营规模

有关选择时机，压缩经营规模的问题，哈佛的教授们这样讲，经济增长过快常常使人感到恐惧。过快增长的经济会给人带来压力，也会给财务带来压力，更会让人忙得无暇顾及许多细小的问题。但"经济增长"的确是个诱人的字眼，经营者在一盘美食面前，首先想到的是先把它吃到嘴里，至于如何消化就等以后再去慢慢想。

因此，在适当的时候压缩经营规模就尤其重要。可遗憾的是，许多人都不能成功地完成这项任务。他们不是压缩少了就是压缩晚了，要不然就是根本没有触及问题的实质。

这也并不奇怪，扩大经营规模时所需的胆量与压缩规模时所需的勇气，本来就是两回事。况且，扩大规模时是何等的意气风发，而提到"压缩"二字时，又是一种什么样的心情？

有意思的是，一旦压缩了经营规模，人们十有八九会发出这样的感慨："其实早该这么做了。"

**不懂管理就做不好老板**

报纸的商业版上常常登着这样的消息：某公司裁员2000人却丝毫没有影响开展正常业务，某公司裁减了300名销售人员还能保持业务持续增长。当一个公司做出类似这样的举动时，投资者们就会说："是到动一动的时候了"。随之，这些公司的股票价格也会不断上扬。

压缩经营规模的秘诀即在于，它能让你发现有许多事情早就该做，却一直都没做。因此，在压缩经营规模前，最好先注意一下以下几个问题：

1.把每一次的改革都看成一个新的起点。在压缩经营规模上，实施第一个改革的举措并不十分艰难。因为公司里总是存在着过多的开支与人员，大家都可以理解并且支持削减一定比率的开支与人员。

但当再次压缩规模时，就有人出来反对了。他们原以为压缩经营规模只是一次性的举动，他们不想再次缩减预算，也不想再失去手下的人。他们认为一旦失去这些人，公司有朝一日扩大规模的时候就再也找不到这样合适的人选了。

这种想法无药可救，你所能做的只是告诉他们，把每一次的改革都看成一个新的起点。

2.把压缩规模看成是一次公司内部合作的调整。在一个大规模的公司里，肯定既有经营得好的部门，又有经营不善的部门。尽管有的公司在走下坡路，许多部门举步维艰，但可能还有那么一两个经营得不错的部门。因此，不顾一切地全面压缩经营规模的做法不会带来任何好处。

许多管理人员在压缩经营规模的时候都采用这种"一刀切"的手法。有时这样做也是出于无奈。当你通知六个部门的主管要削减他们20%的预算时，他们会摆出一副不肯善罢甘休的样子问："为什么偏偏要削减我们的开支？为什么那两个经营不错的部门就可以不减？要减大家一起减。"为了维护公司内部所谓的"和谐统一"，许多老板这时就不得不做出让步。

显然，这样做实在没什么好处。正确做法是，某些部门越是因为经济下滑削减了预算，就越是应该从其他部门的发展中寻求平衡。

因此，最好能为这种举措确定一个合适的定位。如果把它看成是一次公司内部合作的调整，是一种资源的再分配，那么没准这样做还能起到鼓舞士气的作用。

3. 让主管们自己动手。人们有时拒绝缩小经营规模，是因为怕伤害另外一些人。让一位主管减少通讯费用或是把购买计算机的计划往后推一推，这并不难做到，而一旦让他裁减手下人员就难办了。

且不说炒别人鱿鱼是一件非常难堪的事。许多人认为裁员会使别人对自己的经营管理能力产生怀疑。一般来说，所有管理人员都对自己的手下充满信心。他之所以录用他们，提拔他们，给他们加薪水是因为他们工作得力，有其可取之处。而到裁员时，就面临这样一个严酷的事实：许多他认为能干的人一下子变得一无是处了。这对他的经营才智是个不小的打击，所以许多管理人员宁可认为：自己手下的员工是最好的，需要裁减的是别人手下的员工。

话虽这么说，但我们在实际工作中不可能让 A 部门的主管去裁减 B 部门的员工，也不能让 B 部门主管去 A 部门裁员。

有关专家们告诉学生：一位有经验的老板的做法是淡化裁员这件事，给主管们定下财务目标，并且有言在先："要达到这样的财务目标，不裁员是不大可能的。如果达不到这个目标，即使你不动手，我也会亲自动手裁员的。"听了这样一番"有言在先"的指教，聪明的主管都会很快完成既定的裁员计划。他们知道这件事应该由他们自己来做，不能等到事到临头再眼睁睁地看着老板来裁员。

## 果断应对突发事件

所谓突发事件，必须同时具备三个条件：一是突然发生，难以预料；二是问题极端重要，关系安危，必须马上处理；三是首次发生，无章可循。三者缺一不可。地震、火灾等符合条件一和条件二，但不可能满足条件三，不是首次发生，不是无章可循，抗震救灾是有许多原则规范可以遵循的，把一切天灾人祸都列为突发事件是不准确的。

管理学家西蒙指出，突发事件的实质，是非程序化决策问题。处理突发事件是一种非程序化决策。

突发事件是首次发生的，无章可循，具有模糊性、重要性，经理的有限理性和决策结论的"可满足"或"可行性"，说明这类决策极为复杂而困难。突发事件极端重要，往往关系到组织的安危，经理必须及时控制事态发展以避免陷入危机，要求经理的主要精力都应放在非程序化决策尤其是突发事件的决策上来。

有些人在处理突发事件时，能够果断决策，但不是针对性的立断。他们也知道"有限理性原则"和"满意原则"，但是却急于求成，以个人主观价值判断代替了突发事件本身的价值判断，从而使自己陷入没有选择余地的"霍布森选择"。托马斯·霍布森是16世纪英国剑桥地区的驿站老板，当年的驿站都向顾客出租马匹。这位老板非常爱自己的马，还有个怪脾气，坚持要按固定的顺序轮流出租他的马。主顾们虽然不能自己挑选满意的马，但也只能将就了，否则就一天没马骑。因此所谓"霍布森选择"就是只有一个方案，没有选择余地的"倔决策"，这是经营决策的大忌。

因此，不能把"有限理性"和"满意"原则当成是经理在处理突发危机的关头拍脑袋、灵机一动的决策就是满意的，这其实是一种领导艺

## 第二章 与时俱进，大胆创新

术不高或没有领导艺术的表现。经理还是应当在已有知识、经验基础上，动用直觉、想象力、创新思维，找出尽可能多的方案进行抉择，以"有限理性"求得"满意"结果。

对于突发事件，若想获得主动的和满意的处理结果，避免损失或把损失减少到最低程度，领导者应该有正确的态度和科学的处理原则。

1. 临危不惧。面对突如其来的突发事件领导者大致有两种态度：一是惊慌失措，焦躁不安，失去正常的理智和冷静；二是镇定自若，无所畏惧，沉着冷静地面对现实，解决问题。正确的态度和原则应该是后者，临危而不惧，遇事而不乱，顶住各种压力，慎重而果断地处理问题。

2. 处理突发事件要敢于冒风险。突发事件本身信息不完全，又关系重大，需要紧急处理。因此，处理突发事件的非程序化决策具有很大的风险性，处理结果对危机的作用难以预测。这种处理结果的风险性要求具有处理突发事件的能力和必须把握相应领导艺术。因此，个人的政治素质和能力素质对处理结果的风险性起着决定性作用。

处理突发事件有非程序化决策具有很大的风险性。因此，你的政治素质和能力素质起着决定性的作用。要具有探险家的胆识、敢冒风险、敢当风险的精神和能力。

3. 快刀斩乱麻。突发事件所以突然发生，原因是极为复杂的，既有直接的、现实的缘由，也有间接的、历史的根源。正因为如此，突发事件来势猛，发展速度快，把握变化趋势难度大。处理得好，事件能够得到妥善解决；处理不好，则容易激化矛盾，使事件升级，造成更加严重的损失。因此，遇到突发事件，领导者必须在理智冷静的基础上，迅速查清事件的真正缘由，据此提出解决问题的最佳方法。首先，必须总揽事件的全局，通过精细快速的调查了解，尽快地摸清事件的全貌和各种因由。其次，对各种现象和原因进行分析，透过现象的困惑和群众情绪的影响，准确地弄清事件的性质、趋势及发展后果。再次，根据对事件的原因及性质的把握，找出解决事件诸问题的办法，果断地做出决策，不能犹豫不决。贻误时机，要做到快刀斩乱麻。领导者还必须有魄力、有主见，既广泛地听取各方面意见，集中多数人的智慧进行决断，又不能纠缠于细枝末节，被一些现象和闲言碎语所左右；既要雷厉风行，抢时间争主动，不使事态进一步扩大，又要慎重从事，周密分析，不能有丝毫的粗心大意。

4. 机动灵活。构成和引发突发事件的原因复杂多样，对群众的心理产生的冲击也是多种多样的。在这种情况下，采用常规性的工作机制和决策程序，是很难及时判断并解决问题的。因此，处理突发事件，必须采取机动灵活，超乎常规的程序和办法。

第一，实行现场决策。由于突发事件的现象与原因交错复杂，随机性比较大，使得决策具有很大的不确定性和风险性。同时，决策本身对信息要求的时间性特别强，所以要求领导者必须采取超常决策方法，把决策权最大限度的放到现场，根据现场情况的变化，进行随时决策。

第二，措施留有余地。既然突发事件原因复杂，变化无常，突然性的因素比较多，领导者采取措施时，就要想得多一些、远一些，留有周旋的余地。不论是物资的准备，抑或条件的许诺，都不能一下子就达到极限，再没有调度和协调的余地。

第三，注意缓解矛盾，转移群众情绪，使群众冷静下来考虑问题。这是控制事态发展的一种有效办法。

第四，顾全大局，不因小失大。

# 第三章 以人为本，注重团队管理

管理者一定要重视利用团队。团队可以随时组建，完成工作，随后予以解散。团队所做的工作是无法用其他方法来完成的。不管是研制新产品还是改进流程，团队可以把多种优势、技能和知识揉合在一起。

## 要给予充分授权

根据英国经济管理学家尼尔·格拉斯的研究，管理理论可以分为以下五个主要阶段(学派)：

1. 人际关系或行为方法。在20世纪20年代晚期，一些学者开始更加关注工作中的人和社会的行为以及他与生产效率的联系。在著名的霍桑实验结束之后研究者得出结论认为产量的提高较少是通过控制和金钱刺激实现的，更多的是通过"人性化"工作，即建立起工作团队并且在管理上给予他们更多的注意。

这一论调在20世纪40—60年代间，由心理学家马斯洛和赫兹伯格继续发展。通过建立起人类激励模型，他们认为管理的角色应当是基于激励员工，通过满足他们归属某一社会团体的需要、受到注意和信任的需要、实现智力发展的需要来实现的。

在麦格雷格的X理论和Y理论中借鉴了这一学派的观点。信奉X理论的管理者认为，要员工具有高的生产率，就需要指导、控制、奖励和惩罚；信奉Y理论的管理者认为员工一般能够自我激励并且有兴趣做好一件工作。因此，这些管理者试图鼓励员工发展、承担责任并且完善他们自己的能力。

2. 科学管理。科学管理是与F·W·泰罗(1856—1917)的工作联系在一起的，这个理论是基于如下三个主要原则：

原则一，为了有效率地完成工作，工作必须划分为简单的、分离的、可衡量的任务。

原则二，存在完成工作的"一种最佳方法"。

原则三，可以用金钱激励工人接受这种最佳方法。

这一理论是与大型"生产线式"的工厂和管理体系相联系的。在那里，工作被划分为几乎不需要任何技能的、小的、枯燥的、重复性的步骤。研究每个工作任务所需时间和方法的工作研究运动也是与科学管理相关的。

在这种环境中，管理的角色主要是给大多为低技能的工人分配工作，并且严密地控制生产效率和产出。

3. 权变理论。权变理论提出的观点或许并不令人惊讶，即不存在"一种正确的方法"来管理员工或组织。它的支持者宣称，选择何种管理方法取决于如下的变量如组织的技术水平和环境、工作任务的性质和管理者个性。

例如，在一个稳定环境中完成一项简单的任务，恐怕只有有限的机会去授权以及让员工发展。另一方面，高科技领域中，在快速变化并且高度竞争的市场上，你会希望员工能够主动采取行动并且反应迅速。

所有这些可能都非常明显——然而，却时常会出现下面这样异乎寻常的现象。稳定的、大批量生产的工厂经理常常会发起出自良好本意、然而最终毫无意义的员工授权运动，并且当员工确实反馈回了建议，又会被视为"不切实际"而被拒绝采纳，因为管理者认为他们可能会干扰实现每日的产出指标又如，管理者将员工安排在面向关键顾客或项目管理的位置上，然而又没有赋予他们充分的预算或制定决策的自由。

4. 特质研究。这些研究在19世纪前50年间非常流行，他们把管理视为领导的过程而不是一个控制的过程。有数不清的专家开展了各种研究，试图识别出成功领导者所共有的个性特征，期望能够找出用于发现未来领导者的可供参考的形象。

这一理论的一个隐含假设是，领导者在某种程度上，是天生的而不是人为培养的。著名管理学家德鲁克认为："领导既不可能被创造也不可能被提拔，既不可能被传授也不可能被学习。"很可能是由于在变动的经营环境中，对管理者的要求也在改变，而不是这些理论的任何内在的固有错误；在最大程度上破坏了这些研究的可信性。在19世纪50年代使一位管理者成功的特质与今天的高科技企业领导不可能有任何相关之处。

5. 学习型组织。随着变化的节奏加快，市场变得更加不稳定，技术继续飞速发展，经济周期愈发难以预测。对大多数组织来说，成功的关键因素将会是他们在其经营环境中，感受和应对变化的能力。作为一个"官僚机器"的组织必须发展成为一个作为"大脑"的组织。组织再也不能够不假思索地盲目执行由最高管理层幻想出来的"聪明的"战略。相反，为了适应和生存，组织必须从顾客、竞争者甚至那些在不同行业中的领导型公司身上学习。

这就需要瓦解等级制，给员工授权，支持而不是控制管理者，倡导建设性的变革而不是捍卫。"这就是我们在这里做事的方法"。这就要求一个组织能够学习，而不是只会执行命令。

授权可能是过于频繁地被描述成一种启蒙后管理已经接受了的观点，它能够被用于创造健康、欢乐和富于生产力的组织。然而，对于许多组织来说，授权仍然是一种被人忽视了的必需品，而不是一件可以慷慨分发的奢侈品。

授权并不是放弃管理责任。这是一种工作的方式，管理者的角色从直接的命令、控制和处理信息转变为教导、协调和支持。在授权的最初阶段，管理层的干预对员工发展以及创造一个供员工工作的安全的政治环境是至关重要的，你不能够放任员工而不顾。你需要一台"管理压路机"

来清除能力、技能和组织障碍。

随后，当员工发展起他们的技能，并且成长起来承担起他们的新责任时，管理者就可以集中起精力进入新的位置，这个位置更类似于一位运动教练而不是一个传统的专制老板。

将授权与分权区分开来是非常重要的。分权意味着管理者对局势的了解要比员工更清楚，但是管理者将额外的责任交给员工以帮助他们成长和发展。授权则似乎意味着管理者承认员工可能需要一些指示，但是他们拥有找出正确解决方案所必需的技能、知识或同市场的紧密联系。

如果我们看看大多数组织中，三个主要群体（执行人员、中层管理人员和高级经理人员）的精力集中在何处，我们可能会得到如下这样的景象：执行人员完全致力于保持效率；中层管理人员将大部分的时间用在当前的经营运作上，只有一小部分时间用于改进组织运作的方式；而高级管理人员也同样埋头于一般的经营管理中，也花一些时间试图改进企业运作方式，但只有很少的精力用在了所谓"领导"上——确定组织的未来（找出满足顾客需求的新途径，开发新产品或服务，进入新市场，同供应商、顾客或竞争者建立新联盟，等等）。

通过培育出诸如创新、团队工作、会议管理和理解市场需求等技能，我们应该能够试着将推动我们的执行人员帮助改进组织工作的方式，推动我们的中层管理人员支持执行人员，让我们的高级管理人员摆脱日常琐碎的经营管理，从事领导活动。

## 充分尊重下属

在管理上，无论你怎样渴望成功，都不应该忽视对下属的尊重，因为管理的重点说到底是"理"，而不是"管"，这当然包括了理性、理

解的内容。为此,应选择正确的管理模式,具体的说,有这样几点:

1. 用引导代替对人员的管理

20世纪60年代初,道格拉斯·麦格雷格在《企业的人的方面》一书中断言,管理必须在两种不同人员管理方式之间做出选择,这两种方式即"X理论"和"Y理论"。前者假定,人们不希望工作,因此必须受到强制和控制。后者假定,人们本来希望工作,只是需要适当的动机。稍后,亚伯拉罕·马斯洛以其著名的"需求层次论"指出,不同的人需要不同的管理方式,实际上是给出了一个从"X模式"到"Y模式"的可行选择区间。可以说,我们今天所熟悉的管理无不存在于这个区间之中。

人类社会进入21世纪,随着知识经济时代的到来,在经济、技术、社会领域引发巨大的"第三次浪潮",迫使商业经营采取日新月异的新方式。属于工业化时代的垂直组织、综合一体化、规模经济、等级经济、指令与控制等观念正在衰退,取而代之的是全新的外援型、规范最小化、网络、多种多样的其他组织形式等概念。人们正在反思工业化思考的每个方面,并以新的智慧将其重新构造。

迈克尔·哈默在《再造公司》一书中指出:新的时代呼唤新的组织,只有全盘抛弃过去100年的组织模式及其思想基础,才能把僵化的旧组织结构转变为具有适应性的新组织。今天,对于这一新模式,人们越来越多地用"海豚式管理"来对其进行描述。

管理观念可理解为管理者在实施管理行为的过程中,所贯注和体现的较为定势化的价值观、假设、看法、印象等观念形态的指导原则。

斯蒂芬·柯维在《以原则为中心的领导》一书中,对新的管理模式的管理观念作了论述:"这种模式变化就是从'人的关系'和'人的资源'模式(以善待人和关于利用人为基础)变为以原则为中心的管理模式,这种新模式关系到帮助人们发现意义和成就,其基础是认识大自然法则将最终统治世界。因此,新的模式要建立一支有能力的工作队伍,这支队伍以共同的意义感和思想感为中心，以一个基于原则的价值体系为中心，然后激活队伍的活力，以在全球经济中竞争。"这里说的原则是指基本的、有关所有人类关系和组织的普遍原则，例如公平、正义、诚实、正直和信任等。

这些原则是不证自明，它们就像自然法则一样，不论你是否遵守，它们都在发挥作用。新的管理观念还强调"高度信任的文化"和"相信人的潜能"。在新的模式中，组织必须拥有高度信任的文化，否则就无法生存，因为只有这样的文化才能使你在组织内外，与雇员、客户、供应商及所有的人建立起富有意义的合作伙伴关系。管理者必须认识到人是组织中最有价值的财产，认识到他们有能力取得卓越成绩，并且管理者要帮助他们，让他们也认识到这一点，仅像旧模式所教导的那样，善待人并善用人是不够的，因为他们不愿像牺牲品或小孩子一样被利用，他们想对自己的资源拥有管理权，想感到自己是在对有意义的事业做出个人的贡献。因此你必须帮助人们发现其行为具有意义和成就。

对于新模式的管理观念，彼得·德鲁克也有同样的观念："这既不是 X 理论或 Y 理论，也不是任何别的管理人的特定理论。这种理论已超越管理人的范围，涉及使雇员的目标与本组织的目标保持一致……不是对人员进行管理，而是在引导他们。"

2.海豚式管理的领导风格

管理者的行为特征可以说是一种管理模式的集中反映。海豚式管理者信念坚定，追求公平，既关心工作成果，更关心员工成长，他们用脑和心来领导，以自信、宽容来运作，是刚柔结合、有血有肉的管理者形象。具体表现为：

①在对待员工的态度上。海豚式管理者尊重下属，对属下员工宽容、仁慈，真心对待下属的要求，善于听取下属的意见，努力赢得员工的忠诚，与下属保持密切关系，成果与人情并重。

②在领导作风上。他们有明确的工作目标，持之以恒的工作作风和灵活的工作方式，处理问题时沉稳、客观、果断、情理并重，实事求是的面对错误，随时接受批评并予以纠正，及时寻求工作的改进和充实。

③在领导品质上。他们有慷慨的气度和宽广的胸怀，与员工"分享信息"，并认为这是提高员工对企业忠诚度的最佳法宝，强调与下属分享权责，分享荣誉，他们自信、果断，努力营造信任性的组织文化，认为信任性的文化是培养成员自信和自尊的最佳方式，也是企业业绩的动力源。他们总是保持积极的工作态度，也就是说他们的态度更加积极、正面、富于感染力。

## 采用优秀的管理原则

采用优秀的管理原则，是合法管理课有关专家们的共识，他们举例讲：每月两次，总有许多世界各地商业人士愿意出250美元、花几个小时去参观联邦快递公司的营业中心和超级中心。目的是为了亲身体会一下这个巨人如何在短短23年间从零开始，发展为拥有100亿美元、占据大量市场份额的行业领袖。

有关专家们告诉学生，联邦快递之所以能取得令人瞩目成就，有赖于以下管理原则：

1. 扩大员工的职责范围

公司创始人、主席兼行政总监弗雷德·史密斯创建的扁平式管理结构，不仅得以向员工授权赋能，而且扩大了员工的职责范围。

与很多公司不同的是，联邦快递的员工敢于向管理层提出质疑。他们可以求助于公司的保证公平待遇程序，以处理跟经理不能解决的争执。

公司还耗资数百万美元建立了一个联邦快递电视网络，使世界各地

## 第三章 以人为本，注重团队管理

的管理层和员工可建立即时联系。它充分体现了公司快速、坦诚、全面、交互式的交流方式。

20世纪90年代初，联邦快递准备建立一个服务亚洲的超级中心站，负责亚太地区的副总裁J·麦卡提在苏比克湾找到了一个很好的选址。但日本怕联邦快递在亚洲的存在会影响到它自己的运输业，不让联邦快递通过苏比克湾服务日本市场。

在联邦快递公司，这不是麦卡提自己的问题，必须跨越部门界限协同解决。联邦快递在美国的主要法律顾问肯·马斯特逊和政府事务副总裁多约尔·克罗德联手，获得政府支持。与此同时，在麦卡提的带领下，联邦快递在日本发起了一场大胆而又广泛的公关活动。这次行动十分成功，使日本人接受了联邦快递连接苏比克湾与日本的计划。

2. 恰当地表彰员工的卓越业绩

联邦快递经常让员工和客户对工作做评估，以便恰当表彰员工的卓越业绩。其中几种比较主要的奖励有：

①祖鲁奖：奖励超出标准的卓越表现。

②开拓奖：给每日与客户接触、给公司带来新客户的员工以额外奖金。

③最佳业绩奖：对员工的贡献超出公司目标的团队以一笔现金。

④金鹰奖：奖给客户和公司管理层提名表彰的员工。

⑤明星／超级明星奖：这是公司的最佳工作表现奖，相当于受奖人薪水2%-3%的支票。

联邦快递的经理会领导属下按工作要求做出适当个人调整，创造一流业绩正如玛丽在报告中所说："我们需要加强地面运作，我想，如果让每个员工专注于单一目标，就能整体达到一定水平。正因此，我们才引入最佳业绩奖，它使我们能把5万名员工专注于提高生产效率和服务客户。我们达到了以前从没想过能实现的另一个高峰，工作绩效接近100%，而成本却降到最低水平。"公司设计了考核程序和培训计划，以确保经理知道如何做出正确的榜样。公司的高级经理就是下级经理的榜样。

### 3. 融合多元文化

联邦快递有自己的大文化，同时也有各种区域文化。在超级中心站，它的文化在于其时间观念；而在软件开发实验室和后勤服务部门，它们的文化则在于创新和创意；在一线现场，它强调的是让顾客满意的企业文化。

负责美国和加拿大业务的高级副总裁玛丽指出："我们的文化之所以有效，是因为它与我们的宗旨紧密相连，即提供优秀品质服务顾客。"

### 4. 善于改变规则

联邦快递选择了固定价格体系来取代按邮区划定的路程和运量定价体系，在货运业引起了巨大轰动。这一改变不仅简化了联邦快递的业务程序，也使客户能够准确预测自己的运输费用。弗雷德说服国会使美国民航管理委员会解除对航空快运的限制后，开辟了隔夜送达货运业务，使对手公司也纷纷受益，整个行业的利润增加了10倍。

### 5. 重视客户的要求

联邦快递把客户的问题当做对自己的挑战和潜在的商业机会。联邦快递接到一家打算自己经营产品仓储和批发业务的全球性女装零售商兼家居饰品商的请求，为其提供系统跟踪定单、检查库存、安排运货时间服务，使其能实现接单送货在48小时内完成。联邦快递巨大的超级中心之所以能以这样大的规模存在，正是因为有各种公司不断请求他们帮助。

### 6. 积极利用技术软件

联邦快递的经验证明，在这个信息时代，一个公司创造和整理的信息，其价值远不止于在公司内部使用。公司有一种百威发运系统，可以接定单、跟踪包裹、收集信息和开账单。公司约2／3的运输都是通过这个系统或者联邦快递发运电子运输系统来完成的。

## 第三章 以人为本，注重团队管理

1994年，联邦快运有了自己的网址。客户可以通过公司的主页了解到有用的信息，还能打开公司的COSMOS数据库。为帮助客户把自己的生意上网，联邦快运提供了专门的软件联邦快递发运系统，使运输过程自动化。联邦快运还创建了自己的企业内部网，供公司内部专用。

### 7. 按直觉办事。把冒险作为公司的制度

尽管公司顾问担心弗雷德打算提供的隔天下午送货业务可能会影响到公司的其他服务项目，如优先服务和经济送货。弗雷德认为新的服务会带来利润，还能消除早晨优先送货和下午经济送货之间的闲置期。他的预感得到了回报。两天到货的业务增长不断，隔夜到货的优先服务也持续增长。在联邦快递，经理都按直觉办事。

有时自己的直觉和从报表中看到的发展趋势都是不对的。联邦快递采用最新技术，通过卫星相连、传真处理文件，然后送货上门的新尝试专递邮件，因低成本的传真机充斥商业市场而宣告失败就是一个教训。不过，这算不了什么，联邦快递从一开始就把冒险作为公司的制度了。因此，其他一些看上去不那么合理的举措还是获得了成功。如第一个辐射式发运系统、专用运输机队、联邦快递技术的电视广告等。

### 8. 激励员工去树立公司形象

令人仰慕的形象要花很多年建立。要经过周密的计划、利用不同的资源、一心一意去做才能把它传递出去。公众现在已经把"交给联邦快递"这句话同遵守诺言等同起来，这可以说是联邦快递的成绩之一。

想到联邦快递就会想到创新。联邦快递总是在寻找各种独特的方法来满足或预测顾客的需求。联邦快递激励员工去树立公司形象，努力塑造一种既为客户也为员工着想的企业形象。公司精心建立起来的形象有益于保持并扩大其市场份额。联邦快递从不为自己找借口。成功的广告节目加强了公司的声誉，员工以自己的工作为自豪的信心同样使公司声誉倍增。

不懂管理就做不好老板

## 改善工作环境，提高效率

惠普公司14名环境工程师及现场服务人员置身于3000办公隔间之中，为面积达110万平方英尺的研发部服务。他们每天工作在塞满移动家具的开放式区间。他们的工作处所其实是一个强调团队协作并尽量减少个人空间的自由试点。

一条大道穿越整个办公区，其他部门的电脑及工程人员可以在这里碰面一起去喝咖啡，非常随便地探讨实施新项目的想法和方案。

惠普公司的一位办公场地策划专家雅库博说："这是个办公环境研发项目，我们在为各种团队创造更多的开放空间，使人们能随时互动交流。"

这个试点项目是各企业所进行的众多办公设计实验之一，它们试图借此削减不动产成本并提高生产率。

有些企业正逐步放弃使用规格划一的隔间和办公室。它们代之以混合方案，即留出完整的开放空间，配上录像机和投影屏，以供团队项目和小组讨论之用。而个人工作区则用于需要精力高度集中的工作。需要独自工作的员工可以拥有自己的办公室，那些不需独自工作的员工短期内可使用小型移动工作亭。

20世纪70年代末，当各企业引入隔间办公观念时，它们未能将办公设计与员工的生产率挂起钩来。采用隔间原是为了增进交流，结果却常常适得其反，因为员工变得很在乎私人空间。

为了解决隔间造成的问题，各企业组织需要将它们的办公室完全改造成促进合作的方式。各企业需要采用"私间加公区"的方式。哈佛商学院的设施管理与规划教授 Bill Sims( 西姆斯 ) 说道，这种方式既为员工提供了小巧、安静的工作间，又为他们的团队提供了无拘无束协作的公共空间。仍想坚持使用隔间的企业应试着做些变通，美国室内装潢协会的前任会长格瑞·惠勒建议将隔间交错排列，而不是6个或8个一组排成一排。

新办公环境最显著的特色是一条中央过道或大道贯通各个部门，而且它是员工取咖啡、去自动售货机或自助餐厅的必经之路。这些过道为员工提供了一个自由互动的场所。这些走道通常比其他的中厅宽敞，走道尽头是一个办公区或团队工作区，配有桌子、放咖啡杯的墙挂和用来写写画画的白板。办公设计的改变反映了人们对最有效地开发产品及服务的观念在不断变化。惠勒说："过去，站在冷水机旁会被斥为闲谈。现在则大加提倡，在那里可以产生灵感。"

在惠普公司的圣地亚哥分部，人力资源部正在充当办公设计者、场地服务人员及员工之间的联络人。惠勒说："通过让人力资源部参与讨论，我们找到了办公空间设计的不同看法——他们带来一种更人性化的方法。"

一旦人力资源部人员与员工碰面找出办公方面的重要问题，办公设计师就会更好地了解他们需要提供什么装备来代替原有办公室的地位，如更好的电脑或其他技术或更大的团队工作空间。

"这是一种交换。"惠勒说，"必须有明显的互相让步。如果员工愿意尝试新东西，我们就应保证在其他方面给他们以回报，使他们想去尝试，而不是出于无奈。"

办公室设计或搬动完成后，人力资源部的有关职责并没有结束，它还需要培训说："我们试过开放式办公，但行不通。"其中的原因很可能是由于他们没有参照旧的办公情况制定相应的规章制度，以指导员工怎样使用新的空间。

圣地亚哥分部的办公设计实验已进入第二年。虽然它的整体面积未变，但调查表明，试点项目中的员工对其工作场所更满意，在工作过程中具有更多的灵活性，并能更多地参与团队协作。人力资源部成员帮助场地服务组开展了办公场地需求调查项目并进行面谈，以将每一业务部门的需求进行分类及量化。他们发现灵活性和流动性是员工的两大关键需要。

## 提升面试技巧

每个管理者都知道一个公司的未来离不开员工的参与与努力，如果招错了人，那么公司最终将走向失败。传统的招聘活动。需要管理者花费大量的时间和精力。但是因为大部分管理者已经很忙碌了，我们提出一种新的面试模式，即将招聘的"重担"转移到求职者的身上。也就是说，管理者有必要在招聘的最初阶段上多花些工夫，但是，由于公司最终的目标是使整个系统良好运转，从而为公司节约时间、节省经济支出。所以，这个过程迫切需要被简化，但并不是过分的单纯化，这是如何在复杂中寻求解决之道，从而决定哪些求职人对你的公司来说是有用的。

这套新的招聘系统不同以往，它强调要更关注员工的行为而不是他们的语言，较少强调面试具体过程的准备，而是把更多的精力放在求职者的背景上，将招聘的重担从招聘方转移到应聘者身上。

以前的管理者不喜欢面试，原因是他们有太多的工作要做。但是这里你可以采取一些策略，在面试之前，将招聘的繁难重担转移到求职者身上。要求求职者随简历附上一封求职信，借此来判断他的书面沟通能力。或者，你可以要求申请人参观公司的一个店面或者浏览公司网页，并写一写他们的感受。

在面试前，也可以安排企业里直觉最强的人对申请人进行一次3分钟的电话面试，来进行面试正式开始前的初步筛选。一般而言，你应该

## 第三章 以人为本，注重团队管理

尽自己的最大努力对求职者做到尽可能准备好介绍职位的岗位职责、录用标准、招聘程序，以及你最后做出决定的时间。

要提前落实面试的具体安排，例如是否包括参观工厂、午餐以及同其他人员的面谈等，这一切都要在求职者到来之前告诉他。

要熟悉求职者可能采取的策略。一个老练的求职者通常会有备而来，因为有大量的书籍针对许多常问的问题都给出了"最佳"答案，或者提供了如何给未来的老板留下深刻印象的策略。为了使面试更有效，未来的老板需要意识到这些，去辨别他们。

如果你提前进行推荐人确认，要对危险信号提高警觉。很少有推荐人会表现出明显的疑虑，毕竟他们是被应聘者选出来的。因此要注意很多敏感的信号：有保留的语气、对候选人被考虑录用表示惊讶、缺少以前的老板很高或者很热情的评价。

进入面试阶段后，许多管理者对于所有的问题都要问，使应聘者感受到极大的压力，这些问题有如"你的优点和缺点是什么？"或者，"你未来 3 年的规划是什么？"结果是，这些面试变成了很无聊的事情。真正有效的是面试官应该让对方谈一些感兴趣的话题，举一些工作中的例子或者将提前写好的问题交给求职者，并且对他说："这是我最感兴趣的四个方面，接下来的 15 分钟我想听你来谈，不会打断你，请慢慢来。"这样将会缓解一下对方的压力，进而表现得更出色或幽默，同时避免了面试中经常出现的面试官讲得太多的问题。

面试时最重要的环节就是你同求职者建立一定的关系。今天的求职过程过度程式化了，这也是为什么面试本身现在反而不重要的原因。一次面试会让你明白人际关系，也可以告诉你一个人面试得如何。

莫奈尔有句格言："过去的行为是未来行为的最好预见。"发现求职者可能出现的特殊性问题通常是面试后期的事情，给求职者一个面试之后的任务，比如类似电话追踪这样的小事情会很有帮助的。最后阶段

**不懂管理就做不好老板**

通过让求职者提交求职信,或者展现一下面试前安排的任务,主要让他们来说,还要处理一些后续工作,这样你会排除掉那些不主动或不能表达自己的人。

设计一套招聘人才的系统,最终的成果只是一页图表。虽然看起来很简单,但是却整整花了半年时间才弄出来,并且按照预期也遇到了阻力,但是很难估量它为组织节省了多少时间和金钱。

## 评估求职者的适应性

研究专家沃伦·本尼斯和帕特里夏·沃德·比德曼曾说:"伟大的成功从优秀的人才开始。"他们的著作《七个天才团队的故事:如何领导创意精英》调查了七种非凡的协作模式。

本尼斯和比德曼主张"首要的任务是雇到最出色的人,并把他们运用在团队中,让合适的人做合适的事情,使真正有天赋的人才缔造卓越的团队"。

也就是我们在招聘员工的时候要坚持"价值匹配"原则。在求职者和工作之间寻求"契合"没有什么新鲜的,"完美契合"的定义已经超出了简历上所列出的特征范围,而且很多公司越来越关注求职者的那些"软性"特征,即求职者如何与企业的文化融合得更好。

这些"软性"特征可以表现在员工不论在哪里都能接受新观念,在任何学习的环境里都有激情,并能够代表公司文化特征。如果不符合公司的文化要求、价值理念,即使那些业绩好的员工也要离开去其他公司。优秀的管理者恰恰是这种基于对"价值匹配"(超越了能力和责任的匹配)的坚持,为公司赢得了赞誉和突出表现。

很多时候,管理层能做的最多的事情就是使员工理解公司的文化和

## 第三章 以人为本,注重团队管理

方向,对于那些不认可核心价值观的人,你最终将不得不采用离职的手段,否则从长远发展看,合作下去对个体和公司来说都不好。

在当代企业发展中,软性特征已经开始变得重要了。组织持续快速的变化已经改变了高级主管需要的技能组合,由于组织的层级减少、组织重组更加国际化要求主管们必须能够让由不同技能、不同天分的人组成的团队有效工作。这就需要他们在软性特征,不仅是简历优秀,而且和客户的组织文化相适应上表现出更多的实力。

新型的、理想的新员工应该不那么强调自我,他们最重要的特征是高水平的、成熟的情商和人际交往能力,所以,主管们在决定正式录用之前,要评估对方的文化适应性。

首先,主动寻找

假设最需要的人才是不会主动找工作的,因为他们不必要这样做就可以吸引到很多公司发出的邀请,这种思维模式暗示要打破预算和现有职工配备水准,进行招聘。一位微软高管人员曾说:"我们有按人数统计的预算吗?不可能,有些人在你的一生里只能见到一次。"

其次,要关注发展潜力而非经验

不过度地关注相关经验:取而代之的是更看重智力水平和聪明程度超过所有其他因素。

再次,寻找具有特殊天赋的人

合适的人才是那些"有决断力的,言辞敏捷,面对挑战可以灵活应对的人"。《努力推进:比尔·盖茨和微软帝国的建造》中介绍了刁难求职者的方法,包括困难的数学和逻辑问题。一位招聘人员曾说:"我们想知道他们是否有足够的驱动力,这样我们才能将他们置于我们的氛围中,并且让他们茁壮成长。"

最后,搜寻那些懂得和谐理性的相处的人

合作很有必要!对于那些想成长的公司来说,只能依靠合作来完成

**不懂管理就做不好老板**

某些任务。因而，卓越团队是由能够相互合作的人才组成的。那能帮助个人摆脱困境的独行侠的化身已经不在了，企业的协作精神其实是管理内容和管理角色是否缺失的问题。在一个部门里缺乏人与人之间的协作，是部门经理的问题。在企业里缺乏部门与部门之间的协作是总经理的问题。作为整个工作流程中的一个单一个体，只有把自己完全融入到团队之中，凭借团队的力量，才能完成自己所不能单独完成的任务。一位颇有影响的公司老板认为，明智且能获得成功的捷径就是充分利用团队的力量。当一名员工在工作中表现出自负和自傲时，他的工作进度就显得缓慢和困难重重，这样的结果是老板最不愿看到的。因此，这也对他自己有百害而无一利。

公司的发展最终靠的是全体人员的积极性、主动性、创造性的发挥，每个人充分展现自己的聪明才智，贡献自己的力量。

有团队才有个人，公司发展了，个人才会从中受益。唯有大家同心协力地发挥团队的力量，才能让大家一同向前迈进，个人也才能发挥自己最大的力量，去实现自己的理想与抱负。这正如一位老板对员工们告诫的那样："这个世界是瞎子背着跛子共同前进的时代！"

现今，很多招聘的事情都已经国际化了，对搜寻顾问来说，工作变得更富有挑战性了。其实，对管理者和求职者而言，也是如此。

## 性格测试中的设计

虽然招聘中的心理测试有风险，但是我们为什么还要在招聘过程中提供这些测试呢？一个最大的原因是：如果应用得当，心理测试在预测工作成功方面比其他任何手段都要好。这些包括面试、证明人确认、职业经历以及入职六个月的绩效评估等。

## 第三章 以人为本，注重团队管理

测试确实有其内在的优势，比如：

1. 比较科学。世界上目前还没有一种完全科学的方法，可以在短期内全面了解一个人的心理素质和潜在能力，而目前心理测试能够比较科学的了解一个人的基本素质。

2. 迅速。心理测试可以在较短的时间内迅速了解一个人的心理素质、潜在能力和他的各种指标。

3. 可以比较。员工素质的高低通过智力测试以后，他们的测试结果可以比较，因为用同一种心理测试的方法得出的结果有可比性，而其他的方法往往在不同的场合、不同的地点，没有可比性。

4. 比较公平。员工招聘中往往会出现不公平竞争的倾向，但心理测试在一定程度上可以避免这种不公平性。相比其他手段而言，主观偏见会少。测试会对每个人都问同样的问题，采用同一个标准，可以平衡面试一成不变的老套。MeSherry, Diedrich&Stevens 心理咨询公司的高级合伙人詹姆斯·麦克谢里说："我们所服务过的一个企业里，CEO 为两件事大发脾气：申请人是否够水准？以及申请人是否来自好学校？但这些并不是成功最好的指示器，每个人都会有偏见，一个好的雇用前测试就是要有效而精确的问问题。"

5. 心理测试还可以让你体会到未来的雇员如何适应公司的文化。Powell&Wagner 公司的道格拉斯·鲍威尔说："一个人通过了所有面试而被录用，来到了公司，然后在很短的时间内就发现并不合适。人员变更现象的发生还是如此频繁,因为公司的文化和新员工的期望是不一致的。"

可能你的公司已经开始采用心理测试或者正在考虑要用，如果是这样的话，这里有一些来自专家的建议可以帮助你有效地进行测试。

一是详细定义你的招聘需求。采用心理测试的要求（和优势）之一是要知道你要找的是什么。测试出版人协会(一个职业协会)的总监威廉·哈里斯说："看一看工作中到底需要什么样的个性特征很重要，可以帮助指导该采用什么类型的测试。"让人们思考一次新的招聘到底需要什么是他们给客户提供的重要服务内容之一。在进行测试之前，他们会询问客户关于工作的详细需求，以及体现客户公司文化的价值观和行为方式。我们就是要真正弄清楚要测试最适宜的行为标准。

毋庸置疑的是应该进行雇用前测试，是整个招聘过程中最有价值的部分。"如果我要采用心理测试，我应该做什么呢？"答案是必须弄清楚招聘者到底要什么，然后设计一个测试来得到需要的信息。

二是要注意对被试者的隐私加以保护。在未征得应聘者同意之前，不能公布应聘者的心理测试结果。使测试者非常小心谨慎的一个重要因素是来自诉讼的威胁。近年来的一些法律和规定(如平等就业机会委员会，国会规定对调查者撒谎的禁止条例、美国1990年的残疾人法案ADA等)对雇用前测试的内容进行了严格的限制。

已经做了32年心理测试的鲍威尔说："我们现在只能用到曾经用过的测试的10%。"其余的则落入了禁止条例的范畴。为了避免法律问题，关于测试的所有问题都必须要"预测效果"。

也就是说，测试设计者必须有能力说明测试不仅仅测试它想要测试的特征，而且必须能够预测在特定工作中的行为。这可不是件小事情，测试的设计者们在正式拿出测试模型之前，经常花费数以百万的资金，成年累月地进行广泛的研究。哈里斯说："在确保问题合法性方面设计者把控得越严格，咨询顾问越出色，则越安全。"

三是要有严格的程序。从心理测试准备，到心理测试实施，以致最后心理测试结果的评判，都要遵循严格的程序，公司自己进行测试，并做到有效是可能的。下工夫设计一个测试，确实可以有效而精确地测试一个品牌经理的表现状况。然而，除非你自己有大量的专家支持、资金以及时间可以投入到设计自己的标准测试，否则还是应该采用公开的测试、聘请专业顾问来进行。

## 第三章 以人为本，注重团队管理

四是心理测试的结果不能作为唯一评定的依据。根据不同标准，对心理测试结果的参考程度不同。招聘一个人没有唯一的标准，首先通过面试筛选候选人，然后对负责面试的人员进行招聘培训。

在美国高尔夫公司，性格测试是考虑求职者许多方面的因素之一，它可以验证我们通过面试或推荐人确认等方法得到的意见信息，有时它还能引出问题进一步了解。测试从来都不是我们做出招聘决定的唯一依据。

五是测试越多越好(到一定程度上)。没有一种测试可以包打天下。要了解应聘者的兴趣爱好，用Jackson职业兴趣调查；进行认知能力(代替智商IQ)的测试，可以应用类似沃森·格拉泽思想评估测试。公司和聘请的顾问对求职者一次性进行很多测试的现象并不少见，例如，分别针对个性、兴趣、诚信、认知能力等。但采用较多的测试，费用将会提高，但是高级经理们所考虑的是，与招聘失败的成本相比，测试方面多花的钱就是小钱了。

六是聘用顾问。心理测试不是给外行准备的，即使是对一次现成的测试的结果进行解释，也需要专家级水平的训练才能操作，包括统计分析、测试以及评估等。据鲍威尔和麦克谢里介绍，心理咨询专家的服务一般的收费标准是1500-2000美元，而且测试范围越广，费用越高，如针对顶级主管人员的收费将达到2500美元。

另外，心理测试还可以和面试、笔试等方式同时进行，结合多种方法，做出客观评价，不能将心理测试作为唯一的评定依据。

**不懂管理就做不好老板**

## 招聘高情商的人才

在人力资源开发管理中，管理者往往只注重人力资源的招聘、培训、绩效评估中的具体工作，而忽略了比这还重要的情商管理。其实，每个企业在人力资源的管理中，因情商管理失败而引发的问题给企业和员工带来损失的事常有发生。因此，如何招聘到高情商的人才；如何增强员工承受压力、挫折和不幸事件的抵抗力；如何培养奋发向上、积极进取的情商管理能力，从而挖掘出员工的最大潜能，是企业管理者必须考虑的问题。

有教授讲，在大量介绍比尔·盖茨和他创立的公司神话的书籍中，没有一个不提到公司在追求卓越过程中的招聘规则。例如，在《微软之路：微软赢得竞争优势的真实故事》这本书中，作者兰德尔·E·斯特罗斯说："微软相比其他公司已经获得了最大的成功，而且也显然得到了更多的回报。"微软招聘策略的重要一点是宁可空缺，也不要一个"差不多"的凑合。即使一个持续的职位空缺会带来麻烦也要坚持如此。

Wrigley Canada公司的人力资源专家谢利·罗斯说："对我们来说，这意味着要更充分地了解我们招进来的所有的人。和许多公司一样，我们公司的文化在20世纪90年代也有了改变。我们现在需要灵活性更高，更能够使顾客满意的人。在我们整个的计划中，也变得更倾向于基于团队合作的方法，因此我们需要有良好决策能力的人。"Wrigley Canada公司从1998年就开始应用MHS的情商测试来进行所有的招聘了。

EQI测试的应用结果表明，它确实是个精确有效的工具。一般来说，测试往往在招聘经理和人力资源部代表初步面试之后进行，从测试的结果可以看出求职者的社会交往或自我管理能力。不过，我们也不应该仅仅依据测试结果就录用一个人。应聘者以前的经历、教育背景、推荐人、

## 第三章 以人为本，注重团队管理

面试情况以及案例面试都应该列为决策考虑的因素。对此，哈佛的教授说，在你公司招聘的过程中如何应用情商原则呢？

1. 情商在招聘中

在招聘中，智商和专业知识固然是重要的，但高情商更是一个成功的员工必备的。因此，越来越多的企业开始重视这一道程序的面试。在面试中，从应聘者的面相、站姿或坐势，可以看出一个人包括意志、毅力在内的情商控制力；口试，面试人员可以模拟一些情景，让求职者回答或演讲，然后从他谈话的快慢、脸色、表情等，判断其个性、心态、情绪控制力，从中挑选出企业所需要的人才。

2. 情商在培训中

从某种意义上说，心理的力量比技能的力量更重要，一个人要取得成功，不仅需要一定的技能，更需要积极的心态。在当今瞬息万变、充满竞争的环境中，越来越多的管理者和员工认识到了培训的重要性。但是多数的管理者仅仅着眼于本企业的生存和发展需要什么样的技术而进行相应的培训，而对于员工有些什么样的兴趣和想法，员工要求培训的动机是什么，一概不予考虑。在培训内容上，大多数企业只考虑专业技术的培训学习，忽略了员工的心理健康方面的培训。

另外，随着计算机、网络技术、通讯手段的日新月异，培训的方式和手段也日趋多样化。不管是通过在线学习、函授教学，还是到高校培训等，都要根据每个员工的兴趣、性格、心理需求及学习的内容作相应的安排。

3. 情商在工作安排中

企业最重要的事，就是"人尽其才"，而"人尽其才"必须充分考虑员工的个性和兴趣，合理安排适合于员工心理特点的工作。如果指派一个性格孤僻、待人冷淡的人搞销售工作，或委派一个不善交际或情绪波动大的人作公关工作，这个企业的发展就可想而知了。不同的工作岗

**不懂管理就做不好老板**

位需要不同的性格、气质、情绪控制力的人。

如果觉得情商测试太麻烦了，Hay Group 的资深顾问桑德拉·英林博士建议，可以采用"行为情境面试"来代替。

例如，你可以让求职者描述一次由于一些人不理解他的想法而使他感到沮丧的情景。在他表述的过程中，注意听他是如何解读其他人员由于不理解而出现的反应的。在 Hay 公司，我们开发了一套情商能力专业词语大全，用来参考评估候选人的情商综合水平。

面试最终的想法就是要找到适合职位和公司文化的人，我们发现为了找到更匹配的人才而付出努力是值得的，而情商也在这寻找的过程中成为一个越发重要的工具。

## 构建高效团队

管理者一定要重视利用团队。团队可以随时组建，完成工作，随后予以解散。团队所做的工作是无法用其他方法来完成的。不管是研制新产品还是改进流程，团队可以把多种优势、技能和知识揉合在一起。

团队要求管理者进行更多，而非更少的管理。以为管理者只要建立起团队就行了，这种想法是错误的。管理者要确保团队能出效益。这对他们来说是一个较高要求的任务。由于团队与传统的等级结构和职能分工不吻合，因此管理者必须带动并培育团队的活动，使团队不至被企业的日常工作所吞噬。

1. 把团队工作列入管理日程表

管理者必须从团队那里得到信息和报告。下面是管理者如何把团队工作列入其日程表的一些方法：

·员工会上定出团队工作进展汇报的时间。

## 第三章 以人为本，注重团队管理

- 评估团队报告并给出反馈。
- 参与重大里程碑的信息发布。
- 如有需要，主动充当团队资源。
- 要求定期应邀参加团队会议。
- 顺便旁听团队会议。

如果管理者硬性要求团队使用现有业绩汇报方式，可能会无意之中限制了有效交流并因此限制了团队的效率。

团队完成工作时，不管业绩好坏，都需要管理者帮助解决业绩问题。他们需要反馈，需要有机会和统领全局的管理者一起检查自己的工作与现实的差距。

人们致力于实现工作绩效，从而会得到激发，这在正常工作中是没有的。他们只要有方向、有限期、对自己所从事的重要工作有一种专注，就会更好地工作。

让团队专注于自己的目标，可以让管理层表达出需要团队有所贡献的迫切要求除非高层经理明确表示急需在提高企业潜在收入和利润、依靠团队激发新的活动或者必须克服竞争对手的优势等方面取得成功，人们才会充分重视团队的工作任务。

2.建立目的明确的团队，制定具体的团队章程高层经理必须认识到，团队在传统企业中是个外人。它的任务不在现有企业单位的职责范围内。因此，管理者必须告诉团队成员他们与企业是怎样的关系，同样也必须告诉企业的员工哪儿适合团队工作，会得到什么结果以及如何使整个企业受益。

成功的团队目的明确，接受管理者的指示。它的业绩目标植根于企业的战略与优先目标。团队需要了解企业目标及其与自己工作的关系，也需要激励和鞭策。失去了这些动力，团队只能随波逐流，业绩平庸。

没有一个高效的团队可以孤立存在。管理者必须帮助团队了解它的供应商和顾客，以便建立适当的联系来达到目的。

由于团队体现了若干职能，传统的部门汇报方式已不再奏效。管理者必须确保团队及时收到与工作有关的信息。

建立目的明确的团队，最有效的工具是团队章程。多数企业都有职责说明、制定目标的体制及个人业绩评估系统，团队章程是团队相应的工具。好章程只有一两页，内容至少包括以下各点：

· 团队任务的战略或业务内容。

· 团队的具体目标。

· 预期的结果和期限。

为跨职能团队制定章程要分三步走。第一步，由于团队章程把企业的战略思想转换成了团队的工作，因此管理者最适合起草这份章程。第二步，管理者与团队领导人及其他与团队关系密切的人一起审议草拟出来的章程。第三步，团队领导人在团队首次碰头时把章程草稿发给团队成员，由大家一起商讨、辩论和修改。

团队一旦成立，管理者必须确保团队能自主决策。如果利用团队让员工买管理层的账，就不会有好的结果，团队和企业的士气便会低落。

团队章程的评估部分，值得引起管理者的特别注意。评估能够量化要求团队完成的目标及主要绩效，可以借此向团队外的员工传达项目进展情况，并为发现问题和解决问题提供一个跳板。

业绩评估使团队能检测自己的进展。例如，降低成本的团队一般都设立成本目标，业务流程重组团队设立了周期或时间目标。所有这一切使团队建立起责任心来。这听起来好像是压在团队身上的一副重担。恰恰相反，团队的存在就是为了应付这种挑战。

3. 开发有效的跨职能团队

由于以目标为导向的团队是人为建立起来的，而不是天生的，所以组建团队的活动对于开发有效的跨职能团队很有必要。最近一份对摩托罗拉公司的团队报告与效率的国际研究，证实了来自许多以团队为基础的企业的报告：正式和非正式的团队建设活动对团队工作表现起着巨大的促进作用。

摩托罗拉使用如下这些规范的团队组建技巧：

- 重点在于团队交流、决策流程及队员协作的团队组建项目。
- 团队拜访顾客，了解顾客的期望与需要。
- 团队向高层经理做演示。
- 团队"拥有"的办公设备。

摩托罗拉的企业薪酬总监顾达尔把非正式的团队酬劳称为"鼓励、奖励和交流"，它们可促进团队业绩。"鼓励"是对有成就的团队给予非正式的积极反馈。"奖励"是根据团队成员资格给予的"福利"。"交际"指的是团队成员在工作期间或工作之余进行交际的机会。

当然，管理者要传达团队活动的重要性，最有力的一种方式就是通过聘用、奖惩、晋升和重新安排员工所实现的技能组合。最能传达这种信息的是那些升入管理圈子的人以及促使他们得到这种奖励的因素。

在无数企业里，常听人说："我知道，当经理把部门合作和团队精神纳入我们每年的业绩评估，并作为决定去留升降的因素时，我们在团队问题上动真格的了。"不过，我们经常听到的却是："我们都说团队精神，但往往口是心非，因为在作人事决定时，团队协作就无足轻重了。"

高度负责的管理者并不把自己只看做是"领导"，他们也是团队的一员。他们以身作则，发展跨职能的团队，通过在高层进行团队管理，担负起了这一责任。

### 4. 确保团队有效运作

确保团队运作良好是相当具有挑战性的。团队的设计与发展必须与组织环境相互搭配，再善加运用团队的优点，则可发挥神奇的效力。

运作良好的团队不仅能提供最佳的解决方案，还能确保解决方案的确实执行。团队可以提供成员脑力激荡的竞技场,创意因此诞生;此外团队也提供组织学习的来源。不过,若要团队运作良好,让员工接受训练是绝对必要的,尽管这将引发成本和时间的消耗。杰出团队的表现不是一蹴而就的。团队要成功,队员表现方向一致,一旦人人同心协力,和谐团结自然而生。个人的远景结合起来就形成共同的远景,从而产生综合效应。事实上,"共同的远景就是个人远景的延伸",除非团队看法一致,否则就毫无力量。

团队若要学习,就得运用队员集体的智慧,这可是比乍看之下难多了。虽然运作良好的团队比单独一人,较能拟定出更佳的解决方案,但也有不少证据指出,将智慧高超的人集合成队,并不保证会比他们个别独自工作创造更好的成绩,结果通常反而糟蹋了优异的成员。

队员必须有调查复杂问题的能力,这就有赖主动倾听的技巧和深度交谈过程,抛弃先前的判断和假设,多方的考察复杂的问题。此外,队员之间还必须有足够的信赖去支持创新和协调的行动。如果团队真正在学习,将会在某些程度上与其他团队互动,助长整个组织学习。

## 让团队运作有效

为了确保团队运作有效,必须注意以下几点:

1.提供明确的指导原则。队员可能没有接收到充分的指导,诸如他们的新角色、应负责的任务,因为公司自己都还未搞清楚他们应扮演的角色,或新的结构到底应如何运作。

部分团队运作失败,是因为在改变管理过程时做法不当。许多主管人员必须学习新的知识——以团队为基础的行为学。他们在学校学的是传统的工作模式,因此不难了解,要他们"忘掉"使用多年的惯例会有多困难。改变长期建立的行为模式是困难的,特别是对新角色的期望不甚清楚时尤甚。

2. 注意保持凝聚力。如果团队失去向心力,或队员关切个人的事务甚于团队共同的目标时,这个团队就失败了。一旦团队出现上述状况,无疑是大量精力的浪费。团队过于冒进,在尚未理清问题,或彻底评估整体状况之前,就采取解决的手段也会导致团队失败。此外,团队忽视团体运作的方式,也难有成功的机会。以上问题对小团体而言非常普遍,一旦出现这些状况,团队成员便无法同心协力,也无意对任务有任何承诺。团队需要靠向心力,才能有效运作。

3. 赋予团队作决定的权利。能够作决定的团队,远较只能分享信息的团队,更能吸引队员卖力。而且依众人的意见而作决定的团队,远较只能向领导人提供意见的团队,更具吸引力。在创业式组织里,众人的共识是决定团队成功的主要关键之一。团队以众人的共识作决定令人心服,队员因而才能真正相互影响。

4. 鼓励团队畅所欲言。团队一旦陷于沉默,队员间就不再开诚布公地沟通,这样会毁掉整个团队。没有人愿意提出问题,或提出的见解根本不具挑战性时,就发展出群体共谋勾结的沉默,接着团队就会出现机能障碍的问题,成员变得自保,不负责任,也无法达成团体的共识。

好的团队需要有一些冲突,因为异议是必须的。团队若有以下的情况就表示是有了麻烦:一是完全没有冲突,另一是极端的两极化。一旦异议受到重视,如同组织鼓励队员清晰表达疑惑,解决的办法通常就会更具创意。

不同的观点可能是相当有价值的。在团结一致解决问题的环境里,队员都能毫无压力地自承仍有不懂之处,并讨论不同的观点。不过,由于队员一方面有遵守团队规则的压力,另一方面又有为己见辩护的问题,因此承认队员是独立的个体,应被制定为团队运作的准则之一。团队必须定期拟出时间，评估自己的活动状态和绩效，并扪心自问运作情况如何。管理者必须有自知之明，团队也应如此。团队的环境应该允许评鉴和反馈，也应助长个人的发展。

5. 让团队担负起应有的责任。除非团队接受责任，否则，绝对无法有效地运作。赋予团队力量的同时，团队也必须担负起责任。

团队合作改变了组织内部的动态关系，转移了责任。为了助长良好的团队合作，主管必须交出控制权，包括对任务结果和团队动态的控制权。领导人放弃控制权并不意味控制权没有了，而是改变成由另一种方式控制。控制的根基由领导人转移给团队，让团队具有协调和控制的能力，才能创造自己的存在目的，在决策过程中自我规范，并建立团员间的互动和彼此影响。责任在此是个关键字眼，一旦决策的拟定决定在金字塔顶端时，会造成底层人员的无能，同时也免除了他们对决策负任何的责任。

6. 及时解决团队的问题，可采用以下五个步骤：

其一，找出问题再予诊断。认为没有问题；寻找问题的原由；将注意力放在核心问题，而非征兆。

其二，拟定所有的可行方案。评估建议前，务必对问题了如指掌；审视所有的可行方案，切勿有了一个方案就立即采用。

其三，评估所有的可行方案。采用客观资料，而非主观的评估；切勿只依赖数字，要对数字多加判断；寻求完整的解决方案。

其四，作决定。切勿快速同意第一个吸引人的办法，允许异议，确定所有队员都承诺照办了。

其五，执行决定。确定所有的队员支持计划；对于任务将由谁负责、何时完成等取得共识。

## 第三章 以人为本，注重团队管理

### 让员工树立主人翁意识

"内部公关"，乍一听，这个名词似乎不大可能成立——公关怎能与内部连在一起呢？这里的"内部公关"实际上指的是指企业内部公共关系在公司发展方面的作用，即在全公司范围内营造一种民主、团结、和谐的气氛，使得每位员工都对公司产生忠心耿耿、忘我工作的热情，尽心尽力地工作，从而促进公司事业上的成功。这种公关方式是解决公司发展原动力的问题，区别于其他有关市场或销售的公关，称"内部公关"。

公司发展事业最可宝贵的财富便是"人"，包括各级主管和全体员工。他们之间的关系也就是企业内部公共关系，是企业提高竞争能力，在市场上赢得竞争优势所不可缺少的基础条件之一。没有一个良好的内部关系，企业就会失去动力与活力，更谈不上在竞争激烈的市场上冲锋陷阵、独领风骚了。

美国沃辛顿工业公司是一家经营相当出色的大型钢铁公司。这家公司同竞争对手的一个显著的区别，就是在这家公司内部没有繁文缛节式的公司条例和规章，只有一条金科玉律式的公司经营方式，即"做好同顾客和下属方面的工作，市场自然就是你的了"。如果说"做好同顾客的工作"是企业同竞争对手争夺市场、争夺消费者的有效手段，那么"做好同下属方面的工作"便是为企业参与市场竞争提供有力的支持和坚实的保障。正如美国公共关系学家F·P·塞特尔所说："公共关系如果没有良好的职工关系，想建立良好的外界关系几乎不可能。

如果公司职工不支持公司，而要外界支持公司，也必无可能。公共关系人员已经逐渐承认"良好的公共关系来自内部这句话"。

追求公司内部的协调，成为越来越多的企业家们共同关注的话题，"团队精神"、当家做主精神"、"利益共享"等一种又一种的尝试开拓，为企业内部公共关系注入了新的活力。

进入20世纪80年代以后,"团队精神"成为现代企业家的"口头禅",体现了他们努力追求与塑造的一种现代精神。随着企业竞争的日益激烈,越来越多的企业家确信,现代企业经营成败的关键在于企业是否具有一种团结奋斗、共存共荣的"团队精神"。

在这种"团队精神"影响下,每个人都会感到共同的利益,共同的事业已把大家连接在一个息息相关的命运共同体内。他们的工作、生活乃至家庭,已经同这个命运共同体牢牢地拴在一起了。这种精神并不仅限于企业成员与企业成员之间,而是要在企业内部上下、纵横之间,都要形成相互理解、相互信任、彼此支持、彼此协助的关系。这并不是指施予物质利益,由公司提供社会福利等,而是追求一种全体成员之间的相互关切。

这种"团队精神"的形成并不是一蹴而就的,它需要不懈地努力与付出。这也正是企业公关部门开展内部公关的任务所在,只有"内求团结",企业才能"外求发展"。

美国捷运航空公司以其独特的经营方式而闻名遐迩。该公司从成立之时起,就没有壁垒森严的等级结构与制度。全公司的职工和兼职雇员每一个人都是"经理",每一个人都担负一项以上的任务。其他航空公司称之为"班机服务员"的人,在捷运航空公司则称之为"旅客服务经理";在其他航空公司称之为"驾驶员"的人,在捷运航空公司被称之为"飞行经理"。6名公司的创办者同样有时担当"旅客服务经理",有时担当"飞行经理",有时又在地面检核行李,或者帮助登机服务台工作。

总之,在捷运航空公司,每一个人都是公司的主人、主管与经理,每一个人对公司的经营及形象都负有不可推卸的责任。在公司里,没有雇员,只有"当家人"与"股东"。捷运公司创始人兼公司董事长、总经理席·伯尔这样说:"我之所以要开办一家新的公司,唯一重要的原因就在于我要努力制造一种方法，促使人们齐心合力、共同工作……人民捷运公司的名称就是从这里来的,对人的重视的信任也是从这里来的。"

这就是捷运航空公司称之为"当家做主精神"的集中体现，这种精神使得公司全体成员心理上感到前所未有的平等和满足，更加尽力卖力地工作，从而使该航空公司获得了巨大的竞争优势，在强手如林的航空界保持长盛不衰。

还有一种有益的尝试便是"利益共享"。每个人都有其不同的价值观和个人期望。企业的经营者与主管，在制定各项经营决策目标时，应充分考虑企业内部不同成员的利益要求；把这些不同的利益要求，尽可能地纳入企业经营决策目标之中。使企业的经营决策目标与个人目标能够达到和谐一致，这样就可以激发企业内部成员的积极性。

对他们来说，当完成了组织的目标，同时也就获得了个人的价值与成就的满足。而实现既定组织目标后，除去必要的再生产费用，公司应以利润的一部分与员工分享，让他们切实感受一下自己付出的心血与汗水所得出的成果。于是上下一致，对下次工作更是信心十足。

企业内部公共关系开展的方式还有许多，没有什么固定模式可言，但企业将越来越重视内部公关这一趋势是毋庸置疑的，今后它肯定会发挥愈来愈大的作用。

## 放下老总架子

对于绩效管理，有关专家这样说，绩效管理是战略、组织、人的完美结合，不和战略结合的绩效管理没有价值；绩效管理是谁的事？绩效管理是老板、直线管理者、人力资源部、基层员工等所有人的事，每个人都在其中扮演角色，大家的互动是绩效管理成功的关键。

## 不懂管理就做不好老板

最早的时候，人们认为所谓绩效管理，就是设计一张考核表，然后对每个人进行打分，最后把这些打分结果和每个人的年终奖挂钩，这就是绩效管理。

后来，随着绩效管理理论的发展，人们开始关注组织层面的绩效，于是，考核指标有了进一步明确的描述，比如销售收入、利润率等，于是绩效管理进一步和公司业绩相结合，企业开始从财务角度看待绩效，销售部使用少数几个可以量化的考核指标，而职能部门则和销售部门的考核结果挂钩，这是更高层次的绩效管理。

最近几年，平衡计分卡的管理思想开始深入人心，于是企业开始系统化地看待绩效管理，从战略的高度出发，首先通过平衡计分卡战略的工具梳理公司的战略目标体系，然后分解成为各级员工的绩效考核指标，通过过程中的经营检讨和绩效面谈，对绩效考核执行情况进行检查，确保绩效管理始终走在正确的轨道上。

其实，绩效管理如同体育训练一样，是一门艺术。绩效管理是构成经理人和下属关系的基本元素之一，它仅仅是谈话，还包括经理人的态度和立场。

1. 放下老板架子

放下老板架子，想着自己是个教练。保证员工不抵制、不反抗你所给出的评价的最佳方式就是推行伙伴关系，让培训无形中融入经理人和员工的关系里。

2. "汉堡包"沟通技法

"两块赞赏的'面包'，夹住批评的'馅'，员工'吃'下去就不会感到太生硬。"

经理人的沟通能力很重要，沟通的能力如果欠缺，反而起负面作用。绩效面谈是 HR 部门重点检查的环节，我们要求经理人必须跟员工进行面对面绩效面谈，不能通过电话邮件或者网络。

面谈有一定的步骤和技巧，很多经理人之所以不喜欢做绩效面谈，是因为对步骤和技巧把握不好。如果1小时可以完成有效沟通，他花了5小时，而且还效果不佳，这样自然就不愿意做了。在做绩效面谈时，首先应明确员工过去半年绩效目标达成情况与评估结果；然后，要对员工绩效中的闪光点进行重点激励；接着要跟员工就还存在的不足与改进方向进行明确；再探讨下一阶段工作目标。人力资源部门教了经理人很多的沟通技巧。例如不要对员工的考核结果直接加以判断，而应先描述关键性事件，如员工曾经与顾客争吵，而没有向顾客道歉等。这些事件一经描述，员工便会自己进行判断，得出结论。要谈员工的问题时，可以用上"汉堡包法"，先对员工进行表扬，让员工心情舒畅起来，接下来指出员工的不足，最后再对员工的优点进行表扬，使他们能带着愉快的心情结束谈话。

3. 倾听技术

在进行绩效沟通时，主管经理可从如下角度培养自己的倾听素质：

(1) 呈现恰当而肯定的面部表情。作为一个有效的倾听者，经理应通过自己的身体语言表明对下属谈话内容的兴趣。肯定性点头、适宜的表情并辅之以恰当的目光接触，无疑显示：您正在用心倾听。

(2) 避免出现隐含消极情绪的动作。看手表、翻报纸、玩弄钢笔等动作则表明：你很厌倦，对交谈不感兴趣，不予关注。

(3) 呈现出自然开放的姿态。可以通过面部表情和身体姿势表现出开放的交流姿态，不宜交叉胳膊和腿，必要时上身前倾，面对对方，去掉双方之间的障碍物，如桌子、书本等。

(4) 不要随意打断下属。在下属尚未说完之前，尽量不要做出反应。在下属思考时，先不要臆测。仔细倾听，让下属说完，你再发言。

员工无法改变已经发生的事情。但是他们可以改变今后要做的事。因此，经理人在和员工谈话时最有效的态度是注重将来可能采取的有建设性的行动。"如果我们没有达成目标，那么让我们来找找原因。是不是因为这个目标不切实际？是不是员工缺乏某种技能？那么我们可不可以把它放到来年的培训计划里？"

由"绩效考核"到"绩效管理"，虽然只有两字之差，却蕴涵着管理理念的深刻变革。习惯了传统的报表和文字式的"纸上"考核，一旦要面对面地与员工探讨绩效问题，经理们的第一反应可能是逃避。的确，"纸上"考核带来的人际冲突和紧张已经使经理们恨不得退避三舍了，更何况现在要面对面地探讨如此令人尴尬和敏感的绩效问题！另外，经理们会以"没有时间"为由排斥绩效管理。

对此，有关专家提醒学生，宣传、渗透绩效管理的理念，消除抵触情绪至关重要。要引导考核双方认识到，首先，实施绩效管理的唯一目的是帮助员工个人、部门及企业提高绩效，它是管理者与员工之间的真诚合作，是为了更及时有效地解决问题，而不是为了批评和指责员工；其次，绩效管理虽表面上关注绩效低下问题，却旨在成功与进步；最后，绩效管理虽然只需要平时投入大量的沟通时间，却因防患于未然避免了日后"火灾"的惨重代价，而声称没有时间的管理者目前或许正忙于"扑救大火"！

## 采用个性化绩效管理体系

不同岗位承担了不同的职责，简单粗暴的考核已经行不通了，要对管理层和员工采取多层次、个性化的考核体系。因此，管理学有关专家罗列了这样几种途径：

1.平衡计分卡

管理层考核体系通过平衡记分卡，包括财务、客户与伙伴、组织与流程、成长能力四个维度。而一般员工则通过业绩、行为、态度、能力三方面来考核。

管理层考核，一般一年一次，越高层周期越长。考核维度一般有十几项，围绕平衡记分卡进行的。例如财务维度，管理层都要有，并占据考核指标的一大部分。但是不同职能部门负责人侧重维度不一样，如销售部门侧重财务，可能财务占40%，而人力资源部门可能只占30%。最终考核结果以分数体现，将影响我们的奖金，甚至职位。

对员工的考核，分为业绩、行为／态度和能力三部分。其中员工行为态度和能力指标，与业务指标不一样，前者是定性的，后者是定量的。

2. 效力增强法

效力增强法是一种绩效考核的方法，要求上司和员工一同决定考评绩效的具体细节，包括多种表格、方法、会晤周期等。在实施过程中，将员工个人置于客户的位置来考虑。效力增强法的关键是如何设计出一套个性化的方法。

这里给你提供了一种导航图：

(1) 明确你的客户。首先，就是要将员工看成你的重要客户，第一步就是要清楚是谁想从绩效考核中得到收益。要重视员工的需求，但也要考虑现有的情况的限制。

(2) 明确需求。对在第一步中确定的每个客户群，你要搞清楚要实现他们的目标或公司的目标，他们有什么需要。

(3) 设计出满足你的客户需求的方法。一旦你知道了大家的需求，你就开始协商、处理问题和设计出适合需要的方法。你同员工一起完成这个过程，以便设计出的东西你们俩都满意。

(4) 实施，试验你的方法。

(5) 定期评估。不管你最终选择的是何种方法，你绝对必须评估一下这种方法是不是以能动的、持续的方式产生效果。提高效力的关键就在于它的灵活性。

3.让终点线成为"活力曲线"

赛跑时，每个人到达终点的时间不一样，就像冠军冲过终点时，终点线不可能是水平的，而是一条类似抛物线的曲线。对人的考核也是一样，如果大家到终点的结果都一样，就没有冠军冲刺终点的喜悦。

可以设计考核周期为半年一次，由本人自评、直接上级打分和间接上级审核三段组成，形成最终结果。为了让员工最后排列一定是一条"活力曲线"，要求对员工进行正态分布。所谓正态分布，就是按固定的比例，把员工分为不同的优劣等级。一共分5个等级，分别是：a-b-c-d-e。凡人数达15人以上的部门可进行正态分布，即获得a的为15%，b为30%，c为40%，d为10%，e为5%，这个比例是固定的。

正态分布的结果与正激励和负激励直接挂钩。获得高等级的，在奖金、工资调整、晋升、优秀评选、轮岗、储备人才培养等方面可能会获利。而获得低等级的，可能要面临降职甚至淘汰的残酷命运。

绩效考核是帮助管理的工具——仅仅是一种手段，而不是管理的目的。最优秀的经理人应该帮助下属做两件主要的事：设定目标，达到目标。

我们知道在绩效考核当中，考核员工或各级经理的应该是他的直接上司，公司每一次的考核都是在企业内的执法，如果法官误判，一方面可能给员工造成利益的损失，影响到一个员工对公司整体上的认同，而且更严重的是不公正的执法将给以后的企业管理埋下隐患，根据考核指标找出最有资格的考核人，考核人可以是下属、客户、供应商、商业合作伙伴，等等。只要他们能决定被考核者的业绩或行为是否完成、超过或没完成计划。

人力资源部的考核主体至少应包括以下四项：

第一，老板或直线上级

绩效管理，从理论上讲是自上而下的一种考核，因为是一层对一层负责的关系,即经济学上所谓的"委托代理关系"。董事会是代表股东的,总经理是代表董事会来管理企业的,部门经理是代表总经理来经营部门的,员工是代表部门经理来做工作的,整个企业管理运作就是这一层一层的委托代理关系。因此,对人力资源部的绩效最有发言权的就是老板或其直线上级,他们可以从整个企业业务发展的角度对人力资源部的工作做出相应的评价。比如人力资源部所做的年度计划的完成情况及成本、该部门是否及时地提供了所需的人才、员工离职率是否保持较低水平,等等。

第二,所服务的相关部门

人力资源部所服务的客户主要是内部客户,其所要满足的第二个层次的需求是部门需求。其中很重要的一部分就是内部相关的部门,因此内部相关部门也应该纳入到对人力资源部的绩效考核体系中来,并作为一个重要的考核主体对人力资源部的工作做出评价。各部门可以从本部门的需求是否得到满足这个角度来对人力资源部的工作做出评价,比如人力资源部的真实工作表现、工作效率、服务的满意度,等等。

第三,员工

人力资源部所服务的另一内部客户是员工,相应的它所要满足的第三个层次的需求是员工需求,其中包括普通员工和管理层人员。所有员工都可以从个人需求是否得到满足这一角度对人力资源部的服务作出评价。比如人力资源部的工作是否客观公正、员工合理的培训需求是否得到满足、薪酬发放是否准确和及时,等等。

第四,外部相关部门或人员

——客户

客户对本企业员工的意见也反映了HR部门的工作质量。比如员工在对客户服务时的服务质量以及在提供服务时是否积极热情、是否体现了本企业的企业精神等也间接地反映了人力资源部在激励士气、企业文化建设和企业形象维护等方面的成果。此外，客户对培训的意见也是衡量人力资源部门工作的一个方面。

——政府相关部门

与政府相关部门(如地方劳动和社会保障部门、税务部门、司法部门等)的沟通工作，相关事务的处理等不仅直接体现了一个企业的素质和水平，也间接反映了HR部门的工作情况。因此，在考核HR部门的绩效时，也应该将政府相关部门作为绩效考核主体。

就像跳水或花样滑冰的评委一样，考核人的打分直接判定员工业绩的好坏，考核者不光意味着权力还意味着责任。怎么担当这个责任？就是要对考核者进行考核。

一个健全的考核体系，不仅仅是来自于科学的考核制度和符合实际情况的指标体系，另一项重要的内容就是对操作者的实战训练。对于人力资源部门来说，编写一份针对不同管理能力的考核者的训练指导手册，以及设计一套用于讲解和训练考核者的方案显得尤为重要。

人力资源部门在设计完成绩效考核系统后，在正式实施考评工作之前，要安排一定的时间对考核者们进行统一的培训指导，这一项任务的实施有以下几点务必注意：

高层支持：要得到公司高层领导旗帜鲜明的支持，这将直接导致整个计划的可操作性和最终效果。

培训时间：是把所有考核者召集到一起，一次性传达考核要求和注意事项，还是分期分批多次进行培训辅导，这要看企业特点以及考核者们的素质水平而定，但对"课时"的要求和获取"上岗资格"的约束不能仅是走形式，否则只会弄巧成拙。

"上岗证"：从理论上说，能否真正拥有考核下属的资格或能力并非通过一两次辅导就可以确定，这其实是如何提高经理人管理素质的大课题。但是，我们必须从可实际操作的角度出发，要以绩效考核的终极目的为导向，至少是"做少胜于不做"，"多做胜于少做"，通过每年最少一次的"考核者教育"，使我们的管理人员逐步成熟起来。

对于考核者的培训方案的核心概念在于"针对性"上，一方面是对考核人员个人特点的针对性，另一方面是对操作过程中疑难点的针对性。

对于考核人员可以简单分成两类：一是有考核下属经验的经理人；二是新晋升或是未曾有过考核下属经验的管理人员。人力资源部门在对考核者的培训指导前会事先做好充分的准备，会分别有选择地征询一些经理人的意见，在原先的辅导方案中找出需改进部分，适时调整以适应"新人"和"新情况"。

最后，考核者往往处于一个法官或裁判的位置，法官和裁判都要持证上岗，只有经过专业的训练上岗，他才能做出比较公正的、专业的判断。

## 360度反馈评估

360度反馈评价是一种从不同层面的人员中收集考评信息、从多个视角对员工进行综合绩效考评并提供反馈的方法。也称全方位反馈评价或多源反馈评价。

它不同于自上而下、由上级主管评定下属的传统方式。在360度评价中，评价者不仅仅是被评价者的上级主管，还包括其他与之密切接触的人员，比如同事、下属、客户等，同时包括自评。或者说是一种基于上级、同事、下级和客户等信息资源的收集信息、评估绩效并提供反馈的方法。

360度反馈评价作为绩效管理的一种新工具，正被国际知名大企业越来越多地使用。据调查，在《财富》杂志排名前1000位的企业中，已有90%的企业在使用不同形式的360度反馈评价，比如IBM、摩托罗拉、摩根士坦利、诺基亚、福特、迪斯尼、西屋、美国联邦银行等，都把360度反馈评价用于人力资源管理和开发。

与传统的评价方法相比，360度反馈具有如下优点：

1. 多渠道

360度反馈评价法是一个多渠道的信息反馈模式，与传统的只有主管和员工两人介入相比能够发现更多的成绩和问题。它不仅重视员工的工作成效和结果，或对组织的贡献，并重视员工平常的工作行为表现。

2. 客观

基本可以避免由主管一人评价的各种主、客观偏差，员工对评价结果容易信服。

准确性：如果从上司、同事、客户那里都得到同样的信息，如服务态度较差，那么这个信息是比较准确的，员工更应该接受这条反馈意见。

3. 匿名考核

为了保证评价结果的可靠性，减少评价者的顾虑，360度反馈评价法采用匿名方式，使考评人能够比较客观地进行评价。

4. 共同参与

由于同事平时朝夕相处，因此有较多的机会观察，因此对每个人的表现都十分清楚，他们的评价将可提供给主管作为重要参考，另外授权给员工让其参与考评，不仅使部属有参与感，更可以将他们训练成为未来的优秀主管。

5. 提升组织效能

通过全体成员参与的方式，达到激励员工的效果，并通过运用这些正确、客观、有效的讯息，不但可以指出员工个人本身的优缺点与未来努力的方向，而且可诊断出组织目前和将来可能面临的问题，进而谋求解决之道。

像360度反馈评价法这样非传统的方法绝不能随意乱用；必须要有

## 第三章 以人为本，注重团队管理

一个众人皆知的重大商业理由在背后支持它。创建360度反馈评价法的第一步是要弄清楚公司为什么要用它——想改变企业文化？还是增强绩效管理体系？但愿不是因为某个人不知从哪儿得知了360度反馈评价法，而贸然开始使用。

尽管360度反馈评价试图做到更有效、更公平地进行评价，但在执行的过程中往往会出现一些问题。摩立特咨询公司的高级咨询师、反馈项目专家杰米·希金斯说道："一个经理人想马上就收到360度反馈评价，然而在过去一年中，他从没要求过反馈，从没根据反馈结果采取相应措施或没有认真地看待反馈结果，或者人们觉得自己会受到报复性打击，那么当我们开始创建反馈项目时，人们就会产生不信任和恐惧感。除非公司拥有积极的氛围，"她继续说道，"不然360度反馈评价法就没有多大的价值。"

1. 员工被动改进业绩

公司在积累使用360度反馈评价法第一手资料的同时也遇到了不少麻烦。一方面，得到被曲解的反馈浪费了花在调整和使用360反馈评价法上面的时间和金钱；另一方面，被考核者可能认为反馈是惩罚性的。而研究表明，惩罚能带来的改进远不如奖励和鼓励有效，也即使用360度数据的绩效考核让发展流程变成了潜在的惩罚，员工被迫而不是主动改进业绩。

2. 评分标准的理解偏差

不管如何精细的设计问卷和划分等级量表，仍然存在一个无法克服的缺点——即评分标准本身的模糊性和不全面性，可能因描述和定义不够清晰，或者即使很清楚也会因人的理解差异而导致结果上的差别，甚至有时因不能面面俱到而漏掉了一些重要问题。

3. 考核成本高

这种方法需要选择评估者、填写表格、分析评估结果，因而需要花费很多时间，造成管理程序复杂。目前亟待解决的问题是，如何在使评估内容足以反映绩效水平和使评估过程简单易行之间达成平衡。当一个人要对多个同伴进行考核时，时间耗费多，由多人来共同考核所导致的成本上升可能会超过考核所带来的价值。

4. 成为某些员工发泄私愤的途径

某些员工不正视上司及同事的批评与建议，将工作上的问题上升为个人情绪，利用考核机会"公报私仇"。

5. 考核培训工作难度大

组织要对所有的员工进行考核制度的培训，因为所有的员工既是考核者又是被考核者。

很多管理者都认为成功使用360度反馈评价法要建立在信任和坦诚的基础上。不要在充满怀疑和恐惧的氛围里尝试360度反馈评价法。在报复性和惩罚性的环境里，没法实施360度反馈评价法。事实上，要想360度反馈评价法得以有效实施，公司拥有鼓励学习和个人成长的氛围是十分必要的。

## 绩效管理中的"皮格马利翁效应"

"皮格马利翁效应"经常被教授们作为绩效管理的范本加以应用，很多教授在讲到"皮格马利翁效应"时这样说，所谓皮格马利翁效应，也称"毕马龙效应"、"比马龙效应"，由（美国）著名心理学家罗森塔尔和雅格布森提出。"皮格马利翁效应"是说人心中怎么想、怎么相信就会如此成就。你期望什么，你就会得到什么，你得到的不是你想要的，而是你期待的。

只要充满自信的期待，只要真的相信事情会顺利进行，事情一定会

## 第三章 以人为本，注重团队管理

顺利进行，相反的说，如果你相信事情不断地受到阻力，这些阻力就会产生，成功的人都会培养出充满自信的态度，相信好的事情会一定会发生的，这种称为积极期望的态度是赢家的态度。

"皮格马利翁效应"告诉我们，对一个人传递积极的期望，就会使他进步得更快，发展得更好。反之，向一个人传递消极的期望则会使人自暴自弃，放弃努力。

通用电气的前任 CEO 杰克·韦尔奇就是"皮格马利翁效应"的实践者。他认为，团队管理的最佳途径并不是通过"肩膀上的杠杠"来实现的，而是致力于确保每个人都知道最紧要的东西是构想，并激励他们完成构想。韦尔奇在自传中用很多词汇描述那个理想的团队状态，如"无边界"理论、四种素质（精力、激发活力、锐气、执行力）等等，以此来暗示团队成员"如果你想，你就可以"。在这方面，韦尔奇还是一个递送手写便条表示感谢的高手，这虽然花不了多少时间，却几乎总是能立竿见影。因此，韦尔奇说："给人以自信是到目前为止我所能做的最重要的事情。"

在现代企业里，"皮格马利翁效应"不仅传达了管理者对员工的信任度和期望值，还更加适用于团队精神的培养。即使是在强者生存的竞争性工作团队里，许多员工虽然已习惯于单兵突进，我们仍能够发现皮格马利翁效应是其中最有效的灵丹妙药。

美国 TMI 咨询公司董事长贾内尔·巴洛说："认为设定了高标准就能得到员工的最佳表现，这种想法宛如空中楼阁，你必须要脚踏实地把想法付诸实践。"

1. 薪酬"导火索"

休斯敦大学商业教授柯特·图尔弗特说："员工依照个人兴趣产生完成目标的动力，而不是靠别人指挥。经理人必须和员工合作发现最能激发每个人工作动力的地方——竞争、紧密合作，等等。当经理人和员工双方都参与这个流程后，每个人都在通向最佳表现的道路上更进了一步。"

薪酬常常是导致期望值管理失败最直接的环节。自以为是的管理者会通过隐瞒、控制信息传播来降低员工期望。其实，薪酬是个无底洞，只能作为保健因素，而非激励因素，即便掌握了市场行情，却永远不知道最高点在哪儿，所以薪酬根本不是衡量期望值的最好方式。

企业要对员工的期望进行切实有效的管理，体现在两个方面：对员工不合理的期望予以说明和剔除，对其合理的期望进行最大程度的满足，同时引导员工建立正确有效的期望，最终实现员工满意的目标。

从20世纪90年代以后的管理文献中可以看到，关于期望值的沟通越清楚，企业的员工满意度就越高，其离职率也较低，效益相应也越好。这种研究还推出了一套比较实用的测试工具——个人工作期望值测试，通过10个方面的测试，让员工明白的知道自己主要有哪些方面的期望，哪些期望值更高(更在乎工作中的哪些因素，在乎到什么程度)，可据此与企业管理者沟通，实现良好的自我期望值管理。这10个方面包括：(1)奖惩分明；(2)工作自主性；(3)公开表达自己的想法；(4)职业发展；(5)多元化的组织；(6)团队合作；(7)结构化的工作指令；(8)环境；(9)生活和事业的平衡；(10)工作的稳定性。

某种程度上，这种测试给企业提供了破译员工内心密码的钥匙，避免信息不对称带来的误解。在重视离职管理的公司里，管理者常常发现，员工离职的真实原因往往是某种期望未能得到满足。如果能管理好员工的期望值，也许会降低离职率。

2. 员工参与期望值的设定

了解员工期望，有很多自上而下的途径。诺华公司每月都有总经理午餐会，总经理还会利用Coffee Time与关键员工沟通，Cycle Meeting让诺华各个部门的员工聚在一起，进行横向交流。但是，员工表达出来的只是冰山的表面，用一种匿名的方式或网上论坛交流，管理者会发现一

## 第三章 以人为本，注重团队管理

部分意见非常集中。但不能依靠这种集体意见来管理员工的期望值，这只是第一步，目的是为下一步单独交流创造氛围。

在 IBM，公司为员工考虑生涯发展时，总是要求每年年初主管经理和员工一起坐下来谈话，了解情况，设立目标，制定步骤。在这个过程中，那些不可实现的目标被剔除了，主管的期望和员工的目标合二为一，主管给予员工好的建议，并承诺提供哪些资源和环境帮助他们实现目标。

一些不愿意授权的管理者，通常也不愿意让员工掌握充足的信息。别忘了信息也是企业资源之一，掌握了信息的人更有力量。全球电力巨头 AES 公司 CEO 丹尼斯·巴基说："使我感到惊奇的是，在社会中我们总像对待成人似的对待孩子，而在车间却相反，我们把成人看做小孩儿。"

埃德·古柏曼是人才创新战略的合伙人之一。他敦促经理人"心存全局，着眼个体。提出远大目标鼓舞整体士气，但也要根据每个员工的角色、能力和工作热情协调管理。经理人不可能也不应该指望每个人的表现都一样，要把员工放在能让他们成功的环境里"。

3. 关注可达成性

当然，光有清晰的目标还不够，员工们必须要看到实际可操作的目标。卡里·库珀是格兰卡斯特大学管理学院组织心理与健康学的教授。正如他说的那样："要求和表现的关系能用铃铛型曲线来描述，高要求带来提高和改善——直到要求高到不切实际为止。然后就会导致员工超负荷工作，压力很大，绩效下降。可惜很多高级经理人想当然地认为他们应该不断催促下属向更高的目标迈进。"

(1) 合理的期望，合理的任务

聪明的经理应该知道，每个下属都具有不同的生活和家庭背景，各自拥有不同的才能。可以说每个人都各有所长、各有所短，没有谁是一无是处的，同时也没人是尽善尽美的。因此，不要以为你的下属都是万能的，并据此对他们报以过高的期望。

(2) 不要求全责备

经理人员总是期待下属个个都是优秀的人才,只有长处而没有短处,但实际上这几乎是不可能的。因为每个人的长、短处参差不齐,或多或少皆有其不足的地方。领导者若是一心期盼找到没有缺点者才予以任用,那恐怕就得永远孤军奋战了。所以,领导者的任务就是让团队中的成员皆能将其长处充分发挥。

## 企业文化是一种软性管理

企业文化是一种软性的管理方式。它主要从一种非理性的感情因素出发,来充分调动企业中每一个职工的积极性和主动性;又通过精神上的趋同而导致行为上的一致,把企业建设为团结奋发的集体。创造优秀的企业文化是现代企业成功的关键。

1.企业文化是一种粘合剂,它是企业上下全体职工的内在的认同。这种认同是基于:

其一,企业文化是企业职工在长期生产经营实践中所形成的共同价值观与行为准则。它已深深地烙印在企业每个成员心目之中,成为他们自觉意识和自觉行为的一部分。

其二,在企业文化统驭下所赢得的成就和声誉,饱含着每一个为之奋斗的职工的心血与汗水,使他们为之自豪,这种荣誉感与归属感是紧紧连在一起的。

其三,在企业的日常生活中,企业文化的建设大大改善了人际关系,领导与职工之间、职工与职工之间互相关心,互相爱护,情感交融,亲密相处,使企业成员对企业产生一种依恋之情。这种依恋之情久而久之,就形成了人们的一种心理积淀。正是在职工中形成的认同感、荣誉感、归属感和依恋之情，使企业产生了强大的磁石效应，形成了巨大的向心力、凝聚力。

2. 企业文化的凝聚力是企业生存与发展的基本保证。当职工把自己的命运同企业的命运紧紧联系在一起的时候，就充分体现了企业的凝聚力。有了这样的凝聚力，企业就可以克服任何前进中的困难。

由于企业文化的整合性特点，可以形成自身的发展机制，并产生激励效应。

这种激励效应首先表现在企业文化建设可以促使企业管理各要素之间的协调，从而形成制约与调节企业内部矛盾、减少内耗、激发人们专心致志工作的良好环境。自然形成的文化模式往往具有保守性，不适应企业的创新和进取。企业家和企业领导人为了企业的发展，常常要提出更高的目标和要求。这种新的文化因素最初往往得不到认同，但由于它的产生伴随着一定的规章制度，就能在或大或小的范围内推行。这种新的文化因素的形成，有利于促使整个企业文化的各种因素重新趋于协调一致，这也就意味着企业文化的发展。企业领导可以通过赞扬、奖励、提职来鼓励某一种行为，并制定相应的规章制度来保证、促进、引导企业职工实现这种行为，从而促使这一新的文化因素带动整个企业文化向更高层次发展。

3. 企业为保证生产经营活动的有序性，不仅依靠纪律和各项规章制度约束着企业职工的行为，还要通过无形的文化氛围来规范企业职工的活动，诸如依靠道意观、义务感、责任感、荣誉感、归属感等。为了保持正常的生产经营活动，现代化企业不能没有规章制度。但经验证明，单纯依靠规章制度从外部保持生产经营秩序是远远不够的，正如国家要在很大程度上借助社会道德观念协调社会成员之间的关系以保持正常的社会秩序一样，企业也必须依靠观念形态的东西维系企业职工的心态，提高职工自我约束的能力，保持企业内部的各种要素间的相对平衡。一一般来说，企业中规章制度的强制作用越小，说明职工的自觉性越高，生产和企业风尚也就越好。如果说，企业规章制度体现了企业文化的直接约束功能，那么，企业的文化氛围就体现了企业文化的间接的约束功能。这种间接的约束虽然是无形的，但它一旦形成，在一定意义上比直接约束作用更大。企业规章制度只能规定上、下班时间和上班时间内的劳动纪律，而不能具体规定职工在上班时间内的劳动态度，而企业文化氛围则可以引导职工的劳动态度和行为取向。

4.企业文化还有着塑造良好的企业形象的作用和促进全社会文化发展的作用。企业文化发展了，一方面可以为社会文化的发展提供物质基础；另一方面通过企业职工素质的提高，可以促进全社会文化水平的提高。因此，我们在考察企业文化的作用时，绝对不要忽视企业文化的社会效益，绝对不要低估企业文化的发展对全民族文化发展的重要作用。

# 第四章 提升管理效能,合理财务体系

为了保持员工的报酬满意度,各个公司都建立了相应的制度,其目的在于保持公司的工资水平在内部比较与同其他公司的外部比较中处于均衡状态。

## 保持均衡制度的因素

恢复的管理课教授说,员工的工资与劳动力市场的工资水平不一致,会给公司带来潜在的严重问题。后果之一就是:公司无法招募到所需人才,原有人才也会纷纷离去。当然,保持工资均衡的代价也是相当高的。如果一个公司试图支付员工可能获得的最高的竞争性工资,那么员工就会寻找最高的工资出价,以迫使公司提高自己的工资。这样就产生了一种决定薪资水平的市场制度,同体育界的自由代理人制度很相似,既费时费力,还可能导致内部失衡;另外还会导致员工以自我为中心,而不是先考虑公司利益然后再考虑自己的工资。

公司内部工资失衡会导致员工对公司不满,消极怠工,对公司工资制度缺乏信心。此外,公司内部工资失衡还会导致公司内部冲突,既耗时又耗力。然而保持公司内部工资高度均衡,会造成公司付给某些员工的工资水平明显高于市场水平,以致竞争成本增大;同时也会造成某些员工的工资水平低于市场水平,从而破坏了外部均衡。

工资内部均衡与外部均衡之间一直存在着冲突,为了吸引和留住本部门所需要的人才,一线的管理者宁愿牺牲内部工资均衡。人力资源管理者则必须从整个公司的角度出发,他们常常同一线管理者唱反调,他们认为不顾代价招募人才有损于内部工资均衡,他们坚持岗位评估与工资调查制度的完整性,以避免超出岗位评估制度的例外大量出现时所可能导致的冲突。这种困境是难以摆脱的,没有一个薪资制度能消除这一点,这种平衡必须不断地加以管理,以减少问题并保持一种灵活而又经济的付酬制度。

## 第四章 提升管理效能，合理财务体系

1. 基于技能的评估

基于个人或技能的评估制度以雇员的能力为基础确定其薪水，工资标准由技能最低直到最高划分出不同级别。刚进入企业的新员工领受的是入门级的报酬，而当他们证明自己能够胜任更高一级工作时，他们所获的报酬也会顺理成章地提高，基于技能的制度通常被认为能在调换岗位和引入新技术方面带来更大的灵活性。基于技能的薪资制度还能改变管理的导向，实行按技能付酬之后，管理的重点不再是限制任务指派使其与岗位级别一致。相反，最大限度地利用员工已有技能将成为新的着重点。这种评估制度最大的好处是能传递信息使员工关注自身的发展。这种关注与人力资源管理的社会资本观点是相一致的，它正在引导管理者提高并利用其才干，并且带来更高的雇员福利与组织效率。

基于技能的评估制度已被用来考核研发机构的技术人员并常被称为"技术阶梯"。该制度亦用于考核其他专业技术人才，如律师、销售人员和会计师。运用该制度可以在一定程度上鼓励优秀的专业人才安心本职工作，而不至去谋求报酬虽高但不擅长的管理职位，从而组织也降低了失去优秀技术专家、接受不良管理者的风险。

基于技能的报酬制度在过去也被用于考核生产人员，宝洁（P&G）、通用汽车、康明斯引擎等大公司都引入了类似的计划：不按员工岗位而按其拥有的技能付酬；这种灵活性，员工才干与满意度的增长使这些公司获益良多。必须着重指出的是：许多工厂采用这种制度来支持，而不是引导管理哲学的转变——这种哲学强调的是员工的责任感与对工作的积极参与。另外，薪资制度固然是一种很重要的支持，但我们不清楚仅仅改革薪资制度是否就能带来灵活性与员工进步。

然而，基于技能的方法一样也有许多问题必须考虑。

①许多员工可能在数年后达到了最高的技术等级，同时发现自己突然无处可去了。如果组织未采取任何措施，就不会有促使员工继续学习

新技能的报酬鼓励。在此，组织可能得考虑采用一些利润共享方案以鼓励雇员继续探寻提高企业效率的各种方法。

②由于报酬增大取决于新技能的不断学习，技能评估计划要求组织在培训上进行巨大的投资。

③与外部公平有关的事务更加难于管理。每个组织都有独特的岗位与技能配置，因此具有相似技能的人并不是随处可见的。尤其是在同一个群体里，制造业工人常会去寻找参照物。对于专业人员这个问题会容易一些，因为他们的工作在不同公司间是比较相似的。基于技能的评估制度强调学习新任务，雇员可能会逐渐感到：他们日益提高的技能应该得到比公司所提供更高的报酬，当他们将其薪金与传统岗位工人相比时，这种感觉尤其强烈。缺少有效的比较，未经现实验证的期望值可能会不断上升。

### 2. 岗位评估

在美国，决定工资水平的最常用方法是通过岗位评估制度来评估某一岗位在公司的价值，大约75%的美国公司使用这一方法。简而言之，岗位评估的第一步是对公司内部不同岗位进行描述；然后，各岗位根据一系列因素进行评估：工作状况，必要的知识，必要的管理技能以及其重要性。每个因素的得分都根据标准尺度得出，这样总体得分可以用来评定不同岗位的级别顺序。该步骤完成后，接着进行工资调查以了解其他公司类似岗位的工资水平。在此过程中必须确保其他公司的相应岗位具有可比性。

### 3. 资历

依据资历来付酬一样是可能的。在某些国家，资历一直被视为一种有效的付酬标准。例如，日本公司用年功序列制同其他因素(如缓慢提升)相配合，促进了合适的组织文化的形成。在美国，提议执行按资历付酬的多为商业工会。出于对管理层的不信任，工会组织常认为按绩效付酬

## 第四章 提升管理效能，合理财务体系

的制度将导致日益增长的家长制作风、不公正与不平等现象。基于上述理由，各工会组织更倾向于一种严格的资历报酬制度。

然而，在哈佛的有关专家们看来，论资排辈与美国的个人主义伦理是格格不入的，后者强调个人的努力与业绩是取得奖励的首要标准。因而，大多数美国公司更愿意以绩效作为计酬制度的主要指标。

## 消除传统财务会计制度的弱点

在财务管理上，管理者应积极寻找传统制度上的弱点，并尽量加以克服，这是确保财务会计制度有效发挥作用的前提与保证，他们认为：

1. 传统财务会计制度的主要弱点

每逢月末、季末、年末，企业都要投入巨大的资源用于结账。年度会计报告的确能够给投资者和证券交易市场提供一个或多或少有用的判断公司业绩的标堆。然而，有五个主要原因导致大多数的会计系统不仅不能够帮助管理者，反而会误导管理者采纳将严重危害企业的决策。

①无视知识资本的价值。大约在20年前，通用汽车公司拥有庞大的金融资产(工厂、机器、股票、现金)，相比之下，丰田公司仅有很可怜的一点。施乐公司是一个巨人而佳能公司却只是小矮人，IBM公司已经是一个庞大的帝国时，微软甚至还未成立。根据资产负债表上的资产价值来看，施乐公司和IBM公司应该是拥有无穷力量的巨人，能够碾碎任何后起的竞争者。但是那时，资产负债表仅仅计量了实体资本——没有把创新、员工的才干和灵活性包括在内。如今，大多数的投资者都宁愿把他们的辛苦钱投给佳能、微软和丰田，而不愿投给那些鼻青脸肿的前重量级选手。

其中的原因在于，企业竞争力已经从依赖于巨量的财务资源转向依

赖于企业获得和利用知识资本的能力。会计系统计量的是财务资本，而现实世界中竞争力更多的来自于企业的知识资本。

然而，计量知识资本并不是一件容易的事。但是管理者至少应当知道，通用的资本估值方法可能会高估大企业的优势而低估那些更小、更灵敏的企业的实力。这样，那些托庇于庞大的跨国商业帝国城堡内的员工或许不再会对自己的未来那么盲目乐观，从而能够更加积极的发展他们的业务——而那些苦苦挣扎微不足道的小企业的员工，或许不会再如此畏惧力量强大的市场领导者所拥有的明显优势。

②提供过多、过于局限、过迟的数据。在每个月或每个季度，企业的财务部门里都会出现一阵忙乱，他们正在结账。然后，接下来的一个月或一个季度才过了一半，从企业的计算机里又奔涌出了要用几辆卡车才能装得下的数据。

但是，花费了这么多时间和精力的、神秘莫测的"结账"到底有什么用呢？它与企业日常管理有关系吗？并非总是有关系。账簿未能彻底平衡重要吗？并不是真正重要。结账、平衡资产与负债只不过是为了匹配收入与支出。它无助于开发更多的新产品、更富有创新精神或者赢得更多的市场份额。它只是记账的惯例，而不是经营管理。

经营企业所需要的绝大多数指标都没有包括在月度、季度或年度的财务报告中。在经营企业的时候，你需要不断地了解一系列有意义的经营指标，它们会告诉你，你做得如何以及你需要采取什么行动调整你的位置。你不可能从月度、季发或年度的财务报告中得到这些。在账簿中有很多细节，数据可能或多或少是准确的，而且你需要付出高昂的代价才能得到它们——但是它们常常无法用于建设性的地方。财务系统提供给我们的信息错误过多、过迟，以至于根本没有什么用处。

不幸的是：管理不是一门精确的科学——会计却是。管理需要的是实时的经营数据——会计提供的却是基于会计假设和会计惯例的事后财

## 第四章 提升管理效能，合理财务体系

务数据。管理运用信息来指挥——会计却沉溺于数据的平衡。

③导致短视决策。传统的会计系统及管理者使用它的时间结构与提高企业绩效所要求的时间结构之间存在着严重失衡。

当会计系统建立起来以后，大多数的支出可能都会与所在的财务报告期间相联系。在过去，产品生命周期很长，管理人员在同一职位上也会呆好几年。而现在，随着产品生命周期缩短，越来越多的资金被要求投入到研究部门开发下一个新产品模型。并且如今在任何一个企业里，管理人员在他们下一次提升前，在任何一个职位上都只会停留两到三年，他们承受着巨大的压力，希望得到良好的财务成果，来证明他们有资格得到下一次提拔或者另一个企业里更好的职位。

当管理人员被放到新的职位上，并且根据月度或季度财务成果来考核时，他们就会四处寻找容易产生效果、能够证明他们对组织的价值的地方。很明显，在这种情况下，如果能够从中得到一些短期职业上的好处，那些雄心勃勃的管理者会很乐意掠夺我们用于未来的投资。

而且，会计惯例实际上是在阻碍用于改进企业绩效的投资。会计惯例允许购并成本不计入损益表，这样利润和每股收益就会虚增。因此，用于内部增长的投资，由于要抵消收益，其吸引力对那些财务导向的企业来说就比不上购并和接管了。这种情况导致了一些奉行购并导向企业的大起大落，它们迅速地崛起，但往往是更加迅速地衰落下去，因为它们的增长是依赖于不可持续的负债水平而不是真实的收益增加。

④测评职能而不是流程。很少有例外，会计系统往往是用来测评各个职能部门的成本和收入。但是他们根本无法适应面向顾客流程的新观念。会计系统能够告诉我们，在一个月里我们用于生产的开支是多少，但我们通常无法得知，我们为主要顾客服务的如何，或者甚至谁是最有利可图的顾客。

如果我们把企业视为一系列面向顾客的流程来经营，我们就不得不

建立一整套横向的经营绩效指标,而其中绝大多数指标是现有财务报告系统无法提供的。

⑤扭曲了我们的成本和利润观念。传统会计系统最大的缺点可能是不准确,它们表现为销售常产品但却不能带来收益。

在大多数企业里,产品或服务的种类不断增长以满足要求更高的顾客和更加细化的市场。如果你现在生产10种不同的产品,而不是以前的2种,那么很显然,知道每种产品各自的成本是很重要的,这样你就知道应该向顾客要价多少。由于传统会计系统在不同产品间分配成本的方式,大多数企业并不是很了解每种产品的成本,常常会亏本出售却以为能够获利。

这对企业的影响是富有戏剧性的。例如,这常常意味着你正在以过高的价格销售你的产品(大多是消费日用品)系列中易于生产(以及需要有更强的价格竞争力)的部分产品品种,以过低的价格销售那些不易生产或成本很高的产品品种,而这些产品能给顾客带去更多的价值,或者在这些产品上竞争不是很激烈。

一般来说,你甚至可以为这些小批量生产的产品品种索要更高的价格。然而,你并没有开出更高的价格,因为你误以为已经从这些产品中获取了可观的利润,尽管你可能正在亏损。

2. 解决办法

①引入ABM。一旦当管理人员意识到这种落伍的会计和成本分配方法会产生严重的扭曲,他们就开始抛弃由传统会计系统提供的信息,因为它不能够正确核算增加的间接成本以及不同活动所应承担的间接成本的不同水平。一些企业引入了以作业为基础的管理(ABM)来解决这个问题。ABM试图找出成本的真正动因,这样成本就能够分配给产生这些成本的产品或服务,而不是根据某种方便的会计惯例来分配。

因此,ABM能够帮助管理者在更好的理解成本和利润动因的基础上制定决策。

②重视 EVA。经济价值增加值(EVA)这个概念被发展出来克服传统会计绩效测评指标如利润的缺点。从净营业利润中扣除企业占用资本(包括资产与负债)的成本就得到了经济价值增加值。正的 EVA 意味着创造了价值，负的 EVA 则表明了价值损失。许多企业开始把董事的奖金与 EVA 而不是利润或股价联系起来，因为他们认为 EVA 能够更好地衡量真正的价值创造。

③实施 OBM。一些企业实施了所谓的"公开账簿管理"(OBM)，试图借此来沟通财务成果与员工的日常工作。在公开账簿管理中，你通过某种定期的形式——月度会议、连续地情况介绍会议、时事通讯——向企业员工通报目前的财务状况。最理想的是，伴之以对员工的培训，使他们能够正确的解释这些数据。

OBM 的宗旨是，让员工认识到企业中的每一个人是如何影响到企业最终财务成果，这将会有助于培养责任感，把员工的努力方向引导到企业里具有最大财务杠杆效应的地方。

## 财务总监要全面把握现在状况

营运资金是一个企业赖以生存的"血液"，借助钱的威力，合理有效地对财务进行管理，保证资金持续地、快速地周转，增强资金的利用率，扩大资金的增值能力，提高"钱"的生产力，实现钱生钱的威力，维持企业的正常运作。

在财务管理中，现金不等同于通常所说的现款，我们把在企业内以货币形态存在的资金统称为现金。也就是那些随时能变现的"钱"，包括库存现金、银行存款、银行本票、银行汇票，等等。

相对而言,现金是变现能力最强的资产。持有现金是企业实力象征,是企业较强偿债能力和较高信誉的表现。但并不是企业拥有的现金越多越好,企业持有过量现金会导致资金闲置,不能使企业资金发挥最大的使用效力。并且从一定意义上讲,现金是处于两次周转之间的间歇资金。现金管理不严,会使企业资金周转延缓,直接影响企业整个流动资金的正常周转并进一步影响生产经营活动的正常进行。此外,加强现金管理,对于搞好财务监督也是十分必要的。因此,对于任何一个企业的CEO来讲,如何做到现金既不缺乏也不过剩,管好自己的金库并有效地防止现金滥用和流失都是一件十分重要的事情。

1. 现金管理的主要内容

①最佳现金持有量的确定。所谓最佳现金持有量只是相对而言,可能采用不同的方法、不同角度测算其结果是有差别的。从理论上讲最佳现金持有量是指能使企业在现金存量上花费的代价最低,即机会成本最小而且又相对能确保企业对现金需求的最佳持有量。

②现金预算的编制。定期编制现金预算,合理安排现金收支,及时反映企业现金的盈缺情况,是现金管理内容的又一重要组成部分。现金预算的编制在整个现金管理中具有龙头作用,对企业整个财务管理也有根本性的意义,是企业现金管理的方向。

③建立健全现金收支管理制度。要使现金预算安排能顺利完成,必须建立必要的管理制度,加强现金的日常控制,做好库存现金的日常管理、加强银行存款的管理和做好各种转账结算工作。遵循国家规审的现金作用范围的库存限额,并且要实施适当的内部控制制度,如现金收支职责的分工和内部牵制等。

此外还要建立现金管理信息的反馈系统,一旦发现企业现金运转不灵,或现金流出流入情况变化,及现金持有量低于企业最低限量,应能及时使CEO得知信息,以便能尽快采取措施,保证企业生产经营的正常进行。

④现金管理手段的科学化。要提高现金管理水平,应对现金使用情况实行定期考核与事后分析。现金考核的指标很多,不同的企业可根据其实际需要来制定。现金考核可以用绝对数指标也可用相对数指标,要视具体考核内容而定,如现金收入量的考核,现金支出量及构成的考核分析,现金使用范围的考核,现金预算完成情况的考核,最合理现金存量持有情况的考核等。

考核现金利用情况的一个重要指标是现金周转率,其基本计算公式如下:

现金周转率 = 收到现金的销售收入 / 现金平均余额。

公式中分子是指企业销售收入中在本期实际收到的现金部分,现金平均余额指企业现金的期初余额与期末余额的平均值。因为分子的现金销售收入是一定时期内发生的,所以分母不能用某一特定时间的现金余额与此相比,也应运用平均值。

一般而言,现金周转率(次数)越大越好,说明现金流转快,现金利用率高,收回现金没有被长期闲置,而又投入企业经营之中。

企业可以根据现金管理目标,事先估计出全年或一定时期内的现金流入量,除以企业确定的最合理现金持有量的平均值,便能了解本期现金利用水平。当然,也可与上期或同行业进行比较分析。

从企业对营运资金的管理来看,提高现金周转率有重要的意义,因为它体现了现金利用效率和企业现金收入的实际水平。因为要提高周转率势必要从降低现金平均持有量和增加入库现金的销售收入两个方面入手,两者相辅相成,平均现金持有量下降,而又不影响当期现金使用量,只有依赖增加销售收入来完成。而要扩大销售收入,又必须要大量现金支出,压缩库存现金。所以现金周转率指标的考核分析特别重要,不但要看与计划数的差异。还要注意对不同时期销售收入总量变化和现金平均持有的变化做出分析，才能真正了解和掌握现金周转率变化的真正原因。

2.现金管理的日常技巧

企业应加强现金日常管理，其目的是防止现金闲置与流失，保障其安全完整，并且有效地发挥其作用。

①现金回收管理技巧。现金回收管理的症结所在是回收时间。如何缩短收现时间，加速资金周转是现金回收管理要解决的问题。

企业账款加快收回速度的方法主要有以下几种：

其一，锁箱法。企业在各主要城市开设收取支票的专用邮箱，分设存款账户，客户将支票投寄入邮箱，当地银行在授权下定期开箱收取支票。

优点：省去账款回收中先将支票交给企业的程序，银行收到支票可直接转账。

缺点：管理成本高，增加邮箱管理的劳务费。

其二，银行业务集中法。企业在主要业务城市开立收款中心，指定一家开户行为集中银行，集中办理收款业务。

优点：节省了客户支票到企业再到银行的中间周转时间，加速了收款过程。

缺点：多处设立收款中心，增加了相关费用。

锁箱法与银行业务集中法其出发点都在于缩短收款时间，简化收款程序，有异曲同工之妙。

②现金支出管理技巧。现金支出管理的症结所在是支出时间。反其道而行之，站在支付方的角度，企业当然越晚支出现金越好，但前提是不能有损企业信誉。因此现金针对支出管理重心放在如何延缓付款时间上。

第一，推迟支付应付账款。一般情况下，对方收款时会给企业留下信用期限，企业可以在不影响信誉情况下，推迟支付时间。

## 第四章 提升管理效能，合理财务体系

第二，采用汇票付款。汇票支付结算方式存在一个承付期的过程，企业可利用这段承付期延缓付款时间。

第三，合理利用"浮游量"。现金浮游量是企业"现金"账户与银行款账户之间的差额。这是由于(广义上的现金)账款回收程序中的时间差距造成的企业应合理预测现金浮游量，有效利用时间差，提高现金的使用效率。

3. 不让资金闲置

在企业资金周转时，难免会有闲置资金，有时是现金收入多于计划，有时现金支出少于计划，有时也许是资金已经安排好了用途，但还未开始加大利用，在资金周转时，如何运用闲置资金也是应考虑的问题。

## 算一算，你的公司能跑多快

现代人都知道想要自己开办公司需要现金，而发展公司需要更多的现金。但是在一般人的印象里，这种情况貌似只出现在小公司身上，却很少有人知道，一家利润丰厚、产品畅销的公司也有可能在不知不觉中陷入现金短缺的窘境，出现这种原因往往是因为它发展过快。所以，如何才能让公司良性发展呢？对于正在求发展的公司经理来说，一个巨大的挑战就是合理平衡用钱与生钱的关系。这就需要考虑投入和产出的成本了。

有相关的经济专家提出了一个计算框架，这个框架能够帮助经理们确定和调节公司的增长速度，从而避免现金短缺的危险，根据这个框架，公司的管理者可以实时注意公司资金的流动情况。

在这个框架中，有一个重要的术语：内部融资增长率。它是什么意思呢？其实指的是公司无需向外部借款，仅仅依靠自己的内部收入就能

维持的增长率。

这个增长率对公司会有什么影响呢？如果公司的增长率低于其内部融资增长率，那么它自己产生的现金就足以维持增长，这是一种经济有余裕的好现象。而如果该公司试图以高于其内部融资增长率的速度发展，那么它就得到外面去借钱，或者从运营中释放更多地被占用资金。这时候，就需要各种各样的融资手段了，所以当公司的经济到此状态时，就需要注意自己的资金问题了。

想要计算内部融资增长率，必须考虑其中三个关键要素：

(1) 公司的经营性现金周期。这个周期是公司收到原料、支付供应商货款、出售商品和收到货款所需的时间，这个变量可以用库存天数加上其他流动资产占用现金的时间（比如应收账款回款天数）来计算。一般说来，公司的经营性现金周期越短，钱生钱的速度就越快。如果这个周期太长，就意味着公司的资金流转有问题了。

(2) 每完成 1 美元的销售需要投入的现金数额，其中包括营运资金和经营费用。作为管理人员，当然希望这个值越小越好，值越小其实就意味着投入产出比越高，公司的盈利也就越发可观。

(3) 每 1 美元销售收入为公司带来的现金流入。这相当于公司的利润率，这个值越高，股东和管理层就越发开心，这就意味着公司效益好。

这三个关键要素，其实可以看成是公司增长的三个杠杆，它们大致决定了公司依靠内部融资实现增长的能力，体现了公司内部的运营情况。这三个杠杆，在北美一些企业中经常被用来核算公司销售成本等财务状况，非常具有参考价值。

如果经过核算，这三个关键要素情况并不好怎么办？调控增长杠杆的第一招是加快现金流动，这可以通过加快现金的回收和库存周转来达到。这些措施能够缩短现金被占用的时间，同时缩短经营性现金周期的天数。也许有人会撇撇嘴说："这些道理谁不知道？"但是，以往我们知道的只是定性的结果,而有关专家提出的这个框架却能够给我们定量的结果。

例如通过这样的计算,能够发现,稍微缩短库存周转时间(7.5%)和应收账款周转时间(5.7%),某公司就能够把年增长率提高1.5个百分点以上。这样直接昭示结果的计算方法,是第一个。

调控增长杠杆的第二招是削减成本,这可以通过降低进货价格和减少经营费用来达到。假设某公司成本过高,如果它在经过一定的计算控制在削减成本后,能够把净利润率提高1.5个百分点,那么它的内部融资增长率能够提高32%,这样的话,它的资金流就会从容得多。调控增长杠杆的第三招是提高价格。如果某公司把价格提高1.5%后市场需求还能维持原状,那么它能够达到的内部融资增长率与削减成本的效果相当,这对公司的持续发展有相当的好处,当然,并不是说三大杠杆都必须这样分开使用,也可以把这几个杠杆组合起来使用,如果你搞懂了这三个杠杆的定义和使用方法,那么遇到这些问题,便可迎刃而解。

对比这三个杠杆,你可以自查一下你正在使用的工具的优劣。毕竟公司的资金流对于企业发展来说是大事一桩。

## 算清公司成长账

企业的生产经营过程,同时也是费用发生、成本形成的过程。成本计算,就是对实际发生各种费用的信息进行处理。我们计算成本,总是计算某个具体对象的成本。而企业规模有大有小,经营性质和项目各不相同,因而如何组织成本的计算,如何确定成本计算对象,只能具体问题具体分析,依实际情况而定。如果你要求公司的高级管理人员将成本削减10%,恐怕再繁杂的头绪,他们都能够胸有成竹;而如果你要他们把增长率提高10%，他们往往不知所措。

这和公司管理层对于公司的理念相关，他们通常认为削减成本是他们能够办到的事，而推动增长则不是。

但是事实上，推动增长也应该是他们能办到的分内事。管理者也能够像削减成本一样得心应手的管理增长才对——因为他们恰当的利用了收入来源表。

在一般观念当中，许多管理者之所以对管理增长缺乏信心，是因为他们往往困于传统财务报表的狭隘视角。无法获得收入来源的正确诊断信息。例如，公司在编制损益表时，一般根据地域市场、业务单元或产品线来划分收入类别。就其本身而言，这种划分无可厚非，但公司管理层不仅必须知道哪些领域的销售情况振奋人心或令人失望，而且还必须了解其中的原因并且制定相应的对策。

这样的收入来源表格对于管理者来说，确实是缺乏战略依据的，那么有效地收入来源表格应当如何制作，包含哪几个独特因素呢？

有专门研究企业收入来源的专家特意作出示范，以公司的客户为中心，确定了增长的5个独特来源。其中的3个来源与公司的核心业务相关，它们分别是：对现有客户继续销售所获得的收入(老客户保留)、竞争中赢取的销售收入(市场份额夺取)和因为市场扩大而带来的销售收入(市场增长趋势)。这是其中三个关键性的因素，还有两个来源则与公司的核心业务无关，其中一个是相邻市场(指企业可以借用自己核心能力的市场)收入，另一个是与核心业务完全无关的全新业务的收入。这两个来源可以视为是能够突破新增长的经济来源，所以管理者可以根据这两项因素来对公司收入增长做出战略性的安排。

另外这个收入来源表，还有另外几个需要考虑的数据：

市场增长率指整个市场的需求额增长率。在计算该数据时，最好先预估每个细分市场的增长率，然后对整个市场中所有细分市场的增长率

## 第四章 提升管理效能，合理财务体系

进行加权平均。

客户流失率指转投竞争对手的客户的加权平均比率。典型情况就是有多少比例的客户取消与你的业务来往，转投其他供应商（切不可将市场负增长混淆，后者表示客户完全退出市场）。当客户同时与几家供应商有业务来往时，我们计算公司在客户钱包中所占份额的减少比例，然后对这些减少比例进行加权平均，所得的结果就表示客户流失率。如果公司对某个客户而言钱包份额增加，则表明该客户没有流失，而钱包份额增加的部分就计为市场份额增加。

这个表格的制定除了能够利用收入来源表诊断问题、发现机遇之外。如果公司计划实施收购，以分享某一细分市场快速增长的成果，打入某一邻近的市场，或者染指某一全新的业务领域，收入来源表同样有助于它评估收购对象的价值。例如，某机械公司打算并购一个研发企业，就可以通过这个表格来估算改研发企业的投入产出，通过一系列详细的估算之后，再进行并购方针。欧美很多大型企业在并购之前，都会进行这一步，确保投资能获得相应回报。

追溯损益表总收入变化的根源，就必须了解收入的各个来源，收入来源表能够揭示公司收入的来源，帮助管理层更有的放矢做决策，改善经营业绩。想要让总收入增加10%吗？那么这个表格是管理者必须要掌握的。

## 破解集团财务信息化难题

对于企业集团财务信息化问题，有关专家们有自己的独特理解。他们说，集团公司是在社会化大生产的基础上出现的一种新型企业组织形式。一般的，集团公司是指由一个或多个实力强大、具有投资中心功能

的大型企业为核心，以若干个在资产、资本、产品、技术等作为联结纽带，由一批具有共同利益，并在某种程度上受核心企业影响的多个企业联合组成的稳定的、多层次的、产权网络化的法人联合体。现代企业集团采用定制技术进行快捷生产经营，内部采用扁平化的组织结构和网络化的信息结构。

作为企业的核心模块之一，财务信息化的发展在企业信息化的过程中一直占据着重要的地位，建立信息化环境下的集团企业物流、资金流、信息流一体化的集团财务管理是提升企业核心竞争力的必然选择。但是在建立集团财务信息化当中有无数的难点，集团财务信息化的实施是一个复杂的过程，这是任何一个在发展中的集团企业所无法回避的，其特点和难点在企业管理金字塔的不同层面有不同的体现。例如以下几个层面：

1. 业务多元化对财务信息化的要求

一个大型的集团企业的业务范围较广，可能涉及不同的行业和领域，各业务板块的产业特点和管理模式存在很大差异，各子公司的编码格式、核算方式和报表格式都存在差异，集团财务管理信息化实施的基础就是要建立一个统一管理的体系平台，制定统一的标准、流程、制度，这样的制度毫无疑问能给公司的管理带来巨大的好处，但是也因此业务多元化对企业的财务信息化实施提出了更高的要求。

2. 管理层面

财务信息化在管理层面面临的问题主要来源于集团企业特有的、复杂的业务结构、战略发展定位和对市场变化的适应要求等方面。因为公司结构复杂多样，业务丰富，所以在管理层面上来说也就会更加有难度。

3. 市场环境对财务信息化的要求

随着市场环境的变化和企业管理水平的提高，需要不断对财务信息化模式进行优化和升级。为了迎合市场，财务信息化的模式也需要不断更新升级。

集团战略对财务信息化的要求：

财务信息化作为企业信息化的一部分，和集团整体的信息化是分不开的。在行业多元化、业务领域不断细分的发展背景下，需要有一个系统的、结构化的 IT 规划作为支撑，这个规划的成功性大大影响了财务信息化实现的可能。

(1) 操作层面

由于受到部门条块分割限制、专业性差异和业务能力局限等因素的影响，集团企业各职能部门、业务部门的操作人员对于信息化的理解和接受程度不同，不同管理水平的子公司，不同教育水平的员工，对于信息化的功能和标准的认识程度不同，这些因素都有可能导致财务信息化不能按照规划的设想顺利实施，所以企业在实施财务信息化之后，需要投入大量的精力做内部建设，例如需要通过大量的人员培训和系统优化工作，推进信息化的实施进程，落实信息系统的成果。

(2) 执行层面

因为企业流程复杂，所以执行起来也会特别有难度，而且财务信息化的实施伴随着管理流程、业务流程、制度体系的梳理和优化。有关咨询公司认为，集团企业是否能够通过信息化理顺管理体系和流程，提高管理效率，将财务信息、业务信息进行有效融合，决定了信息化实施的成败。所以财务信息化在执行层面的特点和难点主要体现在以下三个方面：

1. 数据信息化方面

数据信息化的内容中包括财务数据和业务数据，企业把原始的信息，即库存信息、销售信息、费用信息、采购信息都以一定的数据格式录入到计算机里，以数字的形式保存起来，建立一个完善的机构，满足随时查询的需要。这方面的难题实际上是因为集团企业数据量较大,种类繁多,所以在建立标准的数据汇总和录入方式,统一编码规则,统一财务数据和业务数据的核算基础和相关报表的格式,规范权限设置,提高数据传输的效率,确保数据的可比性、相关性和安全性等相关方面有相当的难度。一旦这个问题解决了,那么数据信息化就会给集团的财务状况带来一个极大的促进和压力的缓解。

2. 流程信息化方面

什么叫做流程信息化呢?流程信息化是将统一、规范的流程以软件程序的形式固定下来。通过格式化流程降低企业的经营管理风险,提高信息传递和管理决策效率,使得实际操作更加规范高效,减少人为控制。流程信息化的难点在于流程的优化,实施人员需要在集团企业复杂的管理和业务流程中筛选核心流程及其核心环节,找出流程的核心驱动能力,必要时可能还要面临组织机构的调整和职能的重新划分。

3. 决策信息化方面

在财务信息化当中,决策信息化方面的内容即通过对原始数据进行科学的加工处理,将企业的物流和资金流汇集成企业的信息流,运用经营分析手段,聚焦成管理层决策需要的信息。所以难度就在于,如何对原始数据用统一的标准进行加工。

实现财务信息化是当前市场上集团化企业管理的大势所趋,管理者们只要破解上面几个难题,那么财务信息化的甜头很快就会被尝到,这一点在欧美的大型集团中早已有了例证。

## 企业筹资的方式

随着我国金融市场的发展,企业的筹资有多种方式可以选择,在购

## 第四章 提升管理效能,合理财务体系

并中企业可以根据自身的实际情况选择合理的方式。

1. 借款

企业可以向银行、非金融机构借款以满足购并的需要。这一方式手续简便,企业可以在较短时间内取得所需的资金,保密性也很好。但企业需要负担固定利息,到期必须还本归息,如果企业不能合理安排还贷资金就会引起企业财务状况的恶化。

2. 发行债券

债券使公司筹集资本,按法定程序发行并承担在指定的时间内支付一定的利息和偿还本金义务的有价证券。这一方式与借款有很大的共同点,但债券融资的来源更广,筹集资金的余地更大。

3. 普通股融资

普通股是股份公司资本构成中最基本、最主要的股份。普通股不需要还本,股息也不需要向借款和债券一样需要定期定额支付,因此风险很低。但采取这一方式筹资会引起原有股东控制权的分散。

4. 优先股融资

优先股综合了债券和普通股的优点,既无到期还本的压力,也并不必担心股东控制权的分散。但这一种方式税后资金成本要高于负债的税后资本成本,且优先股股东虽然负担了相当比例的风险,却只能取得固定的报酬,所以发行效果上不如债券。

5. 可转换证券融资

可转换证券是指可以被持有人转换为普通股的债券或优先股。可转换债券由于具有转换成普通股的利益,因此其成本一般较低,且可转换债券到期转换成普通股后,企业就不必还本,而获得长期使用的资本。但这一方式可能会引起公司控制权的分散,且如到期后股市大涨而高于转换价格时会使公司蒙受财务损失。

6. 购股权证融资

购股权证是一种由公司发行的长期选择权，允许持有人按某一特定价格买入既定数量的股票，其一般随公司长期债券一起发行，以吸引投资者购买利率低于正常水平的长期债券，另外在金融紧缩期和公司处于信任危机边缘时，给予投资者的一种补偿，鼓励投资者购买本公司的债券，与可转换债券的区别是，可转换债券到期转换为普通股并不增加公司资本量，而认股权证被使用时，原有发行的公司债并未收回，因此可增加流入公司的资金。

## 资本运作的特征

资本运作和商品经营、资产经营在本质上存在着紧密的联系，但它们之间存在着区别，不能将资产经营、商品经营与资本经营相等同。资本经营具有如下三大特征：

1. 资本运作的流动性

资本是能够带来价值增值的价值，资本的闲置就是资本的损失，资本运作的生命在于运动，资本是有时间价值的，一定量的资本在不同时间具有不同的价值，今天的一定量资本，比未来的同量资本具有更高的价值。

2. 资本运作的增值性

实现资本增值，这是资本运作的本质要求，是资本的内在特征。资本的流动与重组的目的是为了实现资本增值的最大化。企业的资本运作，是资本参与企业再生产过程并不断变换其形式，参与产品价值形成运动，在这种运动中使劳动者的活劳动与生产资料物化劳动相结合，资本作为活劳动的吸收器，实现资本的增值。

### 3. 资本运作的不确定性

资本运作活动，风险的不确定性与利益并存。任何投资活动都是某种风险的资本投入，不存在无风险的投资和收益。这就要求经营者要力争在进行资本经营决策时，必须同时考虑资本的增值和存在的风险，应该从企业的长远发展着想，企业经营者要尽量分散资本的经营风险，把有风险的资本分散出去，同时吸收其他资本参股。

## 固定资产投资的分类

### 1. 根据投资在生产过程中的作用分类

根据投资在再生产过程中的作用可把固定资产投资分为新建企业投资、简单再生产投资和扩大再生产投资。

（1）新建企业投资是指为一个新企业建立生产、经营、生活条件所进行的投资。

（2）简单再生产投资是指为了更新生产经营中已经老化的物质资源和人力资源所进行的投资。

（3）扩大再生产投资是指为扩大企业现有的生产经营规模所进行的投资。

### 2. 按对企业前途的影响进行分类

按对企业前途的影响可把固定资产投资分成战术性投资和战略性投资两大类。

（1）战术性投资——是指不牵涉整个企业前途的投资。

（2）战略性投资——是指对企业全局有重大影响的投资。

### 3. 按投资项目之间的关系进行分类

按投资项目之间的相互关系，可把企业固定资产投资分成相关性投资和非相关性投资两大类。如果采纳或放弃某一项目并不显著地影响另一项目，则可以说这两个项目在经济上是不相关的。如果采纳或放弃某个投资项目，可以显著地影响另外一个投资项目，则可以说这两个项目在经济上是相关的。

4. 按增加利润的途径进行分类

从增加利润的途径来看，可把企业固定资产投资分成扩大收入投资与降低成本投资两类。

（1）扩大收入投资是指通过扩大企业生产经营规模，以便增加利润的投资。

（2）降低成本投资则是指通过降低营业支出，以便增加利润的投资。

5. 按决策的分析思路来分类

从决策的角度来看，可以把固定资产投资划分为采纳与否投资和互斥选择投资。

（1）采纳与否投资决策是指决定是否投资于某一项目的决策。

（2）在两个或两个以上的项目中，只能选择其中之一的决策，叫互斥选择投资决策。

## 固定资产投资的特点

1. 固定资产的回收时间较长

固定资产投资决策一经做出，便会在较长时间内影响企业，一般的固定资产投资都需要几年甚至十几年才能收回。

2. 固定资产投资的变现能力较差

固定资产投资的实物形态主要是厂房和机器设备等固定资产，这些资产不易改变用途，出售困难，变现能力较差。

### 第四章 提升管理效能，合理财务体系

**3. 固定资产投资的资金占用数量相对稳定**

固定资产投资一经完成，在资金占用数量上便保持相对稳定，而不像流动资产投资那样经常变动。

**4. 固定资产投资的实物形态与价值形态可以分离**

固定资产投资完成，投入使用以后，随着固定资产的磨损，固定资产价值便有一部分脱离其实物形态，转化为货币准备金，而其余部分仍存在于实物形态中。在使用年限内，保留在固定资产实物形态上的价值逐年减少，而脱离实物形态转化为货币准备金的价值却逐年增加。直到固定资产报废，其价值才得到全部补偿，实物也得到更新。

**5. 固定资产投资的次数相对较少**

与流动资产相比，固定资产投资一般较少发生，特别是大规模的固定资产投资，一般要几年甚至十几年才发生一次。

## 固定资产投资管理的程序

固定资产投资的特点决定了固定资产投资具有相当大的风险，一旦决策失误，就会严重影响企业的财务状况和现金流量，甚至会使企业走向破产。因此，固定资产投资不能在缺乏调查研究的情况下轻率拍板，而必须按特定的程序，运用科学的方法进行可行性分析，以保证决策的正确有效。固定资产投资决策的程序一般包括如下几个步骤。

1. 投资项目的提出

企业的各级领导者都可提出新的投资项目。

2. 投资项目的评价

投资项目的评价主要涉及如下几项工作：一是把提出的投资项目进行分类，为分析评价做好准备；二是计算有关项目的预计收入和成本，

预测投资项目的现金流量；三是运用各种投资评价指标，把各项投资按可行性的顺序进行排队；四是写出评价报告，请上级批准。

3. 投资项目的决策

投资项目评价后，企业领导者要作最后决策。最后决策一般可分成以下三种：接受这个项目，可以进行投资；拒绝这个项目，不能进行投资；发还给项目的提出部门，重新调查后，再做处理。

4. 投资项目的执行

决定对某项目进行投资后，要积极筹措资金，实施投资。在投资项目的执行过程中，要对工程进度、工程质量、施工成本进行控制，以便使投资按预算规定保质如期完成。

5. 投资项目的再评价

在投资项目的执行过程中，应注意原来作出的决策是否合理、正确。

## 固定资产投资的现金流量

1. 现金流量的构成

长期投资决策中所说的现金流量是指与长期投资决策有关的现金流入和流出的数量。它是评价投资方案是否可行时必须事先计算的一个基础性指标。

（1）初始现金流量

初始现金流量是指开始投资时发生的现金流量，一般包括如下的几个部分：

①固定资产上的投资。包括固定资产的购入或建造成本、运输成本和安装成本等。

②流动资产上的投资。包括对材料、在产品、产成品和现金等流动

资产的投资。

③其他投资费用。指与长期投资有关的职工培训费、谈判费、注册费用等。

④原有固定资产的变价收入。这主要是指固定资产更新时原有固定资产的变卖所得的现金收入。

（2）营业现金流量

营业现金流量是指投资项目投入使用后，在其寿命周期内由于生产经营所带来的现金流入和流出的数量。这种现金流量一般按年度进行计算。这里现金流入一般是指营业现金收入，现金流出是指营业现金支出和交纳的税金。如果一个投资项目的每年销售收入等于营业现金收入，付现成本(指不包括折旧的成本)等于营业现金支出，那么，年营业现金净流量可用下列公式计算：

每年净现金流量(NCF) ＝每年营业收入－付现成本－所得税

或 每年净现金流量(NCF) ＝净利＋折旧

（3）终结现金流量

终结现金流量是指投资项目完结时所发生的现金流量，主要包括：

①固定资产的残值收入或变价收入；

②原来垫支在各种流动资产上的资金的收回；

③停止使用的土地的变价收入等。

2. 现金流量的计算

为了正确地评价投资项目的优劣，必须正确地计算现金流量。

在现金流量的计算中，为了简化计算，一般都假定各年投资在年初一次进行，各年营业现金流量看作是各年年末一次发生，把终结现金流量看作是最后一年末发生。

计算现金流量的基本原则：只有增加现金流量才是与项目相关的现金流量。

具体需要注意的问题：

（1）区分相关成本和非相关成本

相关成本是指与特定决策有关的、在分析评价时必须加以考虑的成本。例如，差额成本、未来成本、重置成本、机会成本等属于相关成本。

（2）不要忽视机会成本

在投资方案的选择中，如果选择了一个投资方案，则必须放弃投资于其他途径的机会。其他投资机会可能取得的收益是实行本方案的一种代价，被称为这项投资方案的机会成本。

机会成本不是我们通常意义上的"成本"，它不是一种支出或费用，而是失去的收益。机会成本总是针对具体方案的，离开被放弃的方案就无从计量确定。

（3）要考虑投资方案对公司其他部门的影响

（4）对净营运资金的影响

所谓净营运资金的需要，指增加的流动资产与增加的流动负债之间的差额。

## 投资决策中使用现金流量的原因

投资决策之所以要以按收付实现制计算的现金流量作为评价项目经济效益的基础，主要有以下两方面原因：

1. 采用现金流量有利于科学地考虑时间价值因素。

科学的投资决策必须认真考虑资金的时间价值，这就要求在决策时一定要弄清每笔预期收入款项和支出款项的具体时间。而利润的计算，并不考虑资金收付的时间，它是以权责发生制为基础的。要在投资决策中考虑时间价值的因素，就不能利用利润来衡量项目的优劣，而必须采用现金流量。

2.采用现金流量才能使投资决策更符合客观实际情况。

在长期投资决策中,应用现金流量能科学、客观地评价投资方案的优劣,而利润则明显地存在不科学、不客观的成分。这是因为:净利润的计算比现金流量的计算有更大的主观随意性;利润反映的是某一会计期间"应计"的现金流量,而不是实际的现金流量。

## 投资决策评价指标

投资决策评价指标,是指用于衡量和比较投资项目可行性,以便据以进行方案决策的定量化标准与尺度。

1.投资决策评价指标的构成

从财务评价的角度,投资决策评价指标主要包括静态投资回收期、投资收益率、净现值、净现值率、获利指数、内部收益率。

(1)静态投资回收期

静态投资回收期(简称回收期),是指以投资项目经营净现金流量抵偿原始投资所需要的全部时间。它有"包括建设期的投资回收期"和"不包括建设期的投资回收期"两种形式。

(2)投资收益率

投资收益率又称投资利润率是指投资收益(税后)占投资成本的比率。

(3)净现值

净现值,是一项投资所产生的未来现金流的折现值与项目投资成本之间的差值。净现值法是评价投资方案的一种方法,该方法利用净现金效益量的总现值与净现金投资量算出净现值,然后根据净现值的大小来评价投资方案。净现值为正值,投资方案是可以接受的;净现值是负值,投资方案就是不可接受的。净现值越大,投资方案越好。净现值法是一种比较科学也比较简便的投资方案评价方法。

(4)净现值率

净现值率(NPVR)又称净现值比、净现值指数,它是净现值与投资现值之比,表示单位投资所得的净现值。净现值率小,单位投资的收益就低,净现值率大,单位投资的收益就高。

(5)获利指数

是指投资方案未来现金净流量现值与原始投资额现值的比值。现值指数法就是使用现值指数作为评价方案优劣的一种方法。现值指数大于1,方案可行,且现值指数越大方案越优。

(6)内部收益率

内部收益率法是用内部收益率来评价项目投资财务效益的方法。所谓内部收益率,就是资金流入现值总额与资金流出现值总额相等、净现值等于零时的折现率。如果不使用电子计算机,内部收益率要用若干个折现率进行试算,直至找到净现值等于零或接近于零的那个折现率。

2. 投资决策评价指标的分类

(1)按照是否考虑资金时间价值分类,可分为静态评价指标和动态评价指标。

(2)按指标性质不同,可分为在一定范围内越大越好的正指标和越小越好的反指标两大类。只有静态投资回收期属于反指标。

(3)按指标在决策中的重要性分类,可分为主要指标、次要指标和辅助指标。

# 第五章 科学人事管理，提升人才素质

我们知道，21世纪是全球化时代、知识经济时代，"21世纪最贵的是人才"，人在价值创造中的地位和作用越来越重要，企业的生存和发展越来越依赖于人的因素，越来越多的企业通过"人"来获得竞争优势，人力资源管理渐成一门科学。

## 学习人事管理的意义

第一,只有学习人事管理理论,掌握人事管理规律,才能正确发挥组织人事部门的职能作用。在建设有中国特色的社会主义现代化进程中,新形势对人事部门的自身建设提出了新的要求,无论在人事管理的目标,还是在与之相配套的人事工作制度和法规等方面仍存在许多等待解决的新课题。虽然过去一些行之有效的人事管理制度和方法在新的情况下,有的仍然在发生作用,但许多已经与社会发展不适应了。如建立和完善人民群众监督的问题,问责制的问题,等等。如果不加强对新问题的研究,不进行改革,就会停滞不前,更严重的是阻碍社会主义市场经济和民主政治的建设和发展。为了搞好人事管理工作,正确发挥其职能作用,只有认真学习和研究人事管理的理论和知识,掌握这门学科的基本规律及其方针、政策、任务和业务技能,在理论和实践的结合上,自觉地掌握和运用其规律性,才能使人事管理工作具有科学性、思想性和在实践中具有针对性、可操作性,形成一个管理科学化的系统工程,更好地为社会主义现代化建设提供有力的组织和人才资源保证。

第二,只有不断完善人事管理,才能适应经济社会发展的新要求。过去我国人事管理与经济发展有相适应的一面,有成功的经验,这是必须充分肯定和继承的。但是,也要看到还存在不相适应的一面。其不相适应一面的弊端在经济体制改革的过程中已充分的显露,已严重地束缚了人才的成长和合理的使用,束缚了集体和个人的积极性、主动性和创

## 第五章 科学人事管理，提升人才素质

造性，导致一些人才决策失误，造成不应有的损失。实践证明，在现代化建设过程中人事管理是否符合我国经济政治文化和社会的协调发展规律，对现代化事业的发展有着直接的影响。现在全国人民正以邓小平理论和"三个代表"重要思想为指导，全面贯彻落实科学发展观，积极探索中国特色社会主义道路，着力转变不适应不符合科学发展观的思想观念，着力解决影响和制约科学发展的突出问题，把推动社会发展的积极性引导到科学发展上来，把科学发展观贯彻落实到经济社会发展各个方面。这一重大变化，必然要求上层建筑的人事管理体制进行相应的改革。要适应这种需要，人事管理工作必须坚定科学发展观，把发展作为第一要义，把以人为本作为核心，以全面协调可持续发展为基本要求，以统筹兼顾为根本方法，充分发挥好人事管理的组织保证作用。因此，要解放思想，更新观念，按经济社会发展的新要求，创新人事管理的理念，创新人事管理的方法，完善人事管理的制度。只有这样，才能使人事管理制度真正为经济社会的科学发展服务，为用人单位服务，为人才培养和成长服务，为全面建设小康社会、构建和谐社会提供组织和人才的保证。

第三，只有大力普及人事管理知识，造就一支宏大的管理队伍，才能适应全面建设小康社会、构建和谐社会的新要求。当今世界正处在大发展大变革大调整时期。我国经济建设、政治建设、文化建设、社会建设以及生态文明建设全面推进，工业化、信息化、城镇化、市场化、国际化深入发展。机遇前所未有，挑战也前所未有，机遇大于挑战。现在国家与国家、地区与地区、城市与城市、企业与企业的竞争，归根到底是人才的竞争。人事管理工作先进与否，决定竞争的胜负，谁善于管理人才，谁就有竞争力。目前制约我国经济社会进一步实现战略性大发展的一个极其重要的因素是，人才管理还不能适应这种大发展的新要求。为此，党的十七大报告提出，"统筹抓好以高层次人才和高技能人才为重点的各类人才队伍建设。创新人才工作体制机制，激发各类人才创造

活力和创业热情，开创人才辈出、人尽其才新局面"的战略思想。要培养和选拔一大批新世纪的社会主义现代化建设人才，必然对人事管理部门提出更高的要求。要完成这样的战略任务，必须大力普及人事管理的知识，培养大批这方面的专门人才，并通过他们认真研究我国的实际情况和要求，吸收和借鉴当今世界各国包括发达国家一切反映工业化、信息化、城镇化、市场化、国际化等规律的人事管理方法，只有建立和完善充满生机和活力的中国特色社会主义人事管理体系，才能在经济和信息全球化的竞争中处于不败之地。

## 人事管理的研究方法

人事管理所具有的特点，决定了学习和研究这门学科必须遵循以下方法：

1. 系统研究的方法。

所谓系统方法，就是把对象放在系统中加以考察的一种方法。用系统的方法来研究人事管理，就是把复杂的人与事的关系作为一个整体来研究。既要研究人事管理系统内部各种要素之间的关系，又要研究人事管理系统与外部系统的关系，综合地、精确地考察对象，以掌握人事管理的客观规律。由于人事管理是一个复杂的系统工程，内容丰富，就必然要求我们掌握系统研究的方法，运用多学科的知识进行研究并指导工作。尤其是我们面临着培养和选拔一大批新世纪需要的具有掌握国内国外两个大局，有能力的人才队伍的战略任务，没有系统思想的指导是不可能实现的。

2. 调查和实验的方法。

调查是对有关事实材料，进行搜集、记载、整理和客观分析的一种研究方法。调查研究方法包括两个方面：一是对历史发展的情况作调查，主要是通过查找、阅读国内外各种有关论著、报刊及档案材料，从多方面多角度搜集和掌握人事管理的有关历史资料，实事求是的鉴别真伪，从横向和纵向的关系上深入研究，从历史文字记载的事实中总结经验，找出其历史发展的规律；二是对现实情况作调查，就是深入到人事管理工作的现实中去，了解和掌握改革的现状，发展的进程，成功的经验，存在的问题，产生问题的原因，从而探索人事管理的规律。进行调查研究，首先要明确目的，其次要确定范围，制定程序，再次要进行理论分析和理论总结，最后明确今后的工作方向和掌握工作的难点和突破口。

实验的方法就是在一定理论或科学构想的指导下，选择一个或数个点，设计相对的受控形式，进行科学实验。在实验的过程中，为了达到设计的目的，要对管理过程中的各种因素进行人工控制，事先提出一定的条件和实验方案设计，以便检验这一理论和构想的实际效果，从中总结出某些带规律性的经验。

3. 比较的方法。

比较法就是对国外先进的人事管理和我国人事管理的工作进行单项或综合的分析比较，从中找出现代化的人事管理工作的共同规律和方法。人事管理作为一门学问，作为一种社会意识，既有社会属性，又有自然属性。正如邓小平所说："社会主义要赢得与资本主义相比较的优势，就必须大胆吸收和借鉴人类社会创造的一切文明成果，吸收和借鉴当今世界各国包括资本主义发达国家的一切反映现代社会化生产规律的先进经营方式和管理方法。"我们应取他人之长，补己之短。比较法就是通过比较，研究国外先进的人事管理思想、制度、方法产生的历史过程，探索各国人事管理的共同性和特点，分析各种人事管理的优点和缺点，为建立有中国特色的人事管理体系提供借鉴和参考。

4. 定量和定性分析法。

定量和定性分析法就是在分析事物的时候，既要进行定量分析，也要进行定性分析，从中找出规律性的方法。任何事物都有一定的量和一定的质，一定的量会转化为一定的质，一定的质会转化为一定的量。定量定性分析法，就是运用数学统计的方法，在调查研究的基础上，把调查所得的材料进行概率统计，从中得出有关的结论。把定量定性分析法运用于人事管理的研究，是以现代的信息论、系统论和控制论的方法来指导研究工作，把现代科技的新成果电子计算机作为研究和管理的工具和基础，对人事管理工作中量的变化和质的变化进行分析和精确的统计，从而掌握其变化发展的规律，为制定人事管理的目标、规划和方法提供科学的依据。

由于人事管理工作具有复杂性、动态性，在进行人事管理研究时，不应只采用某一种方法，而应几种方法交叉使用，只有这样，才能做到取长补短，互为补充，使中国特色社会主义的人事管理体系、制度和方法建立在科学性和客观性的基础上。

## 加强人事管理机构建设

加强人事管理部门的自身建设，是搞好人事管理工作的基本前提和重要保证。在人事管理部门自身建设中，机构设置是否合理，职能作用发挥如何，队伍素质的高低状况等，都直接关系着人事管理工作的效能和党的基本路线和方针政策的贯彻。因此，加强人事管理部门自身建设，是人事工作的一个重要环节。

人事管理机构是政府机关和企事业单位综合管理人事工作的职能部门，是党的干部工作的执行机构和参谋机构，是政府机关联系广大干部的桥梁和纽带。大力加强人事管理机构的建设，对于及时发现、科学培养和合理使用人才，从组织上保证党的新的历史任务的实现，具有十分重要的意义。

一、推进人事管理机构的改革

人事管理机构，是按照党的干部路线，依据人事管理职能所形成的管理系统。在民主革命时期，我国的人事管理机构，除军队系统自身设置专门机构管理本系统干部外，其余全部由各级党委组织部进行统一管理。在革命根据地，只有陕甘宁边区的民政部门曾设立过人事机构，协助党委组织部管理干部。

新中国成立以来，我国的人事管理机构经历了一个从不完善到比较完善的过程。从1953年起，对干部管理实行在中央及各级党委统一领导下，各级政府分级负责管理的组织制度，随之干部管理机构也作了相应变动。中央及各级党委组织部负责管理党群系统及政府机关和企业事业单位中担任主要领导职务的干部。各级人民政府设立人事机构，帮助党委组织部综合管理政府机关及事业单位中的干部工作。此后，干部管理机构的设置，在党和军队系统以及企业事业单位中基本上没有什么变化，但政府人事机构则变动较大。1954年撤销政府人事部，改为国务院人事局，1959年又改为内务部政府机关人事局。1966年至1976年的"文化大革命"中，全国各级人事部门被撤销，有关方面的工作移交中央及各级党委组织部办理。"文化大革命"后，中央决定恢复国家人事部门，成立民政部政府机关人事局，1979年改为国家人事局。1982年机构改革中，中央决定将国家劳动总局、国家编委、国务院科技干部局、国家人事局四个部门合并，成立劳动人事部。部分省、直辖市、自治区也将劳动人事等部门合并成立了劳动人事厅(局)。1988年根据七届全国人大一次会议批准，撤销劳动人事部，组建人事部。新组建的人事部，是综合管理国家人事和机构编制的职能部门。2008年，为了实现党的十七大提出的将我

**不懂管理就做不好老板**

国从人力资源大国变成人力资源强国的目标，全国人大会议通过了把国家人事部同劳动和社会保障部合并为人力资源和社会保障部。

经过不断改革，我国的人事管理机构逐步得到健全，作用进一步发挥，从中央到地方、基层，基本形成了一个系统的网络。但是，经济体制和政治体制改革的不断深化，特别是社会主义市场经济体制的逐步建立，必然会涉及人事机构和职能的变动。为此，必须不断推进我国人事管理机构的改革，以适应我国经济建设和改革开放的需要。

我国人事机构的设置及改革，主要应遵循如下原则：

第一，依法设置的原则。人事机构是国家行政组织的一个重要组成部分，它的设立是有法律依据的。因此，在法律范围内设置的机构一经审批，就应当有相对稳定性，不得随意增设、合并或撤销。

第二，精干高效的原则。人事管理机构的改革必须贯彻精干高效的原则，必要的部门不能缺，重复的部门不能有。机构的数量和规模必须精干，不能重叠或因人设岗。精干并非越少越好，而是讲求高效，实现人事管理的科学化。

第三，发展需要的原则。人事机构应根据社会主义现代化建设的需要，适应改革开放的新形势，不断改革调整自身的组织结构，更好的为党的中心工作服务。按照发展需要的原则，坚持一切从实际出发，判定设置人事机构的可行性，不搞一刀切，不为一时一事的需要而增设机构，防止其盲目性。

第四，有机整体的原则。人事机构改革要考虑其工作程序的系统性，用系统论原则进行指导，使各个环节、各项制度、各种措施形成一个有机的整体。它包括对干部的录用、考核、任免、调配、培训、奖惩、工资福利、退（离）休等，构成一个干部的"进"、"管"、"出"全过程的职能管理。

二、完善人事管理部门的管理制度

人事管理部门的管理制度是人事管理部门内部结构功能的定位和用人治事的规范。即在用人治事过程中，为正确处理有关人与人、人与事之间关系所制定的基本行为规范和工作准则。制度建设能使人事工作的各个环节有章可循，有法可依，克服人事工作中的不正之风，纠正工作中的主观随意性，实现人事工作正规化、民主化和科学化。新中国成立以来，我们在人事管理制度方面制定了很多规定和条例。但制度建设也要随着社会的发展而不断完善。为了适应新时期经济建设这个中心任务的需要，在人事制度上必须不断地从以下几个方面做出努力：

第一，完善人事干部选拔制度。人事干部选拔制度是否科学，能否体现公开原则、竞争原则，将直接关系到优秀人才能否脱颖而出。过去在这方面主要存在着"人选型"、"内定型"、"经验型"等工作方式。这些传统的选拔方式，容易造成随意性、偶然性，靠领导者的主观意志作用于选拔干部工作。在改革实践中，必须按照实际的原则，逐步建立考试与考核相结合的制度，把真正的优秀人才选拔出来。

第二，完善干部任用制度。传统的干部任用制度是以委任制为主，这种方式人为色彩比较浓。改革后，除委任制外，相继采用了选任制、考任制、聘任制等。这些制度有不同的特点和利弊，委任制有利于形成高效率的执行系统，但容易为领导者主观意志所左右。选任制具有较强的民主性，但在某种情况下会产生人际关系的选择而不是能力的选择。考任制的优点是有利于形成公平合理的竞争环境，缺点是人的某些素质难以通过考试衡量，手续复杂。聘任制的优点是可以充分根据选拔者意愿选择对方，任用干部也便捷简单，但短处是对受选拔者的制约不够。以上各种任用干部的制度各有优点和不足，实践中可以根据实际择优选用，并逐步完善。

第三，完善人事干部考核奖惩制度。过去的干部考核奖惩制度起到一定的积极作用，但主要是缺乏把政治和业务考核统一起来，把考核和奖惩统一起来。完善考核制度，就把干部考核中的定量和定性结合起来，考核与量才使用、按劳取酬结合起来，并确立明确的考核标准体系。完善奖惩制度，就要强调以事实为依据，以规定为准绳，把奖和惩结合起来，把精神奖励和物质奖励结合起来，真正起到表扬先进、鞭策后进、提高工作效率的作用。

第四，完善领导干部回避制度。从一定意义上讲，回避制度也是一种监督。改革开放以来，在干部工作的某些方面已有回避的规定，但实行起来还不够严格，今后应该根据《公务员法》的规定，人事管理部门的领导干部在职务、公务、地域、亲缘关系等方面实行回避并逐步完善。

第五，完善人事干部监督制度。要对人事干部实行严格的监督，充分发挥党内监督、群众监督、民主党派和无党派人士的监督、舆论监督、法律监督和监察机关监督的作用，以制止人事管理工作中的违法违纪现象。

三、充分履行人事管理部门的职能

人事工作的开展，必须借助于它的管理机构。这就要求人事管理机构设置要合理、科学，符合人事管理工作发展的需要，同时管理机构的职能要全面充分、有效地发挥出来。

我国各级人民政府都设立了专门的人事管理机构，并依照人事管理职能范围，在机构内部设立了若干工作部门。国家人事机构是人事部，统管全国人事工作。省、自治区、直辖市设人事局或人事厅，是各省、自治区、直辖市统一管理人事工作的综合部门。市、县人事局是人民政府主管人事工作的职能机构，地区或自治州、盟的人事局是省、自治区人民政府的派出机构。乡、镇人民政府不设人事机构，只指定专人分管人事工作。各级国家机关和企、事业单位人事（劳动）部门的内部机构设置，一般根据单位行政级别和业务范围分别设人事（劳动）厅（局）、处、

## 第五章 科学人事管理，提升人才素质

科、股。

国家和地方各级人事管理部门的工作范围虽有所不同，但其基本职能是一致的，主要有：①干部录用。这是人事管理的重要关口，也是扩大人才来源，壮大干部队伍，实现干部新老交替的重要环节。②干部考核。按照干部条件，对干部德、能、勤、绩、廉的历史和现实情况，作出公平正确的评价，为干部选拔、使用、奖惩等提供依据。③干部任免。这一工作涉及面宽、政策性强，关系到对干部的合理使用和领导班子的正确配置。④干部调配。指国家干部的调整和配备，还包括转任、调动和岗位转换等；人事部门通过一定的行政手续，改变其干部的隶属关系和工作关系，重新确定岗位，以更好地发挥每个人的才干和专长，适应改革开放和现代化建设的需要。⑤干部培训。指对干部的培养训练。组织人事部门根据工作需要和干部的实际情况，有计划、有步骤地对在职干部进行政治业务等方面的培训，全面提高干部队伍的整体素质。⑥干部奖惩。根据干部的实际表现，按照奖惩条例，进行奖励和惩戒，鼓励先进，鞭策后进，以增强干部的工作责任心和荣誉感，防止和纠正失职行为，提高工作效率。⑦干部的工资福利和退(离)休。工资是实现干部按劳分配的一种形式。福利体现了党和国家对干部的关心和照顾。干部的退(离)休有利于实现干部的新老交替。⑧专业技术干部管理。这是干部管理工作的重要组成部分。组织人事部门根据这类干部的特点，作好专业技术干部队伍建设规划，特别是师资队伍建设规划，负责配备、培养、考核和专业技术职务评审工作。⑨军转干部安置和高、中等院校毕业生的调配、派遣。这是补充壮大干部队伍的一条重要途径。做好这方面的工作，对于稳定社会也起着极为重要的作用。⑩干部的统计和档案管理。干部统计是定期对各类干部构成情况进行汇总，以便更全面、及时、准确地掌握干部的质量。干部档案是历史地了解干部,正确使用干部的重要依据。

除此之外，人事部门还要办理人事工作方面的人民群众来信来访工

作、机构和编制工作、人才智力开发工作。配合其他部门作好干部审查工作和对下级人事部门的业务指导工作等。

## 国有企业人事管理的转变

一、人力资源管理概述

(一) 人力资源管理的定义、特征和任务

人力资源管理的思想和理论是从西方传入我国的,传入后迅速地得到认同和升温,国有企业以及民营企业都纷纷将传统的人事管理向人力资源管理转变。

人力资源管理是指运用现代化的科学方法,对特定社会组织所拥有的能推动其持续发展、达成组织目标的成员进行的一系列的管理活动,它是指通过对人和事的管理,处理人与人之间的关系,人和事的配合,以充分发挥人的潜能,并对人的各种活动予以计划、组织、指挥和控制,以实现组织的目标。

根据定义,可以从两个方面来理解人力资源管理:

一是对量的管理。对人力资源进行量的管理,就是根据人力和物力及其变化,对人力进行恰当的培训、组织和协调,使二者经常保持最佳比例和有机结合,使人和物都充分发挥出最佳效应。

二是对质的管理。主要是指采用现代化的科学方法,对人的思想、心理和行为进行有效的管理(包括对个体和群体的思想、心理和行为的协调、控制和管理),充分发挥人的主观能动性,以达到组织目标。

人力资源管理是企业管理的基本职能,在企业管理中有其自身的独特性。主要表现在:管理内容上以人为中心;管理形式为动态管理,强调整体开发;管理方式采取人性化管理;管理策略上注重人力资源整体开发、预测与规划；管理体制上采用主动开发方式；管理层次处于决策层，直接参与企业的计划与决策。

人力资源管理的任务主要指吸引、激励、保留、开发人才为企业所用。具体来说就是把组织所需的人力资源吸引到企业组织中来，将他们保留在企业组织之内，调动他们的工作积极性，并开发他们的潜能，从而获得人力资源的高效率利用。

(二) 人力资源管理与传统人事管理的区别

相对于传统人事管理理论，人力资源管理具有如下几个特征：资源的战略性、管理的连贯性、系统的集成性。资源的战略性，是指秉承战略人力资源新理念的企业坚信拥有战略性人力资源是企业获得竞争优势的源泉。而战略性人力资源则是指在企业的人力资源系统中具有某些特殊技能或掌握公司重要商业秘密，处于企业经营管理系统的重要或关键岗位上的那些人力资源，相对于一般性人力资源而言，这些被称为战略性的人力资源，具有某种程度的专用性和不可替代性。管理的连续性，是指人力资源管理的政策要保持相对的稳定性，管理制度和程序实现规范化，为员工提供福利具有持续性，不能变动过于频密。系统的集成性，是指人力资源管理具体部门和管理人员以及管理方式达到最佳配置、科学安排。

第一，人力资源管理以"人"为核心，视人为"资本"，管理出发点是"着眼于人"。传统人事管理以"事"为中心，将人视为一种成本，把人当作一种"工具"，管理的出发点是"权力中心"。

第二，人力资源部作为企业的核心部门，属于企业经营的战略决策部门之一，其主要职责在于制订人力资源规划、开发政策，侧重于人的潜能开发和培训。传统的劳动人事部属于企业的行政部门，主要的工作是负责员工的考勤、档案及合同管理等事务性工作。

第三，人力资源管理以企业战略的高度主动分析和诊断人力资源现状，为决策者准确、及时地提供各种有价值的人力资源相关信息，支持并参与企业战略目标的实施。传统人事管理"头痛医头、脚痛医脚"，难以根据实际情况对企业发展拟定战略性决策计划。

那么，传统人事管理怎样向人力资源管理转变呢？从传统人事管理向现代人力资源管理转变，是一个循序渐进的过程，需要达到以下三点基本要求：

第一，要有适应企业发展的人才规划。关键是人才需求要与企业发展相一致，如果一个企业尚没有明确的市场竞争战略和发展战略，就不能确定人才的需求。企业要的是人才适度规模战略，而不是人才数量规划战略。

第二，要使企业发展与员工成长相匹配。员工的发展和成长就是企业成功的基础。一要重视员工生涯的设计指导。只讲"服从、服从、再服从"的企业是没有希望的企业。二要实施目标导向性的绩效评估。职工与企业相融合的方法是把企业的目标分解、考核到员工，引导他们为实现企业的目标服务。三要推行激励导向性的薪资策略，绩效评价要公正合理，成为工资、奖金、股权分配的依据并形成制度。

第三，要有发挥人才作用的良好环境。企业要执行有策略导向性的人力资源规划，包括选才、用才、留才和激励机制；符合市场经济的规则，包括作业层、管理层和决策层等各类人才不同的能力测评考核、绩效评估；差距较明显的薪资机制以及在此基础上的升迁(公开竞争)、调整(岗位轮换)、淘汰(尾数淘汰制)制度。

传统人事管理向人力资源管理转变的前提是思想意识的转变，传统人事管理向人力资源管理的转变不是把劳动人事部的牌子换成人力资源部那么简单，人力资源管理需要全员参与，只有让所有员工意识到人事变革的重要性才能发挥人力资源管理的重要作用，尤其是人力资源管理应该得到决策层和经营者的支持，不涉及利益和权力调整的人力资源方案是没有价值的人力资源方案,然而涉及利益和权力调整的工作,如果不能得到公司决策层和经营者的支持,那就是人力资源管理者在自讨没趣。

二、加强企业人力资源管理的重要性

人力资源管理是企业发展的动力源泉,是企业可持续发展的根本保障。人力资源管理涉及管理学、法学、经济学、心理学、社会学等多个学科,是一个复杂的管理工作。

人力资源管理重要性的突显是市场竞争加剧的结果。随着社会主义市场经济的快速发展,人力资源管理在企业管理中的作用也变得日益重要。一个企业能否健康发展,在很大程度上取决于员工素质的高低,取决于人力资源管理在企业管理中的受重视程度。

第一,加强人力资源管理是时代对企业管理人员的要求。人力资源管理将人作为一种重要资源加以开发、利用和管理,重点是开发人的潜能、激发人的活力,使员工能积极主动创造性地开展工作。对于企业管理人员来说,要求管理人员在工作中充分发挥承上启下、上通下达的纽带作用,帮助企业处理和协调各种关系:一要合理的处理好人与事的关系,确保人事匹配;二是恰当的解决员工之间的关系,使其和睦相处;三是充分调动员工的积极性、创造性,使员工为企业努力工作;四是对员工进行充分的培训,以提高员工的综合素质,保证企业的最好效益。

第二,人力资源管理能够提高员工的工作绩效。根据企业目标和员工个人状况,企业运用人力资源管理创造理想的组织气氛,为员工做好职业生涯设计,通过不断培训,进行横向纵向岗位或职位调整,量才使用,人尽其才,发挥个人特长,体现个人价值,促使员工将企业的成功当成自己的义务,鼓励其创造性,营造和谐向上的工作氛围,培养员工积极向上的作风,转变员工的思想,改进员工队伍的素质,使员工变被动为主动,自觉维护并完善企业的产品和服务,从而提高员工个人和企业整体的业绩。在具体运作中实行员工岗位轮换制，通过轮换发现员工最适应的工作种类，确保企业组织结构和工作分工的合理性及灵活性，从而提高员工的工作绩效，全面提高企业工作效率。

第三，加强人力资源管理是现代企业发展的需要。人是企业生存和发展的最根本要素。这是因为企业管理目标是由企业管理者制定、实施和控制的，但在工作过程中，管理者是通过员工的努力来实现工作目标的，这就要求员工必须具备良好的能力素质，掌握市场运作规律，圆满贯彻管理者意图。只有恰当的选用员工，才能圆满地实现企业预定的目标。人力资源管理能够创造灵活的组织体系，为员工充分发挥潜力提供必要的支持，让员工各尽其能，共同为企业服务，从而确保企业反应的灵敏性和强有力的适应性，协助企业实现竞争环境下的具体目标。

第四，人力资源管理是国有企业核心竞争力的重要因素。人是企业拥有的重要资源，也是企业的核心竞争力所在。美国管理学教授劳伦斯·S·克雷曼曾经说过："人是一切企业竞争、发展的控制因素。"随着企业对人力资源的利用和开发，企业的决策越来越多地受到人力资源管理的约束。目前人力资源管理逐渐被纳入到企业发展战略规划中，成为企业谋求发展壮大的核心因素，也是企业在市场竞争中立于不败的至关重要的因素。

三、国有企业人力资源管理的现状

对于国有企业来说，人力资源可以说还是一个新兴的名词，人力资源部的成立也是最近几年的事情，甚至有部分国企仍然挂着人事部的牌子。有些公司即使成立了人力资源部，所承担的主要工作还是传统人事部门的工作，仅限于员工的招聘与辞退、薪酬与福利、奖惩与升迁、档案管理等方面，这就使得人力资源部难以发挥应有的作用。虽然最近几年"以人为本"、"高度重视人力资本"已经成为一些国有企业的口号，但实际上在老总的日程表上,在公司的各项工作安排上，市场、销售、研发、

## 第五章 科学人事管理，提升人才素质

生产等方面的工作总是排在最重要的位置，而人力资源管理则显得没那么重要。市场占有率、销售额、利润、新产品的研发和生产对于企业来说，关乎企业生存和发展。但是，这些指标反映的仅仅是企业的短期效益和状况，真正决定企业可持续发展的关键因素是企业的人力资本。企业高层的这种短视以及对人力资源管理认识的不足是国有企业人力资源管理所面临的最严重的问题。由于国企高层不能从思想上充分认识到人力资源管理的重要性，也没有从行动上花大力气支持人力资源管理活动的开展，使得人事变革发展缓慢，实施战略人力资源管理也就无从谈起。此外，各业务职能管理层对人力资源管理重要性的认识也不够，因而人力资源部在开展各项活动时很难得到他们的支持和配合，使得各项活动的效果大打折扣。具体地说，国有企业人力资源管理主要面临的问题和缺陷有以下几个方面。

第一，在计划经济体制影响下，全国人事管理分割，制造人为的劳动力流动障碍。我国的人事管理由各级的人事部、劳动部、组织部来进行，三个部门管理的范围各有侧重，组织部门管干部，人事部门管一般国家工作人员，劳动部门管普通劳动者，各个部门为了各自的部门利益，对各自管理范围内人员的转出设置各种限制，这就造成了全国范围内的人事管理的部门分割。由于三个部门的管理范围不是绝对界限分明，再加上随着市场经济改革的深入，人员的流动更频繁，这种人为的障碍，必然会增大企业的人力成本。

第二，我国很多国有企业人才观念和人力管理观念落后，高级人才流失严重。由于我国企业的发展长期受到资金瓶颈的制约，我国绝大多数企业还处在以物为中心的发展阶段，领导层并没有重视人力资源管理的作用所在，企业人事管理的作用得不到充分发挥，员工的积极性和创造力也受到极大的压抑，尤其是一些高级人才。随着外资的大量进入，跨国公司优厚的待遇和企业环境吸引了很多高级知识分子，造成国有企

业的人才流失。

第三，政府与国有企业的权责不清，导致国有企业的人事管理权力不到位。企业与政府之间，一直都存在着很紧密的关系，国企改革的一个重点就在于，处理好企业与政府的关系问题，然而，虽然经过了20年的改革探索，但政府与企业的关系还是没有理清楚。国有企业虽然有制定企业内部人事管理政策的权力，但由于受国家人事管理政策的制约，人事政策的回旋余地很小，用人权得不到保障，政府有意无意干预着企业的运作，致使国有企业在劳动力市场上逐渐丧失吸引力，国有企业人才大量外流。

第四，人力资源使用不合理。当前的国有企业中，存在着"高消费"和"低消费"的现象。"高消费"是指企业用人的标准超过工作分析的要求，例如招硕士生去做高中生就能干的工作，原因是企业以招聘高学历人才为荣或为了达到上级设定的人才比例结构，而不考虑企业的实际用人需求。"低消费"是指企业用人达不到工作岗位的要求，原因是有的企业一味追求低成本，或有的企业搞裙带关系，不以能力为标准，任人唯亲。"高消费"浪费人才，增加了成本，而且经常会有较高的离职率，"低消费"会影响企业的竞争力，限制企业的发展。

当前，国有企业人力资源管理体系的建立尚处于起步阶段，人力资源管理尚未实现职能转型。随着全球化的进一步加剧，国有企业已经、正在或将要进行产业流程再造。从人力资源管理对产业转型和组织重组的适应性方面加以论述，国有企业要想在激烈的全球经济竞争中取得优势，人力资源管理必须要克服来自8个方面的挑战：全球化、价值链重组、创造利润增长途径的变化、以能力为本、组织竞争力模式的变化、技术创新和进步、教育创新、组织再造和重组。但是，目前国内大部分国有企业尚未形成一套完整的战略人力资源管理思想和管理模式，尚未真正实现从传统的人事管理向战略人力资源管理的转变。比如，人力资源部

## 第五章 科学人事管理，提升人才素质

经常是根据业务部门的短期业务需求去招聘合适的人选，往往没有考虑公司的长期发展战略，表面上满足了公司的短期业务发展需求，而实际上极有可能损害了公司长远发展战略的实施。

同时，人力资源管理职能尚未实现"战略性定位"。目前，我国国有企业在人才引进、招聘、员工培训、绩效管理和绩效评价的确定以及各项奖金福利的发放等方面往往是根据经验进行判断，缺乏长期的规划，从而导致了各项人力资源管理工作具有一定的盲目性，在客观上加大了企业人力资源的管理成本。比如，大部分企业并没有建立绩效管理系统，总是在年底的时候由部门主管根据经验和印象对员工进行评价。这种根据经验和印象进行的绩效评价，往往受到评价者水平、评价者与被评价者关系以及其他因素的影响，其结果往往并不准确，也不客观。

人力资源管理各项职能，比如人力资源规划、员工招聘、员工培训和开发、绩效管理、绩效评价和薪酬福利等各项职能各自独立，没有很好的互相支持和配合。而从整个公司的角度来看，需要解决的问题往往是各种不同的职能共同作用的结果。比如，员工跳槽率比较高，有可能是因为招聘的时候没有把关，员工并不能胜任该职位的工作，或者员工的价值观与公司的企业文化不能融合；也有可能是因为公司没有提供很好的培训；也有可能是公司的绩效评估系统并不能真实地反映员工的真实情况等。

与之相联系的是，人力资源部的地位和结构也有待进一步完善。由于公司老总并没有高度重视人力资源管理工作，人力资源经理很少甚至没有机会参与公司的高层决策，使得人力资源为公司战略服务根本就无从谈起。人力资源部的人员配备、分工以及专业水平也有较大的发展空间。企业并没有根据企业的战略规划来对人力资源部的人员进行合理配备和分工，人力资源从业者大部分是从生产一线或者职能部门转到人力资源部来的，这在一定程度影响了人力资源管理的战略作用的发挥。

## 制定高级人才引进策略

优秀的人才都到哪里去了?这是困扰很多人力资源总监的问题。为了获得更多的高级人才,人力资源总监绞尽脑汁,用各种可能的手段来吸引人才。其实,一个完善的人才引进策略会使人力资源工作事半功倍。

(1) 寻找合适的招聘渠道

人力资源总监可以采用的招聘渠道是多种多样的,比如网络招聘、专场招聘会、校园招聘、媒体广告等,然而并不是每种招聘方式都能为企业招揽到合适的人才。在高级人才的引进过程中,人力资源总监不能盲目选择那些当前比较热门或企业普遍采用的招聘方式,而应该根据高级人才的信息获取途径以及社交特点来选择适当的招聘渠道。

人力资源总监可以通过以下方式寻找人才:

第一,从企业以及企业建立的内部人才信息库中寻找。

第二,到专业人才网站简历库中搜寻。

第三,到高级人才聚集地定点搜索。

第四,通过朋友、供应商以及内部员工推荐等方式来获取高级人才信息。

第五,在专业性比较强的中高端刊物上发布高级人才招聘的广告。

第六,委托猎头公司为企业猎取合适的人才。

(2) 高级人才招聘策略

由于招聘渠道的差异以及紧缺程度的不同,对于高级人才的招聘,人力资源总监应特别注意以下几点:

> 进行必要的背景调查

在引进高级人才时,背景调查是至关重要的一个环节。高级人才所处的岗位涉及企业的运营战略,如果这部分人员产生动荡,会给整个企

## 第五章 科学人事管理，提升人才素质

业带来非常大的负面效应。但是由于出现风险的概率比较低以及招聘成本的限制，许多人力资源总监没有意识到背景调查的重要性，在招聘的时候往往忽略了这一关键步骤。

第一，背景调查的时机。

一般来说，面试结束后与上岗前的这段时间是比较适宜进行背景调查的时机。这个时候，不合格的人员已经遭到淘汰，只剩下那些比较出色、符合岗位需要的人选，这样，背景调查的工作量和费用都可以降到最低。而且经过了面试环节，人力资源总监对这些高级人才已经有了初步的了解，在调查的时候可以有的放矢。

第二，背景调查的内容。

背景调查主要包括三方面内容：身份背景调查、学历背景调查和工作背景调查。其中最为重要、难度系数最大的是工作背景调查。

招聘的时候人力资源部门应当要求应聘者提交身份证复印件或者其他有效证件的复印件作为备份。人力资源总监也可以安排应聘者到专门网站(比如全国公民身份证号码查询服务中心)查询或核实身份证信息。

学历造假是目前频繁发生的问题。人力资源总监在进行学历背景调查时，要对毕业证、学位证原件进行审核；同时，还要配合其他验证方式，比如到教育部学历验证中心网站上进行查询，更直接的方式是打电话或者通过其他途径到应聘者所在院校的学籍管理部门进行查询。这样得到的结果更加可靠，但是人工成本较高。对于那些应聘重要职位的高级人才，可以考虑采用这种方式，以免产生风险。

在背景调查中，工作背景调查的难度最大，但也最为关键。工作背景调查能够帮助企业了解应聘者在之前工作中表现出来的能力素质、职业操守，为雇佣关系的建立提供可靠的参考，帮助人力资源总监做出正确的招聘决策。

人力资源总监可以向应聘者原来的公司了解情况，但还需要识别对

方提供的信息，不可轻信。企业也可以委托第三方调查机构展开调查，这样只要提出需要调查的项目和时限要求即可，可以为企业节省时间成本。第三方调查机构可以有效避免企业与被调查的企业之间的排异现象，充分利用自身的优势资源，迅速获得被调查者的背景信息，提交一份比较客观、可信度高的背景调查报告。但人力资源总监必须了解背景调查的相关事宜，以便对第三方调查机构进行监督。

> 提升招聘团队的技能

招聘团队的成员包括用工部门管理者、上级领导和人力资源部门。招聘者的能力素质在一定程度上也是高级人才是否会选择一家企业的重要因素。如果招聘负责人本身不是人才，那么他肯定也无法招聘到真正的人才。因此，在招聘之前，人力资源总监需要对招聘团队进行适当的培训，提升招聘团队的总体水平，更有效的选拔合适的人才。

> 制定薪酬谈判策略

在确定高级人才能够达到企业要求以后，人力资源总监应该尽快表明录用意向，与高级人才进行薪酬谈判等后续事项。薪酬谈判是高级人才引进过程中比较难啃的一块骨头，一定要谨慎，如果处理不好就有可能前功尽弃。

薪酬谈判是企业与高级人才之间的一场心理博弈，人力资源总监应该讲究策略。如果是猎头顾问推荐的人选，那么前期的薪酬探路工作最好由猎头顾问来完成，因为如果企业直接参与谈判，一旦双方出现分歧就会陷入绝路，没有回转的余地。如果是企业独立谈判，那么人力资源总监一定要进行充分的准备，要清楚地了解候选人以前的薪酬水准、薪酬结构、业绩考核方式、福利待遇等情况，尽可能做到知己知彼，才能在谈判中掌握主动权。

人力资源总监在薪酬谈判的过程中要尽可能达到两个目的：吸引高级人才加入到企业中来，保证企业内部员工待遇的公平性。

## 第五章 科学人事管理，提升人才素质

为此，在进行薪酬谈判的过程中，人力资源总监应做到：

首先，根据同行业的平均薪酬水平来确定薪酬。人力资源总监制定的薪酬标准应略高于同行业平均水平，如果给出的薪酬标准低于市场平均水平，必然无法起到吸引高级人才的作用，如果薪酬标准远远高于市场平均水平，则会增加企业的薪酬成本。两者皆不可取。

此外，薪酬要充分体现高级人才的市场价值。如果应聘者的能力强、经验充足并具有出色的业绩表现，可以适当提高薪酬水平。但是，值得注意的是，薪酬标准一定要与企业的总体薪酬体系相一致，避免不公平的薪酬待遇对现有员工心理造成影响。

最后，人力资源总监应该在薪酬谈判的过程中尽量将企业的优势传达给候选人，增强他们对企业的信心，提升企业的总体吸引力。这种吸引点越多，企业进行薪酬谈判的筹码就越多，也能够促使候选人做出决策。

高级人才在市场上会受到很多关注，拥有许多机会，因此，在其入职之前，人力资源总监要安排人员对他们的动态进行追踪，并及时与他们进行交流、沟通。这样可以加强高级人才对企业的了解，逐渐培养起他们对企业的认同感。总之，只要高级人才没有真正入职并通过试用期，引进工作就没有真正结束。

## 加强猎头合作

怎样才能为公司招聘到最优秀的人才，这是人力资源总监面临的一个难题。在当今人才竞争日益激烈的社会，常规的招聘渠道和方法已经不能满足大多数企业的需求，因此，开辟猎头合作这种直接邀请人才进行交流的方式成为许多人力资源总监的选择。

**不懂管理就做不好老板**

1. 正确选择猎头公司

大大小小的猎头公司如雨后春笋般层出不穷，服务能力和水平也参差不齐。正确选择猎头公司，是人力资源总监进行猎头合作的首要工作。

评估一家猎头公司的优劣，不能只从规模、顾问数量和知名度等表面因素去考虑，而是应该侧重那些对企业影响更为深远的因素，如猎头公司的竞争策略、核心优势以及顾问水平等。具体而言，人力资源总监在选择猎头公司的时候，需要进行的准备工作有：

(1) 了解猎头公司的操作流程

人力资源总监在选择猎头公司之前，要尽可能了解猎头公司的操作流程是否规范、完善，以避免出现不必要的麻烦。一家正规的猎头公司，在进行人才猎取工作时必须遵循严格的程序：

第一，进行客户访谈，了解并分析企业需求。

第二，进行职位分析，进行需求界定。

第三，按照职位需求制定搜寻策略，开始寻访甄选。

第四，对候选人进行综合测评并筛选出适合人选。

第五，向企业推荐候选人。

第六，安排候选人进行面试，并协助面试工作。

第七，进行背景调查。

第八，开展薪酬谈判、协调工作。

第九，进行结算以及后继服务。

在这个过程中，每一步都是环环相扣的。任何一个环节的缺失，都有可能为猎头工作埋下隐患，对企业造成影响。

(2) 了解其竞争战略

人力资源总监在选择猎头公司的时候，应该了解其竞争策略。如果一个猎头公司所采用的竞争策略仅仅是简单地以低价去夺取客户，或者为了降低成本而降低服务的标准，那么，对于这样的猎头公司人力资源总监可以不予考虑。企业需要的是专业的猎头公司，一个专业的猎头公司会尽可能把真实而又全面的信息传达给客户，使客户获得高水平的服务。

(3) 了解其核心优势

一般而言，猎头公司都有比较擅长的行业，市场上一般有通信业猎头、物流猎头、快速消费品猎头、房地产猎头等各式各样的猎头公司，他们对自己所专注行业的知名企业、运作流程、业务模式、业内薪酬水平以及关键职位的工作要求等都有全面而又详尽的了解，更能够有的放矢的为企业猎取到合适的人才。因此，人力资源总监需要了解哪些猎头公司在本行业具有竞争优势，从而选择合适的猎头公司。

(4) 了解其顾问水平

在猎头行业里，什么才是最为关键的？答案就是：猎头顾问。猎头公司是十分典型的依靠人才获胜的企业，因此，猎头公司是否拥有优秀的猎头顾问也是人力资源总监必须权衡的一个重要因素。

优秀的猎头顾问应该具备以下基本素质：

> 良好的职业操守

职业操守对于从事任何一个行业的人都是必须具备的基本素质，对于猎头行业更是如此。一个猎头顾问最重要的职业操守就是诚信：对企业一方，不刻意包装候选人，不向企业提供虚假信息；对候选人一方，答应为候选人保密的内容丝毫不能对外透露；此外，还包括不恶意挖其他企业的墙脚等。

> 对行业的深刻了解

只有对企业所处的行业有着深刻的理解，持有比较成熟的看法，猎头顾问才更容易了解客户的需求，能够为客户找到更符合要求的候选人。

一是要有丰富的人脉资源。丰富的人脉是猎头顾问最重要的资源，这些资源是他们在多年的工作经验中积累起来的。猎头顾问掌握的人脉资源越多，猎取到合适人选的可能性就越大。

二是要有良好的沟通能力。良好的沟通能力是猎头顾问必须具备的能力之一。猎头顾问只有具有良好的沟通谈判能力，才能用最短的时间发现人才并进行信息的传递，才能说服候选人接受客户的职位，才能与客户进行及时的交流和沟通。

(5) 了解其成功案例

一家猎头公司的成功率往往能够直观地说明猎头公司的实力。人力资源总监要对猎头公司的成功案例进行分析，这样才可以对这家公司的规范程度、行事风格、竞争优势以及服务质量有更深入的了解。

除此之外，人力资源总监还可以向曾与猎头公司合作的企业进行咨询，以获得更加真实可靠的信息。一般来说，品牌企业在与猎头公司合作的时候都会设定比较严格的标准，那些能够与众多品牌企业保持长期合作关系的猎头公司，所提供的服务也相对可靠。

(6) 了解其评估体系

对于猎头行业来说，一个完善而科学的评估体系是为企业找到合适候选人的前提。评估体系包括以下几个方面：

第一，对客户的评估。

第二，对职位需求的评估。

第三，对候选人职业能力和素质的评估。

第四，对候选人任职状况和适用效果的评估。

在寻访以及甄选人才的整个过程中，猎头公司的评估系统发挥着重要作用。人力资源总监在选择猎头公司的时候，要优先选择那些具有严谨而科学的评估体系的公司。

(7) 了解其合作条款

企业与猎头公司之间的合作条款应该遵循公平与公正原则，同时保护双方的合法利益。

## 第五章 科学人事管理,提升人才素质

企业选择适合自身的猎头公司和猎头顾问,建立起完善的高级人才招聘合作模式,与猎头公司保持长期的合作伙伴关系,是双方合作的开端。走好了第一步,接下来的路才能够更加顺畅。

2. 采取合适的合作策略

在与猎头合作的不同阶段,人力资源总监需要采取不同的策略。

(1) 第一阶段:对猎头顾问进行培训

在合作之初,人力资源总监首先应该对猎头顾问进行适当的培训,使他们对企业的文化、发展历程、人才标准以及招聘职位的工作职责等内容进行充分的了解,从而使猎头顾问能够找到最适合企业的人才,提高猎取人才的成功率。人力资源总监应尽可能为猎头顾问争取到在企业进行实地考察的机会,使猎头顾问能够直接接触到相关职位的管理者,从而更准确地了解企业的人才需求。对猎头顾问的培训还能够增加企业与猎头公司之间的认同感与融合度,为双方以后的合作打下良好的基础。

(2) 第二阶段:建立对接,明确需求

在对猎头进行培训之后,双方就进入了初期合作阶段。在这一阶段,人力资源总监和猎头顾问需要建立对接。人力资源总监要向猎头公司明确提出企业的要求以及期望,猎头顾问则开始进行需求界定以及招聘职位分析,制定搜寻策略并开始寻访甄选,对候选人进行初试、综合测评等一系列工作。

在第二阶段,有可能会出现招聘停滞的状况,这可能是两个原因导致的:一是猎头顾问在寻访候选人的过程中遇到了拦路虎,工作无法进行下去;二是企业的人才需求出现了变化,需要进行相应的调整。为了应对这种状况,人力资源总监需要加强与猎头顾问的沟通,给予猎头顾问相应的支持并和他一起寻找解决的方法。

在人力资源总监与猎头顾问进行合作的过程中,若人力资源总监对猎头顾问推荐的人才质量不满意,可以要求猎头顾问对候选人进行更为

严格的筛选和把关之后再进行推荐；如果人力资源总监对猎头顾问进行人才推荐的效率不满意，那么，可以要求猎头顾问加快人才推荐的速度，并对此进行跟踪反馈。

(3) 第三阶段：互相配合，进行薪酬谈判

纵观招聘的过程，薪酬谈判阶段尤为重要，这是关系企业利益的一个重要阶段。在这一阶段，人力资源总监和猎头顾问应该互相配合，确定一个使企业和候选人双方都满意的薪酬。

若人力资源总监不方便与候选人直接进行薪酬谈判，则需要借助猎头公司来进行信息传递，使猎头顾问站在第三方的位置上来推动谈判进程，帮助企业以最低的成本猎取到最合适的人才。尤其是当企业所能提供的待遇与候选人的要求出现分歧时，猎头顾问应该做好"圆场人"，策略性的与候选人进行沟通，从而实现企业的期望。

(4) 第四阶段：顺利度过服务保证期

在候选人被录用并办理入职手续之后，一般有3—6个月的服务保证期，即试用期。

在这一阶段，人力资源总监应该与猎头公司进行配合，帮助候选人更快更好地融入企业环境，适应工作岗位，确保候选人顺利地度过服务保证期。

在企业与猎头公司的合作中，只有采取正确的合作策略，才能使人力资源总监与猎头公司成为战略伙伴，从而建立起长期而稳定的合作关系，使企业的高级人才招聘工作步入正轨。

# 第五章 科学人事管理，提升人才素质

## 如何发展新成员

一、定岗定人，实行岗位责任制

定岗：依据作业指导书、工艺书等确定岗位及其要求，识别上岗人员的业务需求基准；

定人：依据业务计划、人员能力等确定岗位上所需人员的数量；

人员基准：包括人员的性别、文化、年龄、专业技术、技能经验、外语能力、健康状况等项目。

岗位责任制：明确人员职责，让岗位与责任挂钩，谁的责任谁承担，而且要负责到底。

二、招聘人员的方法

（1）招聘人员的程序。

从公司外部招聘人员时须取得当地劳动部门的批准，批准后人事部门才可以按规定的程序实施。

（2）招聘原则。

招聘原则是指引公司用工制度的纲领，是企业文化的精髓之一。招聘工作是一项关联公司与社会两方面的事情，如果该原则制定得不好或者执行性不强的话，将会有损公司的形象，甚至影响发展，严重时还会带来麻烦。所以，一般情况下，招聘原则要符合以下几点要求：

a. 公开、公平、公正、平等竞争、择优选用；

b. 符合人员要求基准；

c. 无种族、性别、信仰等方面的歧视；

d. 遵守法律，服务社会；

e. 实行亲属回避制度；

f. 实行舞弊牵连制度，即处罚所有与舞弊关联的人员。

（3）招聘申请表。

招聘申请表是人员应聘的依据，凡是应聘者，都必须真实、清晰的填写该表，行政部依据该表对人员进行逐级面试和考核。对招聘申请表应按如下方法实施管理：

行政部验证其真实性，如有必要，可对学历、重要经历等事项进行必要的调查，一旦发现不符合时，不论其人已经处于何种状态，均按弄虚作假处理；

——应聘成功者的招聘申请表与其人事档案一起管理，淘汰者的招聘申请表至少也要在公司保存一年；

——招聘申请表应按普通机密文件实施管理；

——招聘申请表的原件保存在行政部，用人部门如果需要，可经行政部主管批准后申请保留复印件；

——招聘申请表记录的只是人员初始的状态，至于以后的发展和变迁等与该表无关，故无须任何更改；

——人员离职时不得要求索取本人的招聘申请表。

（4）考核方式。

对人员的考核程度取决于其应聘职位的重要程度，考核合格只是初期的认可，前一步骤的考核内容可以在后一步骤的考核中重复实施。

（5）入厂培训。

新招聘人员入厂后，由行政部负责一律按规定实施入厂培训，以便能让他们快速适应公司的环境。

（6）内部招聘。

为鼓励上进，所有需招聘的人员以从公司内部提拔为优先考虑，但要注意掌握提拔的比例，以免公司丧失活力。

（7）亲属回避制度。

亲属回避制度包括如下的内容：

a. 面试、考核者应回避任何有明显亲戚关系的亲属；

b. 同一个部门内不得容纳直系亲属；

c. 同一个办公室、班组内不得容纳旁系或直系亲属；

d. 事后形成亲属关系的首先以调离方式处理，调离无效则建议辞职。

（8）舞弊牵连制度。

舞弊牵连制度包括如下的内容：

a. 人员招聘中杜绝拉关系、徇私舞弊等不良行为；

b. 凡与舞弊行为有关联的所有公司职员都会得到相应的处罚；

c. 对舞弊受惠者作开除处理；

d. 舞弊后果严重，构成违法的送公安机关处理。

## 新手上岗前的管理

一、试用期就是试一下

所谓试用期就是新人员在正式加入公司前的适应与考验时期，这是一个特殊的阶段，也是非常有必要的阶段。

试用期属于用工双方相互间的行为，即一方面公司在试验人员的能力及其适应性，另一方面人员也在试验公司的亲和力和适合性。在试用中如果双方都觉得还"行"时，试用期一结束，则可以进一步履行其他手续，并签订劳动合同；而如果有任何一方觉得"不行"时，则可以随时终止试用期，大家分道扬镳。

除了安全责任外，试用期内一般不连带其他劳动责任。

决定试用期期限的长短因素包括以下内容：

——后续的签订劳动合同的期限；

——工作性质，比如复杂度、危险性、要求标准等；

——劳动法的有关规定。

二、鉴定职能后方可正式上岗

（1）试用期人员管理特点。

☆边工作边学习，要求是：

——作出计划，安排七成的时间工作，三成的时间学习；

——指定工作监督（监护）人和指导师傅；

——每日或每周向班组长报告工作和学习心得。

☆有特殊而醒目的识别性，以便管理者迅速识别。要求是：

——穿特别的工衣，比如黄色马甲；

——戴与众不同的工牌；

——在工位上注明新手标记；

——在作业指导书上注明新手标记；

——以上项目任选或共选。

☆管理者要特别留意其工作，多加确认，要求是：

——首次工作确认，一般在上班后30分钟内完成；

——班中巡视，一般定时巡查；

——班尾确认，一般在下班前15分钟进行。

（2）如何鉴定职能。

试用期结束时，试用人员所在的班组应对其进行职能鉴定，以确定人员试用的结果。当该结果合格时，可以办理转正手续，而不合格时，则宣告结束。

# 第五章 科学人事管理，提升人才素质

## 管人的技法

一、和为贵

主要内容：以平和为核心，心态是息事宁人。

适宜人群：责任心和工作能力俱强的骨干班组或重臣。

使用时机：问题或矛盾激化，有可能造成严重后果时。

实施要点：平衡各方的心态，先声明有很好吃的红萝卜，但如果事情弄不好的话都会挨棍子。

注意事项："和"不是和稀泥，不是要掩盖问题的真相，而是希望各方都作出适当让步，顾全大局。

二、怎样掌握训斥的火候

主要内容：搞管理工作，训斥是经常发生的事情，但是，如何掌握好训斥的"火候"这是一个方法与策略的问题，因为训斥过头了会适得其反，不足了又等于挠痒痒。一般情况下，决定训斥"火候"的主要因素是训斥的起源和被训斥的对象。

适宜人群：适合于所有人群。

使用时机：当工作出现不应该出现的差错或对差错改正不力时。

实施要点：点明事态的要害，目的是促使被训斥者反省或自责。

注意事项：训斥须有声有色的进行。

三、骂完人就走

主要内容：骂人是愤怒的表现方式，是一种过火的训斥，目的在于警告肇事者，事态已经到了很严重的地步。

适宜人群：主要针对管理者，较少针对一线员工。

使用时机：当工作出现严重的差错或对差错没有认识时。

实施要点：最好在现场的人、事、物俱全的情况进行，而且一针见血，

## 不懂管理就做不好老板

抓住要害，要骂得干净利索，骂完人后要马上离开，以便给挨骂者一个喘息的机会。

注意事项：①注意选择合适的骂词，不要让对方接受不了；②不提旧账，不揭隐私。

如果你在现场视察中发现工作有问题而需要发脾气时，请千万记住一定不要骂那些受苦受累的员工，因为他们一般是无辜的，即使骂了作用也很小。而要骂的人是他们的上级或直接上司，因为首先是他们没有管理好，是他们的失职和无能才导致工作出了问题，而对于员工则应该多给一点鼓励。

四、放任管理法

主要内容：把工作任务完全阐明后，采取放任的姿态，不过问怎么样去完成，而只看预期的结果。

适宜人群：适合责任心极强且职位较高和相对重要的人。

使用时机：在任何创新的和非紧急的任务刚开始时。

实施要点：动之以情，晓之以理，先肯定对方的优点，灌输使命感，然后再布置任务。

注意事项：该方法的使用范围极窄，使用时要注意现场的氛围，如果不行，立即停止，严防其他人跟风，产生横向影响。

五、实事求是，得道多助

主要内容：以事实为依据，坚持原则，如果这样做暂时对你不利时，暂且不要管它，因为最终对你肯定是有利的。

适宜人群：适合使用于高手林立的人群。

使用时机：一贯坚持，尤其适合自己由弱到强的发展过程。

实施要点：无论大事、小事，均尊重事实。不卷入派系纷争，杜绝泄私愤、争小利。

注意事项：实事求是不是认死理，不是固执、僵化。

## 六、以守为攻

主要内容：首先巩固自己的现有阵地，打造过硬的个人实力，然后强势出击，各个击破。

适宜人群：适合于管理或改造一个存在明显问题的部门。

使用时机：从一介入时就开始使用。

实施要点：自己轻易不要表态，先了解他人的意见、看法，摸清主要存在的问题，然后定夺。

注意事项：后发制人，相信谁笑到最后谁笑得最好。

## 七、软硬兼施

主要内容：一手拿胡萝卜，一手拿棍子，告诉对方要么吃胡萝卜，要么挨棍子。

适宜人群：适合管理那些虽然不太听话但却有一定使用价值的人。

使用时机：当工作中发现问题时，在找他谈话中使用。

实施要点：要让对方明白胡萝卜很甜，棍子很硬，我愿意给胡萝卜，但如果迫不得已时也会给棍子，逼对方就范。

注意事项：要注意因人而异、选择准确，因为有的人吃软不吃硬，而有的人吃硬不吃软。

## 八、善于容忍别人的缺点

主要内容：在工作中对人员显露出来的缺点要以平和的心态应对，不要斤斤计较，更不要耿耿于怀。

适宜人群：随意使用，但对于屡教不改的人慎用。

使用时机：一般不限制，尤其在提职、加薪的时候。

实施要点：容忍要表现在平日的工作中，对对方的缺点要付之以含蓄的一笑，就像是标点符号一样自然地出现。

注意事项：要让对方明白容忍不是忽略，更不是放纵，再二可以，但再三绝对不行。人非圣贤，孰能无过，人们的缺点是与生俱来的。现

**不懂管理就做不好老板**

实生活中的人们常常因为缺点而显得可爱，人家说你有个性，或许正是指你的缺点。

容忍是人的一种胸怀，一种修养和品德。老子说：有容乃大；孔子说：德不孤必有邻。古今中外，有许多名士容忍的例子可以参考。

《三国演义》中有这样一则事例：曹操官渡之战打败袁绍后在清理战场时，从袁军大营中发现了很多书信，都是战前曹操的部将私下写给袁绍表示效忠的密函。因为当时两军对垒时兵力相差悬殊，很多曹营的人担心战败而留下了后路，但现在全都露馅了。由于写密信的人太多，已造成军心动摇，甚至有些人干脆准备铤而走险，举兵造反。在这样的情况下，曹操的处理方法是一把火把书信全部烧了，然后对大家说："当时两军的实力相差实在太大，连我自己都没有把握战胜，也已经在作失败后的打算了，我的部下这么做也是迫于无奈啊！我如何能责怪他们呢。"

在封建时代，叛逆是统治者最不能容忍的事情，而曹操的做法却收到了非常好的效果，不仅稳定了军心，而且那些写信的部下都感恩于曹操的包容，在日后卖力有加。

九、我比你更无赖

主要内容：以其人之道还治其人之身；你玩邪的，我比你更邪。

适宜人群：适宜用于不讲道理之徒。

使用时机：在对方先不讲道理时使用。

实施要点：文明管理，先礼后兵。

注意事项：需要做好必要的准备和防备，以防不测。

十、同流而不合污

主要内容：保持外圆内方的性格，虽然在一起工作，我可以用你的方式作出应付，但绝对不改变自己的本色。

适宜人群：适宜用于地位较高和十分重要的人（如顾客）。

使用时机：逢场作戏而已。

## 第五章 科学人事管理，提升人才素质

实施要点：密切观察、投其所好。

注意事项：认认真真演戏，清清白白做人。

十一、理亏时我跟你走

主要内容：当与人争论发觉自己的观点有问题时，不要慌张，要在不知不觉中慢慢地扭转方向，最终使对方认为我们原来是一致的观点，争论是没有意义的。

适宜人群：适宜用于与自己旗鼓相当的人。

使用时机：见机行事。

实施要点：密切观察，有目的地诱导，谨防暴露蛛丝马迹。

注意事项：识时务者为俊杰。

十二、作风粗一点，心思细一点

主要内容：现场指挥时显得粗放一点，不要事无巨细；策划总结时显得精细一点，要面面俱到。给人的总体感觉是不拘小节、胆大心细。

适宜人群：适宜用于指挥、管理一线人员。

使用时机：亲赴现场实战时使用。

实施要点：工作作风粗指的是人的风格，它与那些随意和马虎等缺点是不同的，它是粗中有细、以点带面。

注意事项："大官好惹，小鬼难缠"，这是因为大官下面有中小官做衬垫，因此，请注意不要颠倒位置。

## 促使下属快速成长

一、业务绩效定期报告

人的知识就是因为有交流、有总结，所以才会更丰富、有提高。业务绩效定期报告的目的就是为了把人员平日里的工作经验、感慨、发现

的问题等，通过报告进行交流、评价、讨论和总结，以便使大家能够相互取长补短，增长知识。

（1）业务绩效定期报告的方式。

业务绩效一定是定期报告，因为这样我们就会像制度一样去执行，否则，容易流产。至于定期到底定多少，可以根据工作的性质和方便性等情况酌情选择，常用的周期有：季度、双月、每月等。下面是一般正常工作中的报告方式：

报告周期：每月一次

报告日期：每月8日，如遇工休日则往后顺延

报告时间：下午或晚上，一般以3—4小时为宜

报告方式：开会的形式最好是座谈会

参加人员：部门内各主要业务担当人员（最好6—10人）

报告程序：

a. 主管主持会议，宣布开始；

b. 按次序指定一名业务担当人员报告本月的工作；

c. 报告内容包括：工作成绩、难点、教训和经验等；

d. 与会人员展开讨论和评价；

e. 主管点评并总结；

f. 记录主要内容；

g. 如上述b—f条款一样循环，让大家全部报告完毕；

h. 主管做全面总结；

i. 把会议记录分发给所有与会人员。

（2）业务绩效定期报告的作用。

成功的业务绩效报告会离不开主管人员的正确引导，当人员通过引导并把内心的真实感觉全部吐露出来时，人们才会有"与君一席话，胜读十年书"的感受，报告会才具有真实的作用。一般来说报告会应该有

如下的作用：

——分享解决问题的快乐；

——借鉴别人失败的教训；

——学到处理问题的方法；

——检验自己的思路、观点和行为；

——接受良好的建议。

二、安排工作有始有终

有时候往往因为工作的变故，使有些原来安排的事项变得不再重要了，这时就可能会出现有始无终或不了了之的现象，其实，这是一种不负责任的表现，主管人员应当从速改正。因为有始无终会导致如下后果：

——松懈人员的责任心；

——形成一种恶习，甚至会蔓延或扩大；

——使管理者丧失尊严。

做到安排工作有始有终应当是主管人员的一个原则，对于那些已经变得不再重要或失去意义的事项，要么宣布终止，要么重新安排，绝不能放任不管、任其自然终结或不了了之。

三、学会如何享受工作

（1）工作是享受。

有的下属对工作不满意或是特别地挑剔，认为工作是一种负担，这个时候就需要管理者出面引导了，要想办法让他把工作视为享受。当然，引导只是一个方面，重要的是在客观上实施改善。比如，消除存在的缺陷，降低劳动强度，改善现场环境等。但很多时候，有些工作在别人看来是享受性的，而他本人却不以为然，在这种情况下需要强调工作本身的优点。比如：

——当选美大赛的评委；

——做高尔夫球场的保安员；

**不懂管理就做不好老板**

——钢琴家；

——导游等。

上述这些工作都因为有比较明显的令人羡慕的地方，所以，才会认为具有享受性。那么，难道其他的工作就没有令人羡慕的地方吗？未必！只是你没有感觉到而已，等你真正感觉到了，效果也就一样了。比如：

——一个长期失业的人是多么羡慕有一份稳定的工作啊，暂且不管是什么样的工作，只要有就行；

——当一个很想开车的小伙子终于如愿以偿时，他会有多么开心；

——有位小姐做了三年员工，今天终于被提拔成组长；

——石匠成功地雕出了模型。

其实，分享成功的喜悦是人生莫大的享受，如果你能随时随地分享的话，那么就能随时随地享受。由于工作经常会有成果，所以，如果我们愿意分享成果，那么我们就可以说工作就是享受。

（2）会工作就会享受。

会工作的人就是会享受的人，这是因为会工作的人们能抓住问题的本质，可以通过捷径去获得工作的硕果，而不会衍生麻烦。就像下面买菜的事例一样。你买菜的时候可以有两种选择：一种是去超市买净菜；另一种是去菜市场买毛菜。当你选择了前者时，只需要把买回去的净菜用水冲一下便可以下锅烹饪，这样既省时又省力；而当你选择了后者时，不但需要把毛菜摘黄叶、去泥土根皮，进行挑拣，而且还需要把这些过程中产生的垃圾倒掉，这样需要花费较多的时间。那么，前者所带来的结果是一种高效率的享受，只是费用可能会高一点，而后者带来的结果是诸多麻烦，况且总体的花费也许并不低。因此，这种事前的选择性直接决定了你最终的工作结果。

管理者应该教会下属开展工作的方法，让他们懂得用最优化的方式开展工作，而不是让员工感觉达成结果很累或者知道错后一遍遍再来。

（3）一个需要迅速克服的毛病——浮躁。

不比不知道，一比吓一跳。比什么呢，我们来比一下一些外资和合资企业中中外双方人员的工作精神。外方(比如来自美、欧、日、韩等地)的人员，他们普遍具有如下的特点：

——工作的认真劲常常体现在行动中，既能看得见，又能感觉得到；

——尤其注重工作的过程，做事严谨，严格遵循规章制度；

——有疑问时会及时提出来，不猜测作业。

而中方的人员却是这样的：

——说工作认真那只是一种心态，往往既看不到，又很难感觉得到；

——只看重工作的结果而不管过程,偷工减料、投机取巧是常有的事；

——喜欢自作主张，猜测作业，总认为差不多就行了。

而令人惊叹的是上述现象绝对不是个别的，而是从基层到高层的人员都普遍存在，这说明我们的确很浮躁。其实，浮躁已经在我们的生活中产生了现实的效应。另外浮躁还导致了我们整体的工作效率低下，工作质量差。所以，身为主管人员，克服浮躁，刻不容缓。事实证明，只有先认真地工作，才能更好地享受工作。


## 劳动合同的履行与变更

①劳动合同的履行。是指劳动合同双方当事人自愿依据劳动合同的约定和法律、法规的有关规定，共同完成劳动过程和实现劳动权益的法律行为。履行劳动合同要注意下面几点：

一是劳动合同履行是一种履约行为。劳动合同是当事人双方对劳动过程中权利和义务的约定,经双方当事人协商一致订立，便具有法律效力，对双方当事人具有约束力。劳动合同履行就是劳动合同双方当事人实践劳动合同的约定。

二是劳动合同履行是全面、正确实践劳动合同义务的行为。劳动合同履行，从本质上讲，是指劳动合同的全部履行。只有劳动合同双方当事人按照劳动合同的约定，全面、正确地完成了各自应当承担的义务，各自的权利才能实现，才能使劳动合同约定的权利和义务归于消灭。

三是劳动合同履行是劳动合同双方当事人共同完成劳动和实现劳动权益的法律行为，也是劳动合同双方当事人共同完成劳动和实现劳动权益的过程。劳动合同履行是一个从劳动合同订立到劳动合同终止前的全过程的一种用人单位和劳动者共同完成劳动和实现劳动权益的动态活动。

劳动合同的履行要遵循亲自履行、全面履行、协作履行的原则。所谓亲自履行，即劳动合同双方当事人都以自己的行为为履行劳动合同约定和法律、法规规定的义务。所谓全面履行，即劳动合同双方当事人应当按照劳动合同的约定和法律、法规的规定全面履行义务，包括履行由劳动关系产生的附随义务。所谓协作履行，即用人单位和劳动者在劳动合同的履行过程中应当相互合作，相互帮助。

②劳动合同的变更。劳动合同订立后即具有法律效力，劳动合同双方当事人应当依照劳动合同的约定履行劳动合同。但是，由于主客观情况发生变化，如果不修改劳动合同的有关内容，劳动合同无法履行，劳动合同双方当事人订立劳动合同的目的无法实现。为此，修改劳动合同的内容成为必要，此即劳动合同变更。所谓劳动合同变更，是指劳动合同双方当事人在劳动合同订立后履行前或者履行完毕前，依据法律的规定或者双方当事人的约定，对已经产生法律效力的劳动合同的内容进行修改或者补充的法律行为。

变更劳动合同要遵循以下程序：

第一，劳动合同当事人一方提出变更的要求。劳动合同订立后，劳动合同双方当事人任何一方不得单方变更劳动合同，除法律、法规另有规定外，变更劳动合同应当经双方当事人协商一致变更。劳动合同当事人一方根据实际情况变化，在继续履行劳动合同发生困难时，需要变更劳动合同的某些条款，可以以书面形式向劳动合同另外一方当事人提出变更劳动合同内容的要求。提出变更劳动合同，要说明变更的理由、条款、条件以及请求劳动合同、一方当事人答复的期限。要求变更劳动合同的一方当事人以书面形式提出变更要求，对劳动合同关系发生变更的事实有确认和证明作用，劳动合同双方发生争议时，可以做到有据可查，明晰争议所在。

第二，劳动合同当事人的另外一方回复。劳动合同另外一方当事人在收到变更劳动合同的书面要求后，应当对变更劳动合同要求进行分析，看提出的要求有没有法律或者劳动合同约定的依据，看变更劳动合同对自己的利弊，并在要求的期限内作出答复。被提出要求变更劳动合同的一方可以同意变更劳动合同，也可以依据法律、法规的规定不同意变更劳动合同的要求，还可以要求双方进行进一步协商，以变更劳动合同。被提出要求变更劳动合同的一方应当在对方提出的要求期限内回复，以避免造成矛盾激化，使双方当事人利益受损。

第三，协商变更劳动合同。劳动合同双方当事人变更劳动合同，双方当事人要进行协商，没有经过协商任何一方变更劳动合同都无效。劳动合同变更有多种形式，可以面对面的协商，也可以以书面形式进行协商，也可以在电话中协商，等等。具体采取什么方式，由劳动合同双方当事人自己决定。双方当事人协商要平心静气，避免使用过激的词语和动作，以免激化矛盾。

第四，签订书面的变更劳动合同协议。劳动合同双方当事人经过协商达成变更劳动合同意愿的，要签订书面的变更劳动合同的协议。变更劳动合同的协议是对原劳动合同双方当事人权利和义务的修改或者补充，为了明确劳动合同变更协议对原有劳动合同权利和义务的变更，要采取书面的形式,使变更后劳动合同的权利和义务便于履行,也便于监督履行。没有采用书面形式签订变更劳动合同协议的,变更劳动合同无效,原劳动合同的所有内容继续有效。变更劳动合同协议应当指明变更的条款,变更条款的生效日期等,最后由双方当事人签字或者盖章。

## 劳动合同的解除与终止

①劳动合同的解除。是指劳动合同双方当事人依法提前终止劳动合同的法律效力的法律行为。劳动合同解除具有下列特征:一是劳动合同解除是以劳动合同存在为前提;二是劳动合同解除是以终止劳动合同没有履行完的权利和义务为目的;三是劳动合同解除是提前终止劳动合同;四是劳动合同解除是劳动合同因双方当事人依法提前作出终止劳动合同的意思表示而终止。

劳动合同解除有以下分类:以解除的方式为标准划分,可以分为协议解除和单方解除两种;以解除条件的依据为标准划分,可以分为法定解除和约定解除两种;以解除原因中有无过错为标准划分,可以分为有过错解除和无过错解除两种;以解除劳动合同的期限为标准划分,可分为固定期限劳动合同的解除、无固定劳动期限劳动合同的解除和以完成一定工作任务为期限的劳动合同的解除。

②劳动合同的终止。是指用人单位与劳动者所确立的劳动关系终结,具体来说是指劳动合同解除以外,劳动合同法律效力归于消灭的法定情形。

《劳动合同法》第 44 条规定:有下列情形之一的,劳动合同终止:一是劳动合同期满的;二是劳动者开始依法享受基本养老保险待遇的;三是劳动者死亡,或者被人民法院宣告死亡或者宣告失踪的;四是用人单位被依法宣告破产的；五是用人单位被吊销营业执照、责令关闭、撤销或者用人单位决定提前解散的；六是法律、行政法规规定的其他情形。

劳动合同终止和劳动合同解除所导致的后果是一样的，即依法终结双方当事人之间的劳动关系。但劳动合同终止与解除是不同的法律概念，两者之间存在明显区别，主要表现在：第一，终结劳动关系的时间不同；第二，终结劳动关系的事由不同；第三，终结劳动关系的程度不同；第四，争议处理过程中的举证责任不同。

集体合同的签订。集体合同，是指用人单位与职工工会或者职工代表根据法律、法规、规章的规定，就劳动报酬、工作时间、休息休假、劳动安全卫生、职业培训、保险福利等事项，通过协商方式签订的书面协议。集体合同可以分为综合性集体合同、专项集体合同。也可以分为行业性集体合同和区域性集体合同。

集体合同签订要遵照以下程序：

第一，确定集体协商代表。集体协商是指集体合同签订双方的代表为了集体合同进行商谈的行为。双方的代表人数应当对等，每方至少3人，并各确定一名首席代表。劳动者的首席代表由工会主席担任，工会主席也可以书面委托其他代表代理首席代表。工会主席空缺的，首席代表由工会主要负责人担任。没有建立工会的，由上级工会指导劳动者从协商的代表中民主推举产生。用人单位的协商代表由用人单位法定代表人指派，首席代表由法定代表人或者由其委托的其他管理人员担任。用人单位协商代表和劳动者的协商代表不得相互兼任。双方代表履行下列职责：参加集体协商；接受本方人员质询并及时向本方人员公布协商情况和征求意见；提供与集体协商有关的情况和资料；代表本方参加集体协商争议的处理；监督集体合同的履行；法律法规和规章规定的其他职责。

第二，集体协商，拟订集体合同草案。协商任何一方均可以就签订集体合同以及相关事宜，以书面形式向对方提出进行集体协商的要求。

一方提出要求的，另一方应当在收到该要求之日起 20 日内以书面形式给以回应，无正当理由不得拒绝集体协商。集体协商主要采取协商会议的形式进行。协商会议由双方首席代表轮流主持。具体程序是：首先，宣布议程和会议纪律；其次，一方首席代表提出协商具体内容和要求，另一方首席代表做出回应；再次，双方就商谈事项发表各自的意见，展开充分讨论；最后，双方首席代表归纳意见。达成一致的应当形成集体合同草案，由双方首席代表签字。没有达成一致意见或者出现事先没有预料的问题的，经双方协商，可以中止协商。中止期限及下次协商时间、地点、内容由双方商定。

第三，职工代表大会或者全体职工讨论通过。集体合同是由劳动者的代表与用人单位签订的，集体合同必须体现广大职工的意志和利益。同时，只有让劳动者了解熟悉集体合同的基本内容，才便于集体合同的履行。所以集体合同要经职工代表大会或者全体职工讨论通过。经双方协商一致的集体合同草案应当提交职工代表大会或者全体职工讨论。职工代表大会或者全体职工讨论草案，应当有 2／3 以上职工代表或者职工出席。并必须经全体职工代表或者职工半数以上同意，草案方能通过。

第四，签署集体合同。集体合同草案经职工代表大会或者全体职工代表通过后，由集体协商双方首席代表签字，然后报送劳动行政部门审查备案。

## 劳动争议的处理

1. 基本概念

劳动争议又叫做劳动纠纷，就是劳动关系的双方当事人在实现劳动权利与履行劳动义务的过程中所发生的纠纷。因为劳动关系的当事人双方都有各自的利益目标,所以在劳动的过程中免不了出现利益分配的不均衡,或是实际利益受到侵犯,或者是感觉上的利益受到侵犯。所以,双方对于问题的看法也会出现分歧,从而导致纠纷的发生。

劳动争议的双方当事人就是劳动关系的当事人双方——职工与用人单位,包括自然人、法人以及具有经营权的用人单位,也就是劳动法律关系中权利的享有者以及义务的承担者。

2. 劳动争议发生的原因和处理原则

(1) 原因。

①因为履行劳动合同而发生争议。

②因为企业开除、除名、辞退职工以及职工辞职或自动离职所发生的争议。

③法律、法规规定的应该按照本条例处理的其他劳动争议。

④因为执行国家的相关工资、培训、保险、福利以及劳动保护的规定所发生的争议。

(2) 处理劳动争议应当遵循下列原则。

①所有当事人在法律上一律是平等的原则。

②在查清的前提下,依法处理劳动争议的原则。

③及时处理劳动争议的原则。

④基层解决争议的原则。

⑤着重来调解劳动争议的原则。

3. 处理劳动争议的机构

我国当前处理劳动争议的机构是:地方劳动争议仲裁委员会、地方人民法院与企业劳动争议调解委员会。

(1) 地方劳动争议仲裁委员会。是由劳动行政主管部门所设立,它的主要职责就是处理劳动争议以及办理仲裁委员会日常的事务,仲裁委员会调解、裁决劳动争议,以及实行仲裁员、仲裁庭制度。仲裁委员会所组成的人员必须是单数，主要由劳动行政部门的代表、同级工会以及企业代表组成的。

(2) 地方人民法院。人民法院是我们国家的审判机关，并且也担负着处理劳动争议的职责。劳动争议的当事人如果对于仲裁委员会的裁决不服或者进行起诉的案件，人民法院就应该受理。

(3) 企业劳动争议调解委员会。简称调解委员会，是由企业设立，主要由以下人员组成：职工代表、企业代表、企业工会代表。企业劳动争议调解委员会是一个主要负责调解本企业内部的劳动争议的群众性组织。

4. 劳动争议处理程序

如果用人单位和劳动者发生了劳动争议，当事人双方一定要协商解决。不愿意协商或协商不成的，然后向本单位的劳动争议调解委员会提出申请调解，再调解不成，并且当事人的一方还要求仲裁的，就可向劳动争议仲裁委员会提出仲裁申请。并且当事人也可不经过企业劳动争议调解委员会来调解，直接向劳动争议仲裁委员会提出申请仲裁，但是不可以直接向人民法院起诉。如果对于劳动争议仲裁委员会的仲裁结果不服的话，才能向人民法院起诉。

(1) 劳动关系当事人的协商。劳动争议协商也就是劳动关系的双方采取自治的方法来解决纠纷，主要是由职工的代表以及雇主的代表来出面。劳动争议发生的时候，由劳动关系当事人来进行协商，妥善地解决劳动争议也是最直接、最有效的方法,由于劳动争议问题是发生在他们之间的。这些问题假如可以得到解决，那么所得到的都是双方基本都满意的或者可以接受的结果。

(2) 企业劳动争议调解委员会调解。劳动争议调节就是第三者来介入劳动争议，从而促使当事人达成和解的协议。如果劳动关系的双方对于争议不能达成一致的意见，这就需要由企业劳动争议调节委员会来扮演中间角色进行调节。劳动争议当事人一方或者双方都要以口头或者是书面形式向企业调解委员会提出调解的申请。调解委员会在受理了当事人的调解申请以后，通常是按照一定的程序来进行调解。

(3) 仲裁委员会调解或仲裁。仲裁也叫公断，就是一个公正的第三者对于当事人之间的争议作出一些评断。如果企业调解委员会对于劳动争议的调解达不成，那么争议的当事人一方或者双方就能够在他权利被侵害当天起60日内，以书面的形式向当地劳动行政部门的劳动争议仲裁委员会提出仲裁申请。仲裁委员会就要从收到申诉书那天起的7日内做出是否受理的决定。

仲裁委员会在处理劳动争议的时候，实行的是仲裁员、仲裁庭的制度。当事人可委托一到两名律师或别的人代理参加仲裁活动。

仲裁庭审理劳动争议的案件要先行调解，这时候，当事人双方也能自行和解，在查明事实的前提下促使当事人双方自愿去达成协议。对于调解能够达成协议的，仲裁庭要根据协议的内容制作出一个调解书，调解书从送达当天起具有一定的法律效力。如果调解没有达成协议或调解书送达以前当事人又反悔的，那么仲裁庭就要及时地裁决。仲裁庭处理劳动争议，必须从组成仲裁庭当天起60日内结束。

当仲裁庭作出裁决以后，应该制作仲裁裁决书。当庭裁决的，要在7天内发送裁决书。定期另庭裁决的，要当庭发给裁决书。

(4) 地方人民法院的裁决。劳动争议诉讼就是人民法院按照民事诉讼法所规定的程序，把劳动法规作为依据，按照劳动争议的案件来进行审理的活动。当事人假如对于仲裁裁决不服，从收到裁决书当天起15日内，可向人民法院起诉。劳动争议的当事人一定要经过劳动争议仲裁委员会裁决才可以向地方人民法院提起上诉。人民法院受理的程序是按照《民事诉讼法》的规定来进行，它主要包括劳动争议案件的起诉、受理、调查取证、审判以及执行等一系列的诉讼过程。

## 深化事业单位的人事制度改革

长期以来,我国事业单位工作人员管理一直沿用党政机关的管理模式。为了适应和完善社会主义市场经济体制的要求,1992年党的十四大提出,要按照机关、企业和事业单位的不同特点,逐步建立健全分类管理的人事制度。按照十四大的精神,人事部启动了事业单位人事制度改革试点,不断摸索路子、积累经验。2000年以后,随着聘用制的全面推行和公开招聘的正式开展,以及岗位管理的逐步实施,改革逐渐加速。事业单位人事制度改革正在逐步深入,并将日益规范。

(一)改革成果显著

1995年的郑州会议拉开了事业单位人事制度改革试点的序幕。2000年,党中央下发的《深化干部人事制度改革纲要》针对事业单位用人机制不灵活、效率不高、存在实际上的干部身份终身制等弊端,提出了以推行聘用制度和岗位管理制度为重点深化事业单位人事制度改革的总体要求。同年,中组部、人事部《关于加快推进事业单位人事制度改革的意见》提出了改革的具体要求,对改革进行了部署。2002年,国务院转发人事部《关于在事业单位试行人员聘用制度的意见》,为事业单位试行聘用制度提供了政策依据。近年来,人事部先后出台了关于试行聘用制度的政策解释、公开招聘暂行规定、岗位设置管理试行办法、聘用合同范本等政策文件,进一步规范了改革。在改革实施过程中,人事部会同有关部门先后制定了科研、卫生、高校、中小学、文化、广播影视、新闻出版等事业单位深化人事制度改革的实施意见,积极配合行、业体制改革,加快人事制度改革步伐。全国各地区各部门也都结合各自的实际情况,制定了改革的政策措施和办法,稳步推进改革。

截至2006年9月底,全国已推行聘用制度的单位占事业单位总数的

51%，签订聘用合同的人员占事业单位人员总数的59%。通过改革，逐步改变了按照管理党政机关工作人员的办法管理事业单位人员的做法，淡化了身份，强化了岗位，转换了机制，增强了活力，调动了事业单位各类人才的积极性和创造性，促进了社会事业的健康发展。

(二)随着改革的深化，改革遇到的问题和困难也更加复杂，触及到深层次的矛盾

首先是事业单位转换用人机制的任务还很艰巨。比如，进人方面尚存在不公开不透明、向事业单位乱塞人的问题；在管理上，聘用合同还没有真正成为确定人事关系的依据；岗位管理还没有真正建立起来；出口政策不完善，出口不畅；人事监管方面也缺乏对事业单位用人的监督管理手段。其次，事业单位人事法制建设亟待加强。目前，事业单位人事管理亟须一套完整的法律法规加强规范，同时，人事管理的单项政策规定也需要进一步建立健全。再次，改革发展不平衡。从全国情况看，有的省、市聘用制度已经全面推开，一些地方已超过80%；有的还处在试点阶段。即使在同一地区，也不平衡，机关直属事业单位、地处偏远的事业单位和乡镇所属的事业单位改革相对滞后。此外，整体改革需要配套推进。事业单位人事制度改革也需要与事业单位管理体制、机构编制、社会保障和财政体制等领域的改革相配套。

(三)深化改革要以制度建设为根本

事业单位层次不一、类型多样、队伍庞大，截至2005年底，全国事业单位总计125万个，涉及教科文卫、农林水、广播电视、新闻出版等多个领域，工作人员超过3035万人。其中专业技术人员1984万人，占事业单位总人数的66.4%，占全国国有单位专业技术人员总数的72%，占全国专业技术人员总数的47.3%。其人事制度改革的难度和复杂程度不难想象。因此，下一步改革将在继续坚持试点先行、加大聘用制度推行力度的同时，大力加强制度建设。目前，人事部正在积极研究制定包

括《事业单位人事管理条例》以及十几个配套文件在内的制度规定，逐步形成健全的管理体制、完善的用人机制和完备的法规体系。

在人员进口上，实行公开招聘。人事部已经出台了《事业单位公开招聘暂行规定》，对公开招聘的范围、条件、程序、权限、方式等做出了明确规定，改变目前事业单位进人不规范、不严格的状况，扩大选人视野，提高人员素质。

在人员管理上，推行岗位管理，包括规范岗位设置，实施竞聘上岗，完善考核奖惩，实行合同管理。

在人员出口上，完善退出机制。主要是建立与聘用制度相配套的、保证人员正常流动的解聘辞聘制度，在解决社会保障基础上畅通人员出口，形成正常的人员退出机制。

在人事监管上，在事业单位建立起人员总量、结构比例、收入分配的宏观调控体系，建立起宏观管理、政策监管和个案争议处理相结合的监管机制。

在此过程中，要特别注意有步骤、分阶段进行，通过先行试点、全面推开、深化完善等改革过程，逐步实现改革的目标。要特别注意处理好改革发展稳定的关系，并充分依靠群众，单位的改革方案要广泛听取广大职工的意见，使整个改革平稳推进。

(四) 深化改革要以聘用制度和岗位管理为重点

聘用制度是我国事业单位的一项基本用人制度，要求在人事管理方面做到按需设岗、竞聘上岗、以岗定酬、合同管理，这些制度目标需要通过推行聘用合同制度和岗位管理制度来实现。这也是国务院转发人事部《关于在事业单位试行人员聘用制度的意见》的明确规定。

全面推行聘用合同制度，须不断扩大实行聘用合同制度单位和人员的比例，把聘用合同作为事业单位人事管理的基本依据，建立起以合同管理为基础的用人机制。事业单位各种形式的用人都要签订聘用合同，

## 第五章 科学人事管理，提升人才素质

做到同工同酬、一视同仁。积极探索不同行业、不同类型事业单位实行聘用合同制度的办法，实行长期聘用与短期聘用相结合、专职与兼职相结合的用人办法。有条件的单位可积极探索采用项目聘用、人才派遣等新型用人方式，搞活用人机制。对关键岗位、骨干人员可按有关规定实行长期聘用，以保持队伍的相对稳定。推行聘用合同制度，各地区、各部门要根据实际情况，有计划、分阶段积极推进。

岗位管理是事业单位新型用人制度的主要内容，是实行聘用制度的内在要求，是事业单位人事制度改革实践的迫切需要。专业技术人员、管理人员(职员)、工勤人员都要实行岗位管理。岗位设置是岗位管理的重要环节，是顺利实施岗位管理、实现事业单位人员由身份管理向岗位管理转变、逐步打破职务终身制的前提和基础。科学设岗既是推行聘用制度的前提和基础，也是建立健全事业单位岗位管理制度的需要。事业单位收入分配制度的改革也对制定岗位设置规定提出了更加迫切的要求，党中央、国务院批准的事业单位收入分配制度改革方案确定，事业单位实行岗位绩效工资制度，将岗位作为确定工资的主要因素，规范事业单位岗位设置管理规定，将为实施收入分配制度改革提供依据和基础。

为规范事业单位岗位设置管理，人事部下发了《事业单位岗位设置管理试行办法》及《(事业单位岗位设置管理试行办法)实施意见》，还与教育、科研、文化、卫生等行业主管部门研究制定岗位设置管理的行业指导意见。各地区、各部门和事业单位要按照《事业单位岗位设置管理试行办法》、实施意见和行业指导意见的要求，规范岗位设置管理，按照核准的岗位总量、结构比例和最高等级开展岗位设置工作，从本单位工作需要出发，科学合理地设置不同等级的专业技术岗位、管理岗位和工勤岗位，优化岗位梯次结构，使岗位管理成为事业单位人事管理的基本管理制度。

(五)深化改革要借鉴改革经验

深化事业单位人事制度改革要以邓小平理论和"三个代表"重要思想为指导,落实科学发展观、科教兴国战略和人才强国战略。改革要有利于各项社会事业的发展,有利于建立分类管理的人事制度,有利于调动人才的积极性。要按照分类推进事业单位改革和干部人事制度改革的总体要求和全国人事厅局长会议的部署,以转换用人机制和搞活用人制度为重点,以推行聘用制度和岗位管理制度为主要内容,坚持整体推进与分行业实施相结合,坚持政府宏观管理与落实单位用人自主权相结合,并积极促进综合配套改革。改革重在创新管理体制,转换用人机制,整合人才资源,凝聚优秀人才,促进公共服务和社会事业的发展壮大,并实现事业单位人事管理的科学化、法制化。

# 事业单位工作岗位分类

事业单位分类是深化事业单位改革、规范事业单位管理的基础性工作。按照政事分开、事企分开的原则,根据现有事业单位的社会功能,一般将事业单位划分为承担行政职能的、从事生产经营活动的和从事公益公务的三大类。通过分类,一些跨系统、跨部门功能相同、职能相近的事业单位通过改革整合在一起;经营服务类的事业单位大部分要改企走向市场;保留纯公益性事业单位,根据其实际工作需要加大对这些事业单位的经费保障,使其为社会提供更充分的公共服务。

从总体上看,我国事业单位提供了大量的就业机会,对经济和社会发展作出了重大贡献,尤其是在推动社会事业发展和扩大公益服务供给方面起到了十分重要的作用。但时至今日,在传统计划经济体制下形成的事业单位与国家的整体发展进程不相匹配,已远远滞后于经济发展的

## 第五章 科学人事管理，提升人才素质

步伐，难以适应目前中国市场经济的需要，严重制约了经济和社会的协调发展，不能满足公众对公共服务的需求。甚至一些事业单位就是"罚款和收费"的代名词，仅靠政策收费养人；还有少部分事业单位其职能任务已基本消失，但基于稳定考虑，也只有财政拿钱养着，无所事事。我们每年工作要点都要布置事业单位机构改革工作，但收效不大，仅有几次动作较大的也是上级统一布署的行业体制改革。如：公路养护和征稽、勘察设计、公用事业等单位的改制。全面推进事业单位改革已是迫在眉睫！事业单位机构改革的基本原则是分类改革，即根据不同类型的事业单位确定不同的改革内容，并制定不同的改革措施。对于事业单位划分类别，其分类的最主要的依据就是事业单位所承担的职能。

事业单位的职能是事业单位存在的基础，改革就是对现有的各类事业单位进行重新洗牌，根据其承担的职能进行改革。对承担行政管理职能的单位的职能进行重新确认，做到政事分开，将不再具有行政许可、行政处罚和管理职能的单位彻底清理；对承担公益性职能的事业单位予以保留，并且进一步实现举办主体的多元化，对于纯公益事业单位要根据其职能的公益性程度，进一步加强政府投资，对于准公益事业单位要积极将其推向市场；对于公益性职能已经弱化或者丧失，单纯以生产经营为目的的事业单位单位，要逐步退出事业单位序列，通过改企转制走上自我发展的道路。由于事业单位情况十分复杂，所以对事业单位分类要结合具体情况做大量细致的分析工作。在具体划分中，我们要把握一些基本的原则：

1. 行政管理执行类事业单位。划分时应注意必须有法律、法规授权承担行政执行、执法监督和经济社会管理职能的事业单位；对于承担行政许可、处罚职能的事业单位，必须符合《行政许可法》、《行政处罚法》有关规定。

2. 社会公益类事业单位。划分时应注意以下原则：对职能中既含有

纯公益类内容，又含有准公益类内容的，原则上应划入准公益类；对职能相同或相近的单位，应按"区域覆盖、就近服务"原则进行整合；对设置过于零散、规模过小、服务对象单一的单位，应予以合并；对职能已消失、社会效益差、经费无来源的以及"空壳"事业单位则应予撤销；对虽划入准公益类，但可市场化操作的事业单位，应积极创造条件按生产经营服务类事业单位改企转制。

3.生产经营服务类事业单位。生产经营服务类事业单位的标准，在于是否以创收营利为主要目的；是否从事生产经营活动；现承担的职能是否可社会化、市场化运作等。除了以上的三项标准外，在事业单位分类时我们还要注意以下几个方面：一是事业单位分类不能望名生义。事业单位的名称仅仅是我们分类时的参考，决不能将其作为分类的依据。二是事业单位分类不能以经费渠道为划分标准。事业单位分类改革是按事业单位功能来划分，根据其功能确定其改革方向，因此事业单位经费渠道绝不是确定事业单位改与不改的界限。三是事业单位分类不能生搬硬套。事业单位情况复杂，往往一个单位兼有多种职能，分类时必须具体情况具体分析。

## 退休标准和退职标准

退休标准：

（1）年龄条件

一般情况下，退休年龄，男年满60周岁，女年满55周岁。女工人年满50周岁。

（2）工龄条件

无论是按规定正常退休，还是因工作性质、劳动强度和身体情况提前退休,都必须是工作时间满10年的才符合退休条件。对于操作岗位上的劳动者应为连续工龄。

（3）身体条件

经过医院证明,操作岗位上的劳动者除由医院证明外,并经劳动鉴定委员会确认,完全丧失工作能力的,凡男年满50周岁,女年满45周岁,参加工作年满10年或连续工龄满10年的,均可提前退休。

（4）工残条件

因工致残,经过医院证明,操作岗位上的劳动者除由医院证明外,并经劳动鉴定委员会确认,完全丧失工作能力的,不受年龄、参加工作年限或连续工龄的限制,都可以提前办理退休。

（5）工务条件

操作岗位上的劳动者从事井下、高空、高温、特别繁重体力劳动或者其他有害身体健康的工作,男年满55周岁,女年满45周岁,连续工龄满10年的,可以提前退休。

（6）职称条件

根据国务院有关文件规定,对于确因工作需要,身体能坚持正常工作的少数高级专家,征得本人同意,经任免机关批准,其退休年龄可以适当延长。副教授、副研究员以及相当这一级职称的高级专家,最长不超过65周岁；教授、研究员以及相当这一级职称的高级专家,最长不超过70周岁；学术上造诣高深、在国内外有重大影响的杰出高级专家,经国务院批准,可以暂缓退休,继续从事研究或著作工作。

提前退休人员是指符合提前退休条件的人员。也就是说符合以上退休标准的第（3）（4）（5）项条件的劳动者。

退职人员是指对那些不符合退休条件,但年老体弱不能坚持正常工作,提前退出工作岗位的人员。退职是解决那些不符合退休条件,但年老体弱不能坚持正常工作,提前退出工作岗位人员的一种养老制度。

**不懂管理就做不好老板**

退职标准:

（1）身体完全丧失工作能力。由医院证明外,并经劳动鉴定委员会确认。

（2）岁数未到退休年龄。男的不满50周岁；女的不满45周岁。

（3）工龄未到退休年限。参加工作不满10年,或连续工龄不满10年。

办理退职,须具备以上3项条件,才能由所在单位按管理权限,报任免机关或劳资部门批准。

有偿解除劳动合同退休人员是指用人单位对劳动者解除劳动合同应一次性发给一定经济补偿金的,且劳动者达到法定退休年龄,符合退休条件的人员。

## 离退休人员的管理与服务

随着我国社会主义物质文明和精神文明建设的发展,老年人的需求观念也有了相应改变,离退休管理服务工作要根据老年人新的需求针对性地做好工作,并结合工作实际有所创新。

离退休职工的管理服务工作政策性强、涉及面广,其管理服务工作质量的优劣直接关系着党的政策和国家法律法规能否认真贯彻落实、离退休职工晚年幸福、离退休职工家庭和睦和社会稳定等。做好离退休管理服务工作不仅是广大离退休职工的迫切要求,也是各级离退休管理组织和离退休管理干部责无旁贷的神圣职责。这里就我从事离退休人员管理与服务工作的实践与经验作一总结研究。

一、更新观念,充分认识离退休管理服务工作的重要性

有人认为,离退休管理服务工作只要每年组织离退休职工开展几次活动,退休职工有困难尽力帮助解决,将上级主管部门布置的任务努力

完成就行了。如今看来，仅做这些是不够的。我国社会主义经济建设经历了不同的历史时期，走过了漫长的发展历程。我们今天所取得的成就，都是建立在前人奠定的基础上的。离退休人员中的很多老同志，可以说是国家发展历史的见证人。他们中的相当一部分人历经了风风雨雨，几十年如一日，为祖国的建设和发展献出大半生的心血精力。离退休人员是国家的功臣，也是社会的宝贵财富。他们在长期的工作实践中，锤炼出了高尚品质，积累了丰富经验，养成了良好的作风，是国家优良文化传统的实践者和集大成者。这种精神财富是我们必不可少的，是应该一代一代传下去的。因此，从一定意义上说，做好离退休人员工作，就是要发扬光大优良传统，增添开拓进取的思想勇气，这不仅是中华民族尊老敬老的一种体现，更是推进经济建设发展，延续优良传统的实际需要。目前有相当一部分老同志还在从事"以老为老"服务或一定的社会工作，这是国家的一笔可贵资源。因此，要把离退休人员看作国家的宝贵财富，多关心、多爱护，让这些老同志幸福生活，安度晚年。

随着我国社会主义物质文明和精神文明建设的发展，老年人的需求观念也有了相应改变，离退休管理服务工作要根据老年人新的需求针对性地做好工作，并结合工作实际有所创新。首先，要从政治上、思想上关心老年人，为他们实现人生价值铺平道路；其次，要为他们提供机会，为发展社会公益事业继续奉献余热；第三，要努力创造条件，尽可能为他们扩建一些文体活动设施，使他们能经常参加群体活动，精神充实，生活愉快，身心健康，实现老有所养，老有所医，老有所学，老有所乐。正如某位中央领导所说的：老龄工作要坚持党政主导，社会参与，全民关怀的工作方针。首先是各级党委、政府和有关部门要进一步提高认识，转变作风，深入实际，加大投入，为老年人办好事，办实事；同时要注意调动社会各方面的积极性，共同参与和推动老龄事业的发展。只有这样，老龄工作才能充满生机和活力，才能赢得人民群众对我们的信任和支持。

二、强化管理,充分发挥老龄委和老年组织的作用

可以按老同志居住的宿舍区划分站、片,老龄委各级领导兼任服务区的区、站、片长,建立社区管理所与各直管服务区老同志密切配合,通过对离退休老同志的家访等工作,对直管服务区的离退休老同志的基础信息进行了认真细致的核对,不断地完善离退休老同志基础信息台和信息库。对于流动性较大的老同志进行网络动态管理,直管服务区的工作人员要随时掌握所管辖区域老同志的动向,如有外出打工或居住的,及时反馈各社区管理所,社区管理所联系外出离退休老同志,建立流动性信息档案,以方便对这部分人员的管理和服务。

离退休职工作为老年人,精神的愉悦与经济保障占同等重要的位置,老年人只有老有所养,才有老有所乐,只有老有所乐,才能为社会做出不遗余力的贡献。为此,我们在落实老有所养的问题上可以开展一系列活动,以增强离退休老同志的体魄和心理上的健康。一是组织离退休干部及符合旅游、疗养人员参加旅游、疗养;二是组织老人进行琴棋书画比赛,开展老年文艺活动。组织老同志书画比赛,举行获奖作品展览。成立老年大学,根据老同志的爱好,组建书法、合唱、舞蹈、象棋、乒乓球等队伍,制定全年活动规划,做到月月有活动、月月有比赛,定期举行老年人运动会,积极组织参加省、市、社区组织的各项活动等。通过活动陶冶离退休老同志的情操,激发他们老有所为的热情。

三、热情服务,真诚为离退休人员排忧解难

从事离退休管理工作的同志,要处处关心离退休人员的切身利益,倾情为困难职工做好服务。在工作当中,我们要着力为离退休老同志办实事,做好事,并重点对精神病患者和孤寡老人倍加照顾,随时关注他们的生活和身体健康状况,经常去家中或精神病院探望,送去必需的生活用品。

针对医疗改革初级阶段,退休职工看病难、不敢看病问题,搞好"帮

扶活动"。如对大病特困的离退休人员，根据单位有关规定进行生活救助；对生活困难的离退休人员给予及时救助；给退休人员办理的大病互助保险。总之，通过一系列"帮扶"措施，解决了老同志有病不敢去医院，没钱治疗的实际问题。

与此同时，我们提倡并组织在离退休职工党员与党员、党员与群众、群众与群众之间相互结对子、形成帮扶对象，重点对孤寡老人、老弱病残的老年人进行帮扶。在开展为困难离退休职工送温暖帮扶活动中，我们建立了孤寡老人、遗属、特困职工档案，掌握第一手资料，及时给予帮扶。通过这些服务，使全体党员及广大离退休老同志感受到党的关怀和温暖，感受到生活在一个和谐大家庭中。

四、充实力量，加强离退休管理工作人员自身队伍建设

管理人员工作作风问题是一个党性问题，对离退休工作不认真不细致，就是没有认真执行党的政策，就是工作态度不端正，也是一个人的品德问题。离退休工作没有小事，离退休老同志提出的一些个人事情同国家大事相比，那是小事，可对老同志来说就是大事。我们要求管理人员要把离退休职工的事都当作大事来对待，深入细致、认真负责地去安排好、落实好。在管理与服务中，一是对老同志承诺的事必须兑现，不能一说了之，要讲信誉，说了的事就要落实；二是对老干部的"两个待遇"要逐人逐项落实；三是要经常征求老同志的意见，对老同志的意见，该反映的要向上级反映，该解释的要给予耐心的解释；四是对离退休工作要有落实，有检查，不断创新工作思路，改进工作作风，提高管理与服务水平，逐步提高老同志对离退休工作的满意度。

总之，离退休人员管理与服务是一项比较艰巨和繁杂的工作，但只要我们积极去探索，认真去实践，满腔热情地投入工作，就一定能把这项工作做得有声有色。

# 第六章 世界 500 强高管给你的建议书

要努力掌握、精通这些来自世界五百强企业高管们的思想,因为掌握了这些思想就等于打开了一个新世界。但要记住,世界 500 强的这些管理方略也只是工具,重要的还是扩展思路,提高思维水平。

## 沃尔玛的低成本经营模式

沃尔玛百货有限公司，主营商品零售。沃尔玛公司由美国零售业的传奇人物山姆·沃尔顿先生于1962年在美国阿肯色州创立。经过四十多年的发展，沃尔玛公司已经成为美国最大的私人雇主和世界上最大的连锁零售商。

2001年，在《财富》杂志公布的美国500家最大公司排名中，沃尔玛以2189.12亿美元的销售收入赫然位居榜首，这也是服务公司首次位居美国500家最大公司榜首。此后到2010年期间，沃尔玛公司多次位居世界500强排行榜首位。目前，沃尔玛在全球16个国家开设了7800多家商场，下设53个品牌，每周为客户和会员提供服务超过2亿次。2010财政年度销售额达到4082.14亿美元，全球员工总数超过210万人。

沃尔玛1996年进入中国，在深圳开设了第一家沃尔玛购物广场和山姆会员商店。沃尔玛全球采购中心总部于2002年在深圳设立。经过13年的发展，沃尔玛已经在全国共89个城市开设了146家商场，包括沃尔玛购物广场、山姆会员商店、沃尔玛社区店三种业态，其中沃尔玛购物广场138家、山姆会员商店3家、社区店2家，同时拥有好又多35%的股权和好又多102家门店。沃尔玛至今在华创造了超过70000个就业机会。作为一家出色的企业，沃尔玛自进入中国就积极开展社区服务和慈善公益活动，12年累计向各种慈善公益事业捐献了超过5800万元的物品和资金。沃尔玛十分重视环境保护和可持续发展，并把环保的理念融入到

## 第六章 世界 500 强高管给你的建议书

沃尔玛日常工作的每一个环节，同时，沃尔玛也鼓励合作伙伴成为沃尔玛环保360计划的一部分，共同致力于中国的环境保护和可持续发展。

与在世界其他地方一样，沃尔玛在中国始终坚持公司的优良传统，即专注于开好每一家店，服务好每一位顾客，始终为顾客提供优质廉价、品种齐全的商品和友善的服务。沃尔玛在中国每开设一家商场，均会为当地引入先进的零售技术及创新的零售观念，在激发竞争的同时，帮助提高当地零售业的经营水平和服务质量，从而促进了当地经济的繁荣。

沃尔玛在中国的经营始终坚持本地采购，提供更多的就业机会，支持当地制造业，促进当地经济的发展。目前，沃尔玛在中国销售的产品中本地产品达到95%以上，与近2万家供应商建立了合作关系。沃尔玛一贯视供应商为合作伙伴，与供应商共同发展。2008年,在由上海商情——供应商满意度测评办公室中心发布的《2008供应商满意度调查报告》中，沃尔玛问鼎多项满意度最高指标，连续五年被供应商选为"综合满意度最高的连锁卖场"。

无论在哪里运营，沃尔玛都致力于成为优秀的企业公民。在中国，沃尔玛赢得了许多奖项，其中最近获得的几个具有代表性的奖项包括：连续五年在由上海商情——供应商满意度测评办公室中心发布的供应商满意度调查报告中名列榜首、由中华英才网评选的"中国大学生最佳雇主"、由《亚洲华尔街日报》评选的"亚洲领先跨国企业"、由中国连锁经营协会颁发的"中国零售业最佳雇主"、由《财富》杂志中文版颁发的"中国最有价值的品牌"、由《南方周末》评选的"世界500强在华十佳投资企业"、由《财富》杂志中文版和华信惠悦评选的"卓越雇主"、由《福布斯》中文版评选的"跨国公司慈善捐赠榜"、由《财富》杂志中文版评选的"最受赞赏公司"、由《光明日报》颁发的"最佳社区奖"。

作为一家举世瞩目的成功企业，沃尔玛集多种成功的发展模式于一身，如沃尔玛的人才观、满意服务、全球化策略和天天平价等。在这些

## 不懂管理就做不好老板

模式中，低成本经营模式最受推崇，有经济专家指出，如果没有低成本的成功，它的连锁经营模式就无法施行。其成功之道主要包括以下内容：

(一) 女裤理论

1918年，沃尔玛的创始人山姆·沃尔顿出生于美国阿肯色州本顿维尔镇，小时候家境不富裕使他养成了节俭的习惯。1936年，山姆进入密苏里大学攻读经济学学士学位，并担任过大学学生会主席。1940年，山姆毕业时正赶上第二次世界大战爆发，他毅然报名参军，在美国陆军情报部门服役。

第二次世界大战结束后，山姆回到故乡，他向岳父借了2万美元和妻子海伦开了一家小店，学会采购、定价和销售。就在这时，山姆结识了来自纽约的一名厂商销售代理亨利·维尼尔，学到了定价第一课。

当时，山姆说："亨利卖女裤，1条只卖2美元。我们一直从同一地点购进同样的裤子，但1条卖2.5美元。我们发现，如果按亨利的卖价，裤子的销量会猛增。于是我学到了一个看似非常简单的道理：如果我用单价80美分买进东西，以1美元的价格出售，其销量竟然是以1.2美元出售的三倍！单从一件商品上看，我少赚了一半的钱，但我卖出了三倍的商品，总利润实际大多了。"

直到今天，沃尔玛依然实施着这一价格哲学，那就是沃尔玛著名的"女裤理论"。如今，沃尔玛在全世界多个国家开有连锁店和"山姆俱乐部"商店，组成了一个庞大的"沃尔玛帝国"。沃尔玛商店出售的物品从家用杂货、男女服装、儿童玩具到饮食、家具等无所不包。沃尔玛名下的各种商店，给人一个特别的感觉就是薄利多销，其口号就是"天天平价"，而且真正做到了这一点。沃尔玛的"天天平价"和一般的削价让利有着本质的区别。在沃尔玛，"天天平价"被作为一种长期的营销战略手段，而不是短期促销行为。因此，"天天平价"作为整个企业市场定价策略的核心，是沃尔玛存在的根本，也是沃尔玛发展的依托。

## 第六章 世界 500 强高管给你的建议书

从开办第一家店开始,山姆·沃尔顿就始终坚持这一价格哲学,从不动摇。

(二) 低价格营销——沃尔玛营销的思想精髓

在世界上每一个国家的沃尔玛商场里,都可以看见醒目的"天天平价"、"我们售价更低"、"保证满意"等标语,它们昭示着沃尔玛低价营销的经营理念。

山姆·沃尔顿开办第一家沃尔玛折扣店时,就明确提出了独具一格的经营理念:"以低廉的价格、热情的服务吸引小城镇的美国人。"

随着沃尔玛的不断壮大,其经营理念和营销策略得到进一步完善。现在的沃尔玛不仅从目标市场的选择、促销手段的运用、销售商品的定位、店内设施和店址的确定等方面都围绕着低价策略展开,而且还以先进的经营理念、完善的运作体系、现代化的信息管理技术,保证着低价格营销的顺利实现。

(三) 追求低成本的基本手段

归纳起来,沃尔玛的低成本主要依靠下列一些基本手段来实现。

1. 以先进的科技手段实施管理

沃尔玛为了领先于竞争对手,先行对零售信息系统进行了非常积极的投资:最早(1969 年)使用计算机跟踪存货;最早(1980 年)使用条形码;1984 年,沃尔玛投入 4 亿美元巨资,与美国休斯敦公司合作发射了一颗商业卫星,在此基础上又投入 6 亿美元建立了目前的计算机及卫星交互式通讯系统,这样使其拥有全美最大的私人卫星通信系统和最大的私人运输车队;所有分店的电脑和总部相连,一般分店发出订单 24-48 小时左右就可以收到配送中心送来的商品。如此快捷的信息反馈和高效的存货管理,使得存货量大大降低,资金周转速度加快,从而降低成本。

2. 把好管理费用控制关

对于行政开支的控制,沃尔玛几乎做到了极致,比如规定采购费用不得超过采购金额的1%；整个公司的管理费用不得超过整个公司销售额的2%，而行业平均水平为5%左右。此外，其在人力成本方面的控制也非常严格。

3. 控制广告支出

沃尔玛非常注重实效性，认为保持"天天平价"就是最好的广告，尽量节约广告费用，用于降低商品价格，把广告费以价格折扣的方式转移给消费者，使消费者得到真正的实惠。因而更能赢得消费者的信任。在零售业同行中，沃尔玛的广告费用是最低的，但销售额却是最大的。

4. 与供应商合作共生

沃尔玛采购量非常大，一般从工厂直接进货，并同供应商保持长期合作的关系。通过电脑联网实现信息共享，供应商可以第一时间了解沃尔玛的销售和存货情况，及时安排生产和运输。由于效率的提高，供应商成本降低，沃尔玛也就能提供更便宜的商品让利给顾客。这种合作模式下，实现了供应商、沃尔玛和顾客三方面的"三赢"局面。

5. 采取仓储式经营，降低非实效开支

沃尔玛的商品包装都比较简单，多采用大包装；同时，店址绝不会选在租金昂贵的商业繁华地带，而大多设在租金低而交通集中的地区或公路旁，以此降低其固定成本。装修、包装、房租等相对于消费者来说，都是非实效支出，节约这些支出，就可以尽可能为消费者提供有效支出。

(四) 物流管理——低成本的重要环节

能够做到天天低价，在于沃尔玛比竞争对手成本低，商品周转快。该公司在具体做法上是绕开中间商，直接从工厂进货。灵活高效的物流配送系统，则是沃尔玛达到最大销售量和低成本的存货周转的核心。

如今，沃尔玛配送中心分别服务于美国18个州约2500个商场，配送中心约占地10万平方米，整个公司销售商品的85%由这些配送中心供应。相比之下，其竞争对手却只有5%—65%的商品进行集中配送。

沃尔玛完整的物流系统不仅包括配送中心。还有更为复杂的资料输入采购系统、自动补货系统等。

沃尔玛使用商业卫星后，实现了全球联网，全球4000多家门店通过全球网络可在1小时之内对每种商品的库存、上架、销售量全部盘点一遍，并通知货车司机最新的路况信息，调整车辆送货的最佳线路。

（五）开发自有品牌

到过沃尔玛山姆会员店的人，都会对沃尔玛的山姆国货精选、鲍比·布鲁克斯服装、奥罗伊狗食、特选小猫食、常用机械五金工具、野外运动猎装、沃尔玛家用油漆、沃尔玛纸张用品等这些集沃尔玛品牌平价与优质于一身的自有品牌商品记忆犹新。

沃尔玛在开发自有品牌中所做的一切都是基于顾客的需求，并着重在以下几方面体现品牌的价值：可信度、一贯性、低价格（低于国内品牌至少10%）、质量优（高于或等于国内品牌）、独特性等。这些自有品牌一经面世，便成为沃尔玛顾客的钟爱商品，而且这些商品只有在沃尔玛门店才能买到。

为了降低经营成本，沃尔玛采取了一系列有效措施。这些措施值得中国企业借鉴和学习。归纳起来，主要包括三个方面：

1. 树立开源节流的观念，厉行节俭

简朴的生活、工作，有益于员工的品德修养。而经营中各种费用的降低，保持了企业的低成本，使之能让利于消费者。

2. 利用信息技术，提高运营效率

信息技术为企业提高经营管理的效率和水平提供了方便快捷的手段。应用现代信息技术，对于降低库存、控制成本、加快资金周转和提高企业对市场变化的反应速度，具有明显的促进作用，沃尔玛是率先成功使用现代信息技术的企业。

3. 加强管理，查处盗窃，减少损耗

在零售商业中，把存货数量小于商品购入数量与销出数量的差额称为损耗。它是指被盗窃、损坏或丢失的商品数额，是零售业盈利的大敌之一。在这方面，沃尔玛的控制工作做得非常成功，这项工作成为了防止经营成本上升的有效措施。在实施过程中，从"跑"、"冒"、"滴"、"漏"抓起，严格要求每一个员工，防微杜渐，减少损耗，增强公司的竞争力。

如今，中国零售企业面临着国内和国际的竞争，控制成本是关键的竞争手段。成本过高，所出售商品的价格就无法降低。所以，高成本带来的高价格，最终会使商店失去顾客。沃尔玛严格地控制各项开支来降低成本，保持商品的低价位。在沃尔玛的商店里，商品价格一般要比其他店便宜5%左右，从而能够吸引顾客，增强竞争力，这是我国企业必须学习的。

## 虚拟经营的典范——耐克

耐克公司(NIKE)，美国企业，主营服装。NIKE 英文原意指希腊胜利女神。NIKE 是全球著名的体育用品品牌，公司总部位于美国俄勒冈州比佛顿。该公司生产的体育用品包罗万象：服装、鞋类、运动器材等等。耐克公司多次进入世界500强行列，2010年耐克公司位于世界500强排行榜的第453位。

公司创始人比尔·鲍尔曼自1947年从俄勒冈大学毕业后一直留校担任田径教练。鲍尔曼幼年时家境贫寒，坎坷的经历培养了他钢铁一般的意志。公司董事长兼首席执行官奈特作为创始人之一，对耐克的发展同样功不可没。1959年，奈特从俄勒冈大学毕业，获得工商管理学士学位，一年后，他又进入著名的斯坦福大学攻读工商管理硕士学位，严格的管

## 第六章 世界500强高管给你的建议书

理教育使他具备了成为一名优秀的管理者的素质。在以后的岁月里，两人携手并肩，同舟共济，带领公司不断发展壮大。

奈特原是一位平庸的长跑运动员。1960年，奈特前往日本的奥尼楚卡公司申请在美国销售泰格尔跑鞋的资格。回美国时，他把该公司制作的运动鞋的样品带给了鲍尔曼。第一年，他们销售了价值8000美元的进口鞋。1964年，奈特和鲍尔曼合伙，每人拿出500美元，组成布卢里帮制鞋公司，为泰格尔跑鞋生产鞋底。1972年，他们将公司更名为耐克公司，从此开始缔造属于自己的传奇。同年，奈特和鲍尔曼终于自己发明出一种鞋并决定自己制造。他们把制作任务承包给劳动力廉价的亚洲工厂，给这种鞋取名叫耐克——这是依照希腊胜利之神的名字而取的。同时，他们还发明出一种独特的标志"SWOOSH"（意为"嗖"的一声），每件耐克公司制品上都有这种标记。在1972年俄勒冈州尤金市运动会预选赛期间，耐克鞋在竞赛中首次亮相，被说服穿这种新鞋的马拉松运动员都取得了优异的成绩。

耐克一直将激励全世界的每位运动员并为其献上最好的产品视为光荣使命。耐克的语言就是运动的语言。耐克深知：只有运用先进的技术才能生产出最好的产品。一直以来，耐克公司投入了大量的人力、物力用于新产品的开发和研制。耐克首创的气垫技术给体育界带来了一场革命，运用这项技术制造出的运动鞋可以很好地保护运动员的脚踝，防止其在做剧烈运动时扭伤。采用气垫技术的运动鞋一经推出就大受欢迎，普通消费者和专业运动员都对它爱不释手。2001年，耐克在研制出气垫技术后又推出了一种名为"Shocks"的新型防震技术，采用这种技术生产出来的运动鞋深受欢迎，销量节节攀升。除运动鞋外，耐克公司的服装也不乏创新之作，耐克制造的其他体育用品同样都是高科技的结晶。

如今，耐克公司的生产经营活动遍布全球，其员工总数达22000人。与公司合作的供应商、托运商、零售商以及其他服务人员接近100万人。

**不懂管理就做不好老板**

耐克公司的成功主要得益于其虚拟化的经营理念。所谓虚拟经营，就是耐克的所有产品都不由自己生产制造，而是全部外包给其他的生产厂家加工。耐克将设计图纸交给生产厂家，让他们严格按图纸式样进行生产，然后由耐克贴牌，并将产品通过公司的行销网络将产品销售出去，即"贴牌生产"。

这种模式充分实现了优势互补的作用。耐克公司的这一战略，节约了大量的生产投资以及设备购置费用，也极大的节约了人工费用，从而能够将公司的所有人力、物力、财力等资源集中起来投入到产品设计和市场营销中去。这也是耐克运动鞋之所以能以较低的价格与其他名牌产品竞争的一个重要原因。

代工生产或贴牌生产简称"OEM"，这种经营模式在国际上已运作多年并行之有效。很多公司为了加大在创新能力方面的配置，尽可能的减少在固定资产方面的投入，不直接进行生产，而让别的企业代为完成产品的生产任务。这样，只需支付材料成本费和加工费，而不必承担设备折旧和自建工厂的负担，可随时根据市场变化灵活地按需下单。因此，通过代工生产，可以培养和壮大企业内在的扩张力，提高经营能力和管理水平，从而为更高层次的资本运营创造条件和积累经验。

耐克在生产上采取了一种虚拟化策略，将所有产品的制造都外包给其他的生产厂家加工；将公司的所有人力、物力、财力等资源集中起来，集中投入到产品设计和市场营销中去，培植公司的产品设计和市场营销能力。

虚拟企业的优点是"用最大的组织来实现最大的权能"。在为实现某一市场战略而组成的虚拟企业中，每个成员只充当其中某部分结构功能，通过信息网络，支持着虚拟企业依据空间分布的生产工作。这样的企业结构和传统的组织结构相比，有较大的结构成本优势，大大提高了企业的竞争力。

## 第六章 世界 500 强高管给你的建议书

耐克充分利用了 20 世纪 70 年代面临的极为有利的初始需求这种有利条件,但其成功远非仅仅由于简单地依赖这种初始需求。耐克击败了所有对手,包括曾占统治地位的阿迪达斯公司。通过充分发挥潜力,耐克生产出比阿迪达斯种类更多的产品,开创了鞋型千姿百态的先河。通过提供风格各异、价格不同和多种用途的产品,耐克吸引了大量消费者,并让消费者感到耐克提供的品种最全、质量最好。在一个飞速发展的行业里,耐克以其种类繁多的产品开拓了最广阔的市场,它把鞋卖给零售商,如百货商店、鞋店以及特种跑鞋店。

耐克精心研究开发出的新式鞋底在制鞋业中处于领先地位。在 20 世纪 70 年代末,耐克的研究人员已将近 100 名,公司已生产 140 多种不同式样的产品,这些式样是根据不同脚型、体重、跑速、训练计划、性别和不同技术水平而设计的。市场对耐克公司产品的需求十分巨大,以至于它的 8000 个商店中的 60% 都必须提前订货,甚至常常要等半年之久才能到货。1976 年耐克销售额为 1400 万美元,仅半年后便上升到 6.4 亿美元,市场占有率排名第一。两年后,耐克市场份额已近 50%,而阿迪达斯的市场份额却大大减少。

在经营策略上,耐克没有多少标新立异,在很多方面沿袭了阿迪达斯几十年前树立起来的制鞋业公认的成功市场策略。比如集中力量试验和开发更好的跑鞋,利用著名运动员和重大体育比赛展示产品的使用情况等。耐克的仿效并不是制造同别人完全相同的产品,而是仿效别人成功的决策和标准,并建立起了善于抓住各种机会的部门机构。

我国的许多企业曾经就是他们"贴牌生产"的下线。显然,作为年轻人,我们一定要懂得,中国企业要发展、要崛起,不能永远被"贴牌",也要发展自己的民族品牌、创世界品牌。为此,需要学习耐克的成功经验,早日变"中国制造"为"中国创造"。

## 不懂管理就做不好老板

## 宝马——成功的新形象

宝马汽车是一个拥有16座汽车制造工厂，员工总数超过十万名的大企业，每年制造100万辆汽车。透过分布在全球120个国家的行销公司，宝马公司所建立的顾客群达千万人之众，奠定了宝马名列全球12大生产交通运输工具集团之一的地位，产值名列全欧第7位，销售额居第5位。

1993年，大多数国家的汽车制造业被卷入一个全新调整时期，处于汽车王国的美国制造厂商早在20世纪80年代就被迫进行传统结构的修正，欧洲、日本也在不景气中开始类似的重新改组，面对低迷的市场，宝马适时的采取行动，整合市场定位和提高生产力策略，绕过了汽车市场的低谷。

当年，宝马是德国唯一能够避免减时工作却又能创造利润的汽车制造商，交车数量达到534397辆，维持了汽车市场中高级豪华车种最成功厂牌的地位。"如果你只是跟着别人的步伐，那么你就不要期望能够超越它。"这是宝马公司总裁在表述其公司哲学时的一句名言。宝马汽车制造商于1985年首次在新加坡成立了亚太区域分公司，20世纪90年代，他们抓住国际汽车市场调整和亚洲中产阶级崛起的机遇，制定了一系列市场方略，诸如提高销售量和市场占有率，使宝马成为高级车市场的第一厂牌。它渗透亚洲市场，使现有市场的代理商网络更加完善；在顾客对产品及服务满意度方面处领先地位，并紧紧跟随着这一发展目标，稳步实施1994年，在亚洲市场，宝马共卖出2.5万辆车子，整个市场占有率从原来的1.6%提高到2.1%，在他们设立的重点区域——印度尼西亚、中国台湾和中国香港三个市场，1994年增长率分别达到86%、70%和31%。2010年世界500强排名第82位。

## 第六章 世界500强高管给你的建议书

(一) 产品策略——系列优雅风格

宝马的汽车种类繁多,分别以不同系列来设定它们的等级。从较小型、时髦的三系列,到提供安全舒适空间的五系列,再到发展适合高级人员的七系列房车,直到独特优雅的八系列双门跑车,所有车系都具备了宝马汽车惯有的优雅风格,潜在的动力、高品质的做工,以及无与伦比的安全标准,从而进一步稳固宝马"成功的新形象"。

(二) 价格策略——高价位

宝马的目标在于追求成功的高价政策,以高于其他大众车厂牌的价格出现。这一定位是基于宝马优于其他厂牌的产品及具备完善的服务特性,以及宝马品牌象征的价值。

这一价位策略达成了以下机能:作为宝马汽车品质的指标,价格也传达了品牌象征与声望的讯息;相对于竞争厂牌的专用性与独特性,消费者的社会成就可以在他的生活里得到反映。

(三) 促销策略

依据上述战略目标,宝马通过自己的沟通管道——广告、直销、项目策划等,把这一战略变成现实。

今天的消费者面临着无数的广告和商业信息的包围。为了能够有效地接触到自己的顾客群,宝马采用不同的沟通管道,包括广告、直销、项目策划,以及公共关系的建立。综合各种不同渠道使宝马创造了和顾客直接接触的机会,传达了许多不同的讯息,这项策略反过来又帮助宝马树立起正面的形象。

1. 多层次的广告

随着世界愈来愈像个"地球村"的发展,整合宝马在多种不同广告上呈现的"象征"变得十分重要。为了适应这项需要,宝马在亚洲地区发展了一套"牌子象征"的计划。

今天愈来愈多的媒体具备超越国界的影响力,使其所传达的讯息能够一致，宝马充分利用统一的广告手法树立起完整的宝马形象。不论在哪一个市场，宝马公司的广告任务都集中在提升并支持宝马的整体形象上，并通过四个层次予以推进。第一层：企业性宣传活动——全球性的推广和定位品牌；第二层：亚洲地区广告网——以加强宝马牌子的优越形象和建立其在当地的信誉与地位来支援宝马的牌子广告网；第三层：全国性形象塑造活动——在各地树立形象以提高品牌知名度，进一步赢取短期利益，并支持品牌所诉求的讯息；第四层：适当用当地行销的策略性广告，激发销售量，引导并支援产品的定位。以上四个层次广告逐层递进，并配之以品牌宣传活动，使宝马形象日渐完美，收到了预期的效果。

2. 直销

直销在世界各地日渐重要的事实已成共识。在一些国家，这种比较个人化的沟通方式的支出已达到所有宣传费用的一半。宝马同样十分重视直销方式。所以当宝马汽车公司在企划广告和销售计划时，与目标消费群直接的对谈占了愈来愈重的比例。身为一个独特的、个人化且技术领先的厂牌，宝马锁定的对象并非是大众化汽车市场。随着亚洲市场的快速发展，宝马必须了解变化了的环境对顾客群沟通方式的影响，因此宝马采用慎选的个人化手法，用合宜有效的方式把讯息传达给消费者，这就是宝马的直销计划。这一计划是依据消费者方面、产品方面、市场方面、沟通方面的诸种趋势而制定的。

3. 项目策划

争夺潜在客户的竞争日益激烈，加上"传讯污染"的负面影响，使得和客户直接沟通变得非常重要，因为这将会为宝马创造机会。为了实现这一目标，宝马成功地策划了两个销售促进活动，达到了直接与目标客户接触，争取潜在客户的目的。一是宝马国际金杯赛，这项活动对宝马和重要目标客户的直接沟通有很大的帮助。这是目前高尔夫球业余赛

## 第六章 世界500强高管给你的建议书

中规模最大的,包括6万名参赛者,并在20个以上的国家举行,它使宝马在目标客户中凸显出来。同时它又与其他传讯项目密切配合,其作用集中表现在:传达了一些其他传讯方法不能如此集中表达的讯息;高尔夫球呼唤出了目标客户的心声;提供了与目标客户直接沟通的机会;高尔夫球赛代理商在车主和潜在客户间建起了一座桥梁。这一活动更提供了以下机会:帮助顾客下决定去买;保持联系;提高品牌忠诚度;使客户把宝马和代理商的形象带上潮流;支援正在筹备的策划;并起到公共关系的作用。

**4. 公关策略**

宝马汽车鉴赏巡礼,这是宝马行销策划的又一力作。随着竞争的加剧,潜在客户沟通的方式就变得一定要和其他品牌不同,而且要安排在特定的环境里,因而宝马汽车鉴赏巡礼主要目的就是把宝马的世界带给目标客户。这一项目非常具有激发性,因为陈列展示的宝马汽车,反映出了牌子的基本特性、动力、创新和美感。因而宝马通过这一活动把它的经验和领先的理念灵活的带给目标客户。此外,宝马还对一些特别锁定的目标客户开展了一些特别的项目策划:如每月定期和某些主要的新闻记者聚会;和一些媒介代表探讨车子的功能;和特别目标客户群尝试七系列的宝马;进口商主动提供一些社交及文化活动;资助一些现有和固定的活动,如运动、社交和文化等。

"宝马就等于形象、机力和性能"。宝马所代表的,是实际资产、竞争力和将来的丰厚利润。宝马成功的今天,得益于它的策略性管理、优越地位和口碑。

宝马的成功,得益于它准确的市场定位和营销组合策略,宝马作为世界知名品牌,在亚洲,乃至中国所做的成功的营销策略值得我国企业学习。

**不懂管理就做不好老板**

# 迪士尼的体验营销模式

沃尔特·迪斯尼公司(The Walt Disney Company，TWDC)，美国企业，主营娱乐业。1995年以前大陆译为沃尔特·迪斯尼，中国台湾译为华特狄斯奈，中国香港译为和路迪士尼，简称迪斯尼，是世界上第二大传媒娱乐企业，1923年由沃尔特·迪斯尼与兄长洛伊·迪斯尼创立。

华特·迪士尼公司旗下的电影发行品牌有：沃尔特·迪士尼影片(wah Disney Pictures)，试金石影片(Touchstone Pictures)，好莱坞影片(Hollywood Pictures，已取消)，米拉麦克斯影片(Miramax Films)和帝门影片(Dimension Fihns)。沃尔特·迪士尼、试金石、好莱坞三个品牌与金牌电影制作人杰瑞·布洛克海默有过10余次合作。迪士尼与皮克斯、吉卜力有发行方面的合作。沃尔特·迪士尼公司拥有迪士尼乐园度假区、沃尔特·迪士尼世界，授权经营巴黎迪士尼度假区、东京迪士尼度假区和中国香港迪士尼度假区。

沃尔特·迪斯尼公司在娱乐行业的业绩是有目共睹的，多次进入世界500强行列，2010年位于世界500强的第199位。

沃尔特·迪斯尼之所以为人们所津津乐道，在于他所创造的以"米老鼠"为代表的卡通形象。

沃尔特·迪斯尼一心想搞动画片，开始几次屡遭挫折。有一天，沃尔特关在屋子里正想着新主角的形象，忽然间，小老鼠的形象浮现在他的脑海里。这些"小东西"光亮的眼睛、灵敏的举动、偷吃面包的动作，以及在他的画板上做游戏的过程一时历历在目。他迅速地拿起画笔，画下一只老鼠的速写，接着他又画出几种不同体态和神情的老鼠，他决定以老鼠作为新动画片的主角，并进一步研究了老鼠的动作、声音、神态，把它作为"威利号蒸汽船"的主角画出来，并亲自为它们配了音。他的

## 第六章 世界 500 强高管给你的建议书

妻子还为这只老鼠取了个好听的名字——"米奇"。

米奇老鼠的出现,轰动了国际电影界。在沃尔特笔下,老鼠栩栩如生,就像生活在我们周围一样。老鼠成了充满爱心、智慧与欢乐的象征。

米奇老鼠的成功使沃尔特认为制作动画片是值得投资的。他变卖掉一切值钱的东西,抵押了房子,进一步制作各种动画片。1937年,世界第一部长篇彩色动画故事片《白雪公主》诞生了,这部影片耗资150万美元,动员了700名画家,但它却为沃尔特带来了1400万美元的利润和8个奥斯卡金像奖,直到今天仍然受到全球观众的喜爱,利润还在不断攀升。

沃尔特·迪斯尼本人不仅是个画家,而且是一个将艺术产业化的企业家,他所创立的迪斯尼乐园世界闻名。人们进入迪斯尼就如同进入梦幻世界,在这里可以看到我们这个星球的过去和未来,从中得到假日的娱乐。靠着"在娱乐中学习知识"的诀窍,迪斯尼开创并主宰了一个全新的卡通世界。迪斯尼的特色在于它生产精神产品、无形产品、文化产品和娱乐产品,目的是为孩子和家长提供娱乐,创造人间的欢乐童话。

迪斯尼是靠什么取得成功的呢?让我们从以下的叙述中来一一探究。

1. 服务为本

注重培训,以此来提高员工的服务。

2. 主题明确

沃尔特·迪斯尼先生早在40多年前,就将"迪斯尼乐园"定义为公司的经营目标,即通过主题公园的娱乐形式,带给游客欢乐。

通过主题公园的形式,迪斯尼致力于提供高品质、高标准和高质量的娱乐服务。同时,公司还提供餐饮、销售旅游纪念品,经营度假宾馆、交通运输和其他服务支持行业。迪斯尼品牌、米老鼠、唐老鸭、古非等动画人物,均享有极大的影响力和商誉,包含着巨大的经济利益。然而,整个迪斯尼经营业务的核心仍是"迪斯尼乐园"本身。而该乐园的生命力在于能否使游客欢乐。由此,给游客以欢乐,成为"迪斯尼乐园"始终如一的经营理念和服务承诺。

3. 引入第五个P

沃尔特·迪斯尼是最先认识到团队及伙伴关系威力的人。他是将"人"(People)引入为第五个P的典范，他坚信员工的"内部营销"在前，对顾客的"外部营销"在后。他向员工营销的是"对顾客的积极态度"。在迪斯尼乐园工作过的人员在使顾客满意这方面尤其擅长。管理部门对员工的关心使员工感到自己是重要的，并且对"演出的节目"极为负责。员工们身上洋溢着的那种"我是组织的一员"的感觉，感染着他们所接待的每一个顾客。

4. 体验也是考试

许多游客慕名远道而来，在乐园中花费时间和金钱。迪斯尼深知绝不能让游客高兴而来，失望而去。哪怕只有一次，也是绝不允许的。只有游客感到了欢乐，他们才会再次光顾，才会成为最佳的口碑宣传者。而能否吸引游客重复消费，正是娱乐业经营兴旺的奥秘和魅力所在。其实，游客对欢乐的体验，客观上是对员工服务质量的间接评价。所以，员工们提供的每一种服务，都是事关服务圈整体的各个"关键时刻"。游客们在一系列"关键时刻"中体验着服务质量，并会记住其中最好的和最差的。

5. 追求完美

迪斯尼公司在经营中力求完美，不断改进和提高服务质量。任何时候，整个乐园中都有10%—20%的设施正在更新或调整，以期给予游客新的刺激和欢乐。尽管追求完美永无止境，但通过追求完美的努力，可将工作推进到更高的境界和标准。

6. 打造欢乐氛围，共同体验和营造

由游客和员工共同营造"迪斯尼乐园"的欢乐氛围，而不是公司在唱独角戏。这一理念的正向推论为，园区的欢乐氛围是游客和员工的共同产品和体验,尽管双方对欢乐的体验角度不同,但经协调完全能够达到统一;逆向推论为,如果形成园区欢乐祥和的氛围是可控的,那么,游客从中能够得到的欢乐也是预先可知的。

在共同营造园区氛围方面,员工起着主导作用。主导作用具体表现在对游客的服务行为表示上。这种行为体现在与顾客接触的每一个细节上,这也是引导游客参与营造欢乐氛围的另一重要方式。游客们能同艺术家同台舞蹈,参与电影配音,制作小型电视片,通过计算机影像合成成为动画片的主角,亲身参与升空、跳楼、攀登绝壁等各种绝技的拍摄制作等。

7. 是"角色"而不是"工作"

在"迪斯尼乐园"中,工作在这里的员工们得到的是一种角色,而不是一份工作。员工们身着不同的演出服装。他们仿佛不是为顾客表演,而是在热情招待自己家庭的客人。他们表现的不是他们本人,而是一种具体角色。根据特定角色的要求,员工要热情、真诚、礼貌、周到,处处为客人的欢乐着想。也就是说,员工们的主体角色定位,是热情待客的家庭主人。

8. 信息搜寻

信息中心存有大量关于游客需求和偏好的信息。具体有人口统计、当前市场策略评估、乐园引力分析、游客支付偏好、价格敏感分析和宏观经济走势等。其中,最重要的信息是游客离园时进行的"价格/价值"随机调查。正如沃尔特·迪斯尼先生所强调的,游园时光绝不能虚度,游园必须物有所值,因为游客只愿为高质量的服务买单。

9. 把握游客需求

为了准确把握游客需求,迪斯尼致力于研究"游客学"(Guestology)。这样做的目的是为了了解谁是游客,他们最初的需求是什么。在这一理念的指导下,迪斯尼站在游客的角度,审视自身每一项经营决策。在迪斯尼公司的组织构架内，准确把握游客需求动态的工作，由公司内调查统计部、信访部、营销部、工程部、财务部和信息中心等部门，分工合作完成。

10. 信访

信访部每年要收到数以万计的游客来信。信访部的工作是尽快把有关信件送到责任人手中。此外，把游客意见每周汇总，及时报告管理层，保证顾客投诉得到及时处理。

11. "游客学"的核心

迪斯尼的特色何在，如何创新和保持活力？这是研究"游客学"的核心。把握游客需求动态的积极意义在于：其一，可以及时掌握游客的满意度、价值评价要素和及时纠偏。其二，支持迪斯尼的创新发展。从这一点上来看，恰是游客需求偏好的动态变化，促进了迪斯尼数十年撒网创新发展。

12. 现场走访

现场走访是了解游客需求最重要的工作。管理层经常到各娱乐项目点上，直接同游客和员工交谈，以期获取第一手资料，体验游客的真实需求。同时，一旦发现系统运作有误，及时加以纠正。

13. 开发新项目

工程部的责任是设计和开发新的游玩项目，并确保园区的技术服务质量。例如，游客等待节目时的排队长度、设施质量状况、维修记录、设备使用率和新型娱乐项目的安装，其核心问题是游客的安全性和效率。

14. 统一服务处事原则

服务业成功的秘诀在于，每一员工对待顾客的正确行为和处事方式。对于迪斯尼"使游客欢乐"的经营理念，公司要求员工学会正确与游客沟通和处事。为此，公司将统一服务处事原则作为标准，其要素构成和重要顺序依次为安全、礼貌、演技、效率。游客安全是第一位的。与安全相比，礼貌则处于次一等的地位。同样，公司以此服务处事原则，考察员工的工作表现。

15．明确岗位职责

"迪斯尼乐园"中的每一个工作岗位，都有详尽的书面职务说明。工作要求明白无误，细致具体，环环紧扣，有规可循。同时强调纪律、认真和努力工作。每隔一个周期，严格进行工作考评。

16．努力提高员工素质

管理者具备创新能力和高超的领导艺术。领导应对未来发展规划出全新的蓝图，并以此激励员工。迪斯尼的管理者努力使员工们懂得，这里所做的一切，都将成为世界娱乐业的主流和里程碑。迪斯尼制定5—10年中长期的人力资源规划，并每年更新一次。在经营管理中，每年都拨出足够的经费预算，进行人员培训。

17．推进企业文化建设

创誉难，守誉更难。公司经常对员工开展传统教育和荣誉教育，告诫员工，迪斯尼数十年辉煌的历程、商誉和形象，都具体体现在员工们每日对游客的服务之中。

18．岗位交叉互补

管理者对园区的服务质量导向起着表率作用。管理者勤奋、正直、积极推进工作，员工们自然群起效仿。在游园旺季，管理人员放下手中的书面文件，到餐饮部门、演出后台、游乐服务点等处，加班加点地工作。这样，加强了一线岗位，保证了游客服务质量。与此同时，管理者也得到了一线员工一份新的友谊和尊重。

19．完善整个服务体系

"迪斯尼乐园"的服务支持系统,包括一架电话、一台电脑、电力系统、交通运输系统、园艺保养、中心售货商场、人力调配、技术维修系统等。这些部门的正常运行，均是"迪斯尼乐园"高效运行的重要保障。

20. 由游客评判服务质量

迪斯尼认为，服务质量应是可触摸的、可感受的和可体验的，并且游客掌握服务质量优劣的最终评价权。公司指出，游客们根据事先的期望值和服务后的体验，加以比较评价，然后确定服务质量之优劣。因而，迪斯尼教育员工，一线员工所提供的服务水平，必须努力超过游客的期望值，从而使"迪斯尼乐园"真正成为创造奇迹和梦幻的乐园。

娱乐业的产品就是让顾客高兴、快乐，有个好心情、好感受，而心情和感受就是一种体验。迪斯尼紧紧抓住娱乐业的这个特点，选择体验式营销，关注顾客的体验，围绕顾客的体验开展一系列营销活动，可谓高明。这种体验式营销方式对我国旅游、餐饮、娱乐等服务行业具有重要的指导意义。

## 戴尔：演绎直销的先行者

戴尔(Dell)，美国企业，主营计算机办公设备。总部设在德克萨斯州奥斯汀(Austin)的戴尔公司于1984年由迈克尔·戴尔创立。他是目前计算机行业内任期最长的首席执行官。他的理念非常简单：按照客户要求制造计算机，并向客户直接发货，使戴尔公司能够最有效、最明确的了解客户需求，继而迅速做出反应。这个直接的商业模式消除了中间商，这样就减少了不必要的成本和时间，让戴尔公司更好的理解客户的需要。

这种直接模式允许戴尔公司能以富有竞争性的价位，为每一位消费者定制并提供具有丰富配置的强大系统。戴尔公司目前在全球共有约8万名雇员，多次被《财富》杂志评选为世界500强企业，2010年，戴尔位于世界500强第131位。

戴尔的成功，完全在于其独特的销售模式——直销。戴尔电脑在最

## 第六章 世界 500 强高管给你的建议书

初进入市场时,通过在精选的电脑杂志上做广告,得到消费者直接反馈的信息,然后将电脑直接销售给最终用户。不久,公司又通过电话来做销售业务。在最初几年中,戴尔公司的电脑产品几乎都是通过邮政快递和航空快递直接送到消费者手中,摒弃了中间商、批发商或零售商。

(一) 戴尔公司的"黄金三原则"

戴尔的"黄金三原则"是:坚持直销、摒弃库存、与客户结盟。

1. 坚持直销

戴尔的直销模式,也被称为"直接商业模式"(Direct Business Model),即先建立一套与客户联系的渠道,由客户直接向戴尔发订单,订单中可以详细列出所需的配置,然后由戴尔"按单生产"。实质上就是简化中间周转、消灭中间商。戴尔的库存几乎为零,也没有其他的额外成本,所以他们有能力向顾客提供更低的价格,并由此得以迅速扩张。更重要的是,通过此种方式能收集到更多顾客对产品各服务需求的有用信息。

(1) 细分市场

戴尔公司与大多数公司不同,除了做产品细分外,还做顾客细分。因为随着对每一个顾客群认识的加深,对于他们所代表的财务机会就更能进行精确的衡量,同时,也可以更有效的衡量各营运项目的资产运用,通过评估各个细分市场的投资回报率,并与其他市场做出比较,制定出今后的绩效目标,如此就能使各项业务的全部潜能得以充分发挥。戴尔的观点是,把目标分得越细,就越能准确预测出顾客日后的需求,从而与供应商协调,把信息转换为应有的存货。直销的好处在于省去了中间环节,直接面对客户,更加有利于双方加深理解。一方面,客户得到了自己最想要的电脑;另一方面,戴尔对客户的要求也有了深入的了解,为今后提供更好的售后服务打下了基础。

(2) 研究顾客胜过研究竞争对手

许多人都认为,戴尔的这种直销模式只在美国适用,在别的国家可就不一定行得通了。戴尔公司进入中国后，这种怀疑的声音更为响亮了。因为有许多外国企业由于坚持自己的经营方式，一味地让中国消费者去适应而导致惨败。但有一点必须注意的是，戴尔公司经营的核心在企业，而不在个人消费者。戴尔说："直销模式可应用于各种文化背景。如果你的设想真的有强大的生命力，就不要理会那些'不行'的人，而应招聘拥护你的人。"

(3) 将直销应用于网络

戴尔进一步推行直销模式，建立了公司的网上销售渠道。在美国戴尔公司的网上销售额现已占销售总额的一半。戴尔不仅打算利用互联网销售产品，还想利用它整合从零部件供应商到最终用户的整个供应链。

2. 摒弃库存应用于网络

戴尔模式的核心是摒弃库存，即以信息代替存货。同样做一件事，如果产生方式不同的话，那么产生的利润空间则可能完全不同。戴尔模式利用摒弃库存赚取利润的方式是在打用户贷款与供应商中间的时间差。

3. 与客户结盟，提高客户的忠诚度

直销模式的最大优势是与客户结成同盟。戴尔对客户和竞争对手的看法是"想着顾客，不要总想着竞争"。"贵宾网页"是戴尔最具有创新性的顾客服务形式，它包含了8000个迷你网站，这8000个迷你网站是戴尔针对每一位重要顾客的特定需求，精心设计的企业个人电脑资源管理工具。企业顾客可以在这些网页上找到企业惯用的个人电脑规格与报价，并网上订购，同时还可以进入戴尔的技术支援资料库下载资讯，为负责管理企业电脑资源的员工省下许多宝贵的时间和精力，得到企业界的一致赞誉。

(二) 戴尔的直销方式

严格来讲，戴尔的经营方式与目前社会上流行的间接销售和一般意义上的直销都不相同。直销的精确定义是什么？简言之，就是企业的产品不经过中间环节转售而直接推销给最终用户的直销方式,称为直销。戴尔的直销就是如此的简单:通过直销人员或电话、传真、因特网的订购来组装计算机,就是这样一个单一的战略,却迅速推向全球领域并使它成为一种广泛认可的模式。

1. 电话直销

简便、快捷是戴尔直销模式最可称道的一点。无论公司规模大小,只需一个电话号码或一个邮政信箱,就可以进入市场。顾客也是一样,无论相隔多远,订购电脑只需拨通800免费电话即可。在美国,顾客购买戴尔电脑的典型方式到目前为止仍然是拨打公司的电话。

2. 网上销售

戴尔在1995年开始通过电子商务实现网上销售。今年,每年的网上销售收入达到500万美元。

3. 按单生产

在1996年1月,一位中国记者曾到戴尔公司马来西亚工厂亲眼见到工厂照着一张配有数十个零部件的订单装配PC机,这只是戴尔工厂按单生产的一个缩写。

4. 现场销售

由技术人员直接到政府、银行、企业介绍推销产品和服务。戴尔的客户中心按客户要求配置不同的、个性化的产品。例如,你不想在你想买的电脑中配声卡,那么只要不选择声卡这一项即可,在你做了全部选择之后,因特网网站会告诉你价格、付款方式和有关身份资料及交货地址,这台电脑将两天内送货上门。

(三)站在供应商和用户的肩上

1. 戴尔左脚站在供应商肩上

与直销结合的生产方式是零库存、快速制造、按订单生产。随着计算机行业的发展,越来越多从事具体部件生产的专业公司应运而生,这样就为建立更为专一、高效的公司提供了机会。戴尔草创之时，根本无法支付生产所有配件的费用，戴尔就利用别人已做的投资，把注意力放在客户的供货方式和系统上。比如，多年前在个人计算机行业里，数十家公司都努力开发自己的图形处理芯片。这里有一个比方，可以说对戴尔非常贴切：如果现在有20位选手参加一项竞争，他们终将为谁能生产全球运行速度最快的芯片争得头破血流。你是要成为第21位选手加入这场竞争呢，还是对20位选手进行评估，然后从中选出最好的一位呢？

2. 戴尔右脚站在客户肩上

戴尔按单装配，按流程单指定的配置制造并及时装箱运给客户。戴尔美国总部每天生产2万台PC机，爱尔兰每天生产9000台。虽然到1998年仍然受到金融风暴的影响，但戴尔亚太中心订单不但没有减少，而且还呈直线上升的趋势，达到每天1700~2000台PC机的产量。

戴尔的成功，完全在于其独特的销售模式——直销。戴尔的直销方式就是企业的产品不经过中间环节转售而直接推销给最终用户的直销方式，称为直销。戴尔的直销即是如此的简单：通过直销人员或电话、传真、因特网的订购来组装计算机，就是这样一个单一的战略，却迅速推向全球领域并使它成为一种广泛认可的模式。

戴尔的直销坚持"黄金三原则"，即坚持直销、摒弃库存、与客户结盟。他们通过细分市场、深入研究顾客、与客户结盟、提高客户的忠诚度等一系列手段来完善直销模式。这种直销模式的聪明之处在于：基本不占用自有资金。客户的订金到手，马上采购，及时装配。这种充分与市场直接交换信息的方式，既准确把握好了营销的供求关系，又省去了花在商业中间环节上的费用，还降低了库存风险，真不愧是一种上佳的经营模式。戴尔的直销模式对我国同类企业有重要的参考意义。

# 第六章 世界 500 强高管给你的建议书

## 雀巢公司的模块组合战略

雀巢公司 (Nestle)，瑞士企业，主营食品。很多业内人士都熟悉雀巢公司的一个经典掌故，那就是在雀巢咖啡诞生之初，曾因为过分强调其工艺上的突破所带来的便利性 ( 速溶 )，而一度使销售产生危机。原因在于许多家庭主妇不愿意接受这种让人觉得自己因为"偷懒"而使用的产品。

这种尴尬现在已不复存在。如今，雀巢公司也已被誉为当今世界在消费性包装食品和饮料行业中最为成功的经营者，被美国《金融世界》杂志评为全球价值最高的消费性包装食品和饮料行业品牌。2010 年世界 500 强排名第 44 位，远远超过可口可乐和万宝路等知名品牌。

国内大众对"雀巢"的认识，也许大都是从雀巢咖啡那句家喻户晓的广告词"味道好极了"开始的。其实，雀巢公司的经营范围很广泛，按其营业额分配为：饮品 (23.6%)，麦片、牛奶和营养品 (20%)，巧克力和糖果 (16%)，烹饪制品 (12.7%)，冷冻食品和冰淇淋 (10.1%)，冷藏食品 (8.9%)，宠物食品 (4.5%)，药品和化妆品 (3%)，其他制品和事业 (1.1%)。雀巢公司的 300 多种产品在遍及 61 个国家的 421 个工厂中生产。

雀巢的成功是多种因素共同作用的结果，但其中，模块组合营销战略的实施是一个重要因素。公司设在瑞士日内瓦湖畔的小都市贝贝 (VEVEY) 总部对生产工艺、品牌、质量控制及主要原材料作出了严格的规定，而行政权基本属于各国公司的主管，他们有权根据各国的要求，决定每种产品的最终形成。这意味着公司既要保持全面分散经营的方针，又要追求更大的一致性，为了达到这样的双重目的，必然要求保持一种微妙的平衡。这是国际性经营和当地国家经营之间的平衡，也是国际传播和当地国家传播之间的平衡。如果没有按照统一基本方针、统一目标执行，没有考虑与之相关的所有因素，那么这种平衡将很容易受到破坏。

**不懂管理就做不好老板**

为了正确贯彻新的方针告知分公司如何实施,雀巢公司提出了三个重要的文件。内容涉及公司战略和品牌的营销战略及产品呈现的细节。

1. 标签标准化

这只是一个指导性文件,它对标签设计组成的各种元素作出了明确的规定,如雀巢咖啡的标识、字体和使用的颜色,以及各个细节相互间的比例关系。这个文件还列出了各种不同产品的标签图例,建议各分公司尽可能早地使用这些标签。

2. 包装设计手册

这是一个使用更为灵活的文件,它提出了使用标准的各种不同方式。例如,包装使用的材料及包装的形式。

3. 最重要的文件是品牌化战略

它包括了雀巢产品的营销原则、背景和战略品牌的主要特性的一些细节。这些主要特性包括:品牌个性;期望形象;与品牌联系的公司;其他两个文件涉及的视觉特性;以及品牌使用的开发等。

当前的经济形势,对企业提出了更高的要求,要想在激烈的市场竞争中立于不败之地,不仅要有适销对路的产品,更重要的是要有正确的经营思想指导。雀巢公司的领导层认识到,经济全球化已使企业营销活动和组织机制由过去的"大块"结构变成了"模块"结构的事实,从而将其工作重点转向组合模块,实施模块组合营销。基于上述事实,我们把模块组合的战略定义为:将公司的营销部门划分成直接运作于市场的多个规模较小的经营业务部门,灵活运作于市场,及时做出应变决策,各经营业务部门虽具有独立性,但服从于企业的总战略。在雀巢公司的模块组合战略中,各分公司就是作为一个模块,独立运作于所在的市场,有权采取独特的策略,但又接受公司总部的协调。

模块组合营销带给了雀巢什么?回答这些问题,就要看模块组合营销带给雀巢哪些经营优势。

## 第六章 世界 500 强高管给你的建议书

——准确地把握并满足市场的需求

目前市场的变化主要体现在市场的划分越来越细和越来越个性化两个方面。从市场营销学的角度看,企业的盈利机会都是以消费需求为转移的,因此,消费需求的变化必然潜藏商机。雀巢公司在结构和组织上遵循"权限彻底分散"的原则。这也是雀巢公司的"市场大脑(Markel Head)",它所表达的就是想法要和市场实况连接在一起,采取的行动和手段都力求能合乎当地的需要和要求。正因如此,公司产品中仅雀巢咖啡就有 100 多个品种。各模块(分公司)基于自己的市场具有独立性,但又与其他模块相互联系,共同组成企业的"大块"结构。雀巢公司将其总市场分成各模块市场,每一模块市场由相应模块来负责,从而可以更准确地把握市场动态,满足市场的需求。

——反应灵活

不快则死,可以说是新经济的黄金法则,是谁也不能违背的天条。在美国 NASDAQ 上市的 200 多家网络公司中,一份财经周刊调查说,其中的 51 家公司估计不久就要面临清盘。企业不快点往前冲,就会被快速淘汰出局。在激烈的市场竞争中,取得信息和利用信息的状况是企业能否完成营销任务的重要条件。市场营销组织的设计应既有利于搜集信息,又有利于针对信息做出快速反应,雀巢公司的模块组合营销恰恰适应了这一要求。各模块具有独立运作于市场的能力,根据其模块市场的变化,在不影响企业总战略的条件下,有权进行适当的调整,采取恰当的策略。

——较强的抗风险能力

经济全球化条件下,企业将面临来自国内外的挑战,竞争日趋激烈,在激烈的市场竞争中,企业要生存发展下去,必须具有较强的抗风险能力。现在企业多从竞争对手角度来考虑,进行企业联合、兼并,以加大企业实力和抗风险的能力,而雀巢的模块组合战略是从企业组织角度考虑抗风险能力的一条可选途径。模块组合强调各模块相对独立地运作于各自的市场，根据各自的市场竞争者、顾客等方面的变化进行调整，而企业其他各部分可以无须调整，从而具有了灵活、应变、抗风险性。

——网络型组织结构

长期以来，企业都是按照职能设置部门，按照管理幅度划分管理层，形成了金字塔形的管理组织结构。这种组织结构已越来越不适应信息社会的要求。模块组合把企业的营销部门和经营业务部门划分为多个规模较小的经营业务部门并受总部统一管理，其结果是管理组织结构正在变"扁"、变"瘦"，综合性管理部门的地位和作用更加突出，网络性的组织结构形成。传统的层级制组织形式的基本单元是在一定指挥链条上的层级，而网络制组织形式的基本单元是独立的经营单位。雀巢公司的模块组合营销，造就了网络型组织结构，也使雀巢公司具有了网络化的特点。

一些企业容易片面地认为，企业整体化市场营销与竞争会产生"航母"效率，因而热衷于整体运作。然而很多国外大公司看到，鉴于知识经济网络化、数字化的特点，应从"模块"的角度对企业重新审视。例如，杜邦公司是知名老牌企业，近年来公司大力进行营销机制的改革，完成了"模块组合"改组，将原有的五个公司经营业务部门外加石油和天然气营销业务部门划分成为直接运作于市场的20个规模较小的经营业务部门，很快使杜邦公司由亏损转为高盈利企业。当然意识到模块组合的重要性，并不等于就能成功实施模块组合战略。以下从与整合营销、品牌战略及集团化战略关系的角度进一步说明，以期加深对模块组合的正确把握。

雀巢公司已被誉为当今世界在消费性包装食品和饮料行业中最为成功的经营者，被美国《金融世界》杂志评选为全球价值最高的消费性包装食品和饮料行业品牌。

雀巢的成功主要得益于其模块组合营销战略的实施。所谓模块组合战略,就是将公司的营销部门划分成为直接运作于市场的多个规模较小的经营业务部门,灵活运作于市场,及时做出应变决策,各经营业务部门虽具有独立性,但服从于企业的总战略。在雀巢公司的模块组合战略中,各分公司就是作为一个模块,独立运作于所在的市场,有权采取独特的策略,但又接受公司总部的协调。

对许多大型跨国公司和连锁企业来说,如何处理集权和分权的关系,对企业的扩张和发展至关重要,也是一件非常困难的事。雀巢公司在结构和组织上遵循"权限彻底分散"的原则。它将其总市场分成各模块市场,每一模块市场由相应模块来负责,从而可以更准确地把握市场动态,以便各分公司采取的行动和手段力求能合乎当地的需求,灵活作出反应并提高企业的抗风险能力。雀巢自实施模块组合营销战略后,企业不断发展,稳步上升,远远超过可口可乐和万宝路等知名品牌,成为当今世界在消费性包装食品和饮料行业最为成功的经营者,在这方面,也很值得我国企业学习和借鉴。

## 宝洁公司的多品牌营销战略

宝洁公司(P&G),美国企业,主营家居、个人用品。成立于1837年的宝洁公司,是世界上最大的日用消费品公司之一,在全球80多个国家和地区设有工厂或分公司,拥有雇员近140000人,所经营的300多个品牌的产品畅销160多个国家和地区。

从1988年宝洁公司在广州成立了第一家合资企业——广州宝洁有限公司开始,在近20年的时间里,宝洁的产品品牌由最初的海飞丝、飘柔、潘婷等几个品牌到今天的飘柔、潘婷、海飞丝、沙宣、伊卡璐、舒肤佳、玉兰油、护舒宝、帮宝适、佳洁士、汰渍、碧浪、品客、吉列、金霸王等 20 多个品牌。目前，中国宝洁已成为宝洁全球业务增长速度最快的区域市场之一，宝洁大中华区的销售量已位居宝洁全球区域市场中的第二位，销售额也已位居前五位。2010 年度，宝洁公司世界 500 强中最新排名是第 66 位。

宝洁在中国市场所取得的成功，与其采用的多品牌战略是密不可分的。多品牌战略是指一个企业同时经营两种或两种以上互相竞争的品牌。企业采用多品牌战略的益处在于：

第一，多种不同品牌可以吸引更多的顾客，提高市场总体占有率。多品牌战略在品牌的选择上，与企业市场定位紧紧结合在一起，每个品牌都有一定的特色，所有品牌拥有的顾客数之和，远远大于单个品牌的顾客量。

第二，多品牌能充分满足市场需求的差异性。处于不同地区的消费者，有着不同的文化背景、风俗习惯、审美标准等特点，他们的需求是千差万别、复杂多样的，多品牌的产品能充分满足这样的差异。

第三，实施多品牌战略可以帮助企业建立内部竞争机制，提高企业工作效率。产品分类管理，使不同部门之间进行相互竞争、相互学习，能够从企业内部提高效率。这种近距离的竞争，能准确、清楚地发现自己在发展中的不足，及早发现并解决问题，有利于企业适应变化的市场。

第四，实施多品牌战略有利于降低经营风险。企业可以从多个角度深入到市场中去，即使个别品牌的失败也不会影响其他品牌产品的声誉，减少了风险。

但是，企业采用多品牌战略受到一定条件的限制，不是任何企业都适用的"法宝"。从国内外众多著名的品牌发展来看，多品牌战略的运用范围比较狭窄。一方面，企业树立多品牌的费用偏高，而各品牌之间并不能互相带动，这对企业实力是一大考验，实力弱小的企业是不敢问津的；另一方面，品牌之间竞争容易相互削弱单个品牌的竞争力量。众

## 第六章 世界500强高管给你的建议书

多品牌在某一市场领域抢"饭碗",会削弱本企业的竞争实力。实践证明,实施多品牌战略是个系统工程,需要长期不懈的努力。在企业多品牌体系的建设过程中,需要注意以下问题。

(一)多品牌建设要以市场为导向

多品牌战略如何适应市场需求,是企业面临的重要问题,它不是每个品牌独立面对不同的市场,而是在企业所确定的核心功能产品所面对的统一目标顾客群这个主旋律基础上。宝洁公司针对中国人的头发容易起头屑、容易干燥等特点,采用先进技术研制适应中国消费者的洗发产品,所以,宣传广告称,"海飞丝"能使"头屑去无踪,秀发更出众";"飘柔"可令"头发更柔更顺";"潘婷"让头发"拥有健康,当然亮泽"。

(二)实施多品牌战略要根据消费者需求差异准确定位

要成功实施多品牌战略,就需要为每一个品牌找到自己的市场定位。"宝洁的重点不在于告诉消费者这么多品牌都来自宝洁,而在于一个品牌能满足一种消费者的需要。"宝洁公司多品牌策略的成功之处,表现在善于在一般人认为没有缝隙的产品市场上寻找差异,生产出个性鲜明的产品。宝洁旗下的六个洗发水品牌各有定位,巧妙互补。海飞丝——去屑;飘柔——柔顺;"二合一"潘婷——健康亮泽,改善发质;沙宣——专业定型,动感时尚;润妍——倍黑润发,专为东方人设计;伊卡璐——天然植物,草本精华,小资定位。

(三)实施多品牌战略既要考虑整体规模,又要考虑单个品牌的前景

品牌建设是需要大量投资的,没有一定规模为依托的利润基础,是很难实施多品牌战略的。另外,每个品牌所面对的细分市场要有发展性,不要因为规模而导致在一个市场品牌数量过多,影响了单个品牌的成长。宝洁在一个市场推出品牌时,采用一个接一个的做法,每推出一个品牌之前都要作大量的市场调查,最后把品牌稳定在一个合理的数量上。宝洁公司推出"快乐"牌清洁剂作为"汰渍"牌清洁剂的竞争产品,"汰渍"

销售量为此略有下降,但"快乐"和"汰渍"的总销量却增加了。目前,宝洁清洁剂产品基本保持在 8 个品牌左右。

(四)多品牌建设必须加大广告宣传的力度

在竞争日趋激烈的市场中要使本企业的品牌站住脚,"好酒也怕巷子深"的观点逐渐被众多企业所认同。广告宣传的策划与传播,既要注意各品牌间宣传上相互联系,又要着重传播每一个品牌的产品个性,树立品牌形象。"碧浪"突出产品的清洁、清新、清香的个性特征;"汰渍"则意味着污渍、汗渍不留痕迹;"舒肤佳"暗示杀菌、永保皮肤健康舒畅。采用多品牌的企业在推出新品牌时要考虑能否为新品牌构想出一个独特的典故,这个典故应令消费者信服。宝洁的每一个品牌都给目标顾客明确的信息,并不惜重金在中央电视台黄金时间进行大量宣传,产生了巨大的轰动效应,逐渐被目标顾客所接纳。

多品牌建设是为了树立良好的企业品牌,大多数消费者是通过宝洁的产品才认识了宝洁公司。当人们对宝洁公司的产品产生信任以后,宝洁又在广告中大力宣传其企业品牌,把消费者的信任转移到宝洁这个企业品牌上,"宝洁公司的产品都是优质产品"。

宝洁公司就是这样以产品品牌树立企业品牌,再以具有声誉的企业品牌带动新的产品品牌上升,形成品牌的"家族"。

宝洁产品在中国可谓妇孺皆知,诸如海飞丝、飘柔、潘婷、舒肤佳、玉兰油……无不耳熟能详。目前,中国宝洁已成为宝洁全球业务增长速度最快的区域市场之一。

但多品牌战略不是灵丹妙药,从国内外众多著名的品牌发展来看,多品牌战略的运用范围比较狭窄,不是任何企业都适用的"法宝"。多品牌战略的优点在于:多种不同品牌可以吸引更多的顾客,提高市场总体占有率;多品牌能充分满足市场需求的差异性;多品牌战略可以帮助企业建立内部竞争机制;多品牌战略有利于降低经营风险。其缺点是:

## 第六章 世界500强高管给你的建议书

企业树立多品牌的费用偏高；各品牌之间并不能互相带动，实力弱小的企业是不敢问津的；品牌之间竞争容易相互削弱单个品牌的竞争力量。

年轻人，无论你是否经营企业，都应从宝洁公司的营销战略中获得启发，吸收精髓、灵活运用到自己的工作之中，这样才能为成功打下坚实的基础。

## 松下电器的长青秘籍

松下电器是世界上最大的家用电器企业，也是日本电机行业的排头兵。在1993年按销售额排名的世界工业企业中，位列第8；在1994年美国《财富》杂志世界最大500家企业的排名中，位列第17。作为巨型电机企业，松下电器在1994年日本电机行业按销售额和经营利润排名中分列第1和第2位。松下电器长期雄踞美国《财富》杂志500强前列，2010年列世界500强第13位。

松下电器的前身是其创始人松下幸之助在1918年创立的松下电器具制作所，主要生产简单的电器插座。1927年松下研制成功电熨斗、电热器产品，并开始使用"NATIONAL"商标出售，1929年松下电器具制作所改称松下电器制作所。1935年12月，松下电器工业公司正式建立，松下幸之助个人投资经营的公司转变为合资经营的股份公司。第二次世界大战期间，松下公司同其他企业一同由民用转为军工生产，它的许多子公司均被指定为军需公司。1950年，松下幸之助恢复工职后着手整顿企业，20世纪60年代松下成为日本最大的家用电器制造商，产品的范围涉及家用电器、办公用电器、产业用电器以及社会系统等广泛的领域。松下通过与世界各个国家开展业务合作，作为"国际性综合电子技术企业"赢得了世界各国的高度评价。

**不懂管理就做不好老板**

被日本人称为"经营之神"的松下幸之助,年轻时就是个勤于思考、善于思考的人。有一次他在市场闲逛时,听到几个购物的家庭主妇议论:"现在的家用电器的电源插头是单用的,很不方便,如果一件多用,能够同时插上几种电器就好了。"说者无意,听者有心。松下先生听到后灵机一动,产生了新的想法,回去后马上组织力量研究,不久便生产出了"三通"电源插头,结果大受欢迎,一下子赚了大钱。就是这些细微之处的改动、很少的追加投资,为松下王国的万丈高楼奠定了第一块基石。

松下电器公司之所以能发展成为一家举世瞩目的跨国公司,与其成功的经营管理有直接联系,其经营管理有以下几个主要特点。

(一)实行事业部制

这是松下电器在经营管理上的最大特点。1933年,松下在日本开始实行事业部制,这在当时世界上也寥寥无几。所谓事业部,是按产品分类划分成一个个类似分公司的事业单位,实行独立核算。实行事业部制实际上是实行一种分权的管理制度,即分级核算亏盈、分级管理。各事业部分别有自己的下属工厂、派出机构,形成从产品试制到生产、销售、收支等统一经营的独立核算的事业体。各部采取独立的核算制,不用赢利的事业部去弥补亏损的事业部,各部必须靠自身的力量提高利润,彼此之间通过市场竞争的关系进行合作。由于是按产品类别划分,因此有利于专心钻研某一种产品技术,提高产品质量;有利于提高工人的专门技术,达到精益求精。采取独立核算使各部门经营情况一目了然,有利于相互促进、相互比较。由于分工明确,形成一种经营责任制,让下属有尽可能多的独立权限,以发挥他们的主动性,有利于锻炼和培养精通经营管理的人员,有利于发挥每个人的才能和创造性。

(二)注重市场调查,加强产销结合

资本主义经营的目标是利润,焦点是市场。在日本,松下电器向来以精于推销著称,日立公司被称为"技术的日立",松下则被称为"买

## 第六章 世界 500 强高管给你的建议书

卖的松下"。松下认为："有了市场才有了存在的意义，所以焦点要集中到市场中去。"

在销售产品方面，松下公司以下几点十分突出：

1. 要让尽可能多的人知道松下，了解松下

为扩大影响力，松下不惜投入巨资展开强大的宣传活动。从 1973 年起，连续几年的广告费支出高达 150 亿日元，为日本企业之最。他们实行了一套"企业识别体系"，也称"CIS"，即通过视觉形象来塑造人们对该公司的印象。如在日本国内，松下产品使用"NATIONAL"的牌子，公司的建筑物、广告牌、出版物、包装箱、资料、图书，以及信纸、信封、甚至连火柴盒、垃圾箱等都印上了"NATIONAL"字样，而且要求印刷字体、颜色、规格都是一个标准。视觉上的多次重复，会留下较深的记忆。此外，打开工厂大门让人参观也是一种有效的宣传方式，该公司为此设置了"工厂参观课"，由受过专门训练的人员负责参观接待。

2. 密切注意市场变化，把握需求动向

松下电器充分利用政府机构(如大藏省等)提供的市场情报、销售统计的资料，同时还通过本公司的调查了解需求动向，然后把情报提供给技术或生产部门。

3. 建立了庞大的销售网

松下电器认为，销售体制对企业收益的影响往往大于对生产体系的影响，为此建立了专门的销售公司、销售店、销售网。例如，把专卖松下产品并响应其经营方针的商店称为"NATIONAL 商店"，总公司会根据合同予以特殊照顾。

4. 采用各种办法推销产品

例如，松下电器从 1951 年开始在日本首先实行按月付款制度；1972 年开始实施租赁制度。松下电器采取的推销方法甚至还包括现场演示，如热电器具事业部组成"推销战斗队"，到各地出席讲习会，极大地推

动了各地商店的销售工作。

5. 十分注意售后服务

松下公司不但设立了管理售后服务工作的服务本部,还在全国各地设立了服务公司,它们与各事业部的服务部门及全国销售公司的服务部门形成了一个整体,实行完善的服务工作。此外,还设有消费者洽谈中心,直接与消费者见面,征询意见。

(三)重视人才开发,关心职工生活

松下幸之助认为:一个人的能力是有限的,如果只靠一个人的智慧指挥一切,即使一时取得惊人的进展,也肯定会有行不通的一天。因此,松下电器公司不是仅仅靠总经理经营,不是仅仅依靠干部经营,也不是仅仅依靠管理监督者经营,而是依靠全体职工的智慧经营。松下幸之助将"集中智慧的全员经营"作为公司的经营方针。

为此,公司努力培养人才,加强职工的教育培训,根据长期人才培养计划开设各种综合性的系统的研修、教育讲座。由此可以看出,松下公司之所以取得如此巨大的成就,除了特定的历史条件和社会环境外,还与其将人才思想作为公司经营思想的核心是分不开的。松下先生曾说:"事业的成败取决于人,没有人就没有企业,松下电器公司既是'制造电器用品'的公司,又是'造就人才'的公司。"

松下先生认为:人才可遇不可求,人才的鉴别不能单凭外表,人才效应不能急功近利;吸引人才的手段不是靠高薪,而是靠企业所树立的经营形象;争取人才最好不要去"挖墙脚",被挖来的人不一定都是优秀的人;公司应招募适用的人才。

对于人才的标准,松下公司的衡量标准是:虚心好学的人;不墨守成规而常有新观念的人;爱护公司和公司成为一体的人;不自私而能为团体着想的人;有自主经营能力的人;随时随地充满热情的人;能得体地与上司交流的人;能忠于职守的人;有气概担当公司重任的人。

现在松下公司课长、主任以上的干部，多数是公司自己培养起来的。为了加强经常性的教育培训，总公司"教育训练中心"下设八个研修所和一个高等职业学校。松下的职工教育是从加入公司开始抓起的，凡新招收的职工都要经过八个月的实习培训，才能分配到工作岗位上。

由于把人才培养工作放在了首位，有一套完整的培养人、团结人、使用人的办法，所以松下公司培养了一支企业家、专家队伍，这正是其能够实现高效率管理的前提。

(四) 重视与承包企业的关系

松下公司提出与承包企业"共存共荣"的口号。松下公司在选择承包企业时，把价格、质量、交货日期作为三原则，其中放在第一位的是质量。质量不合要求，价格再便宜也不买。

松下公司的承包企业大多数是中小企业，通过接受松下电器原材料或零部件的加工订货等方式成为该公司的承包企业。松下公司实行这种承包制度是经过其精打细算的。这些中小企业的人均工资远低于大企业，而且有利于节省设备投资。这样庞大的承包体系正是松下公司得以存在和发展的重要基础。

(五) 大力拓展海外市场

松下公司还注意大力拓展海外市场，其海外拓展战略主要有：

1. 放眼海外，步步推进

松下电器公司向海外拓展经历了五个阶段：扩大出口—设立销售据点—设立生产技术开发据点—转移经营资源—实施全球化战略。

2. 多样化的跨国经营手段

首先是迅速占领市场；其次是实行技术控制与转让；再次是实现经营资源的当地化；最后是将日本式的经营管理特点与当地情况有机结合。

3. 全方位实施全球化战略

其战略主要包括：经营多元化、技术开发的全球化、市场最大化、

**不懂管理就做不好老板**

扩大海外直接投资、重视国际间的战略分析、加速建立企业内国际分工体制。

众所周知,松下电器是世界上最大的家用电器企业,也是日本电机行业的排头兵。它是世界级著名的老牌企业,号称"日不落帝国"。松下的创始人松下幸之助被称为"经营之神"。其长久不衰的秘诀就是其独特而先进的经营理念和管理方式。比如:它最早实行的事业部制;以市场为导向的营销观念;重视人才开发、利用和管理的人才观及一系列先进的经营理念。这些经营理念和管理方式值得世界各国企业学习,更是我国企业学习的榜样。

## 中国移动与动感地带

中国移动通信集团公司,简称中国移动,主营电信业务。中国移动通信集团公司于2000年4月20日成立,注册资本518亿元人民币,截至2008年9月30日,资产规模超过8000亿元人民币,拥有全球第一大的网络和客户规模,是2008年北京奥运会合作伙伴和2010年上海世博会全球合作伙伴。

中国移动全资拥有中国移动(香港)集团有限公司,由其控股的中国移动有限公司(简称上市公司)在国内31个省(自治区、直辖市)和香港特别行政区设立全资子公司,并在香港和纽约上市。目前,中国移动有限公司是中国在境外上市公司中市值最大的公司之一,也是全球市值最大的通信公司。

中国移动主要经营移动语音、数据、IP电话等多种增值业务,拥有"全球通"、"神州行"、"动感地带"等著名业务品牌,并具有计算机互联网国际联网单位经营权和国际出入口局业务经营权。

## 第六章 世界500强高管给你的建议书

中国移动已连续9年被美国《财富》杂志评为世界500强企业，2009排名第99位，2010排名第77位。中国移动的品牌价值不断上升，连续第三年进入《金融时报》全球最强势品牌排名，品牌价值(572亿美元)位列第五位，在全球电信品牌中排名第一；2008年再次入选世界品牌实验室编制的《世界品牌500强》，名次大幅提升至66位。2008年，上市公司入选道·琼斯可持续发展指数，成为中国内地首家、也是唯一一家入选企业。中国移动优秀的公司治理得到国际社会高度认可，分别被《财富》杂志评为"全球最受赞赏的公司"，被《商业周刊》评为"亚洲最受尊敬的企业"。公司债信评级是目前中国非金融机构企业中唯一拥有与国家主权信贷评级同等债信评级的公司。

手机已成为人们日常生活中的普通沟通工具，伴随着3G浪潮的到来，手机功能将凭借运营网络的支持，实现从语音到数据业务的延伸，服务内容更加多样化，同时也孕育着巨大的市场商机。

同其他运营商一样，中国移动旗下的全球通、神州行两大子品牌缺少差异化的市场定位，目标群体粗放，大小通吃。一方面是移动通信市场黄金时代的到来，一方面是服务、业务内容上的同质化，面对"移动牌照"这个资源蛋糕将会被越来越多的人分食的状况，如何在众多的消费群体中进行窄众化细分，更有效地锁定目标客户，以新的服务方式提升客户品牌忠诚度、以新的业务形式吸引客户，成为运营商成功突围的关键。

根据麦肯锡对中国移动用户的调查资料表明，中国将超过美国成为世界上最大的无线市场，从用户绝对数量上来说，2005年中国的无线电话用户数量达到1.5亿-2.5亿，其中有4000万-5000万用户使用无线互联网服务，其中25岁以下的年轻新一代将成为未来移动通信市场最大的增值群体。因此，中国移动将以业务为导向的市场策略率先转向了以细分的客户群体为导向的品牌策略，在众多的消费群体中锁定15-25岁年龄段的学生、白领，拓展新的增值市场。

锁定这一消费群体为自己新品牌的客户，是中国移动"动感地带"成功的基础。

1. 从目前的市场状况分析，抓住新增主流消费群体

15-25岁年龄段的目标人群正是目前预付费用户的重要组成部分，而预付费用户已经越来越成为中国移动新增用户的主流，抓住这部分年轻客户，也就抓住了目前移动通信市场大多数的新增用户。

2. 从长期的市场战略出发，培育明日高端客户

以大学生和公司白领为主的年轻用户，对移动数据业务的潜在需求大，且购买力会不断增长。这部分消费群体在3-5年后将从低端客户慢慢变成高端客户，为企业在未来竞争中占有优势埋下了伏笔。

3. 从移动的品牌策略出发，形成市场全面覆盖

全球通定位高端市场，针对商务、成功人士，提供针对性的移动办公、商务服务功能；神州行满足中低端市场普通客户通话需要；"动感地带"有效锁定大学生和公司白领为主的时尚用户，推出语音与数据套餐服务，全面出击移动通信市场，牵制竞争对手，形成预置性威胁。

"动感地带"目标客户群体定位于15-25岁的年轻一族。从心理特征来讲，他们追求时尚，对新鲜事物感兴趣，好奇心强、渴望沟通，他们崇尚个性，思维活跃，对品牌的忠诚度较低，是容易互相影响的消费群体；从对移动业务的需求来看，他们对数据业务的应用较多，这主要是可以满足他们通过移动通信所实现的娱乐、休闲、社交的需求。

中国移动据此建立了符合目标消费群体特征的品牌策略：

1. 动感的品牌名称

"动感地带"突破了传统品牌名称的正、稳，以奇、特彰显，充满现代的冲击感、亲和力，同时整套形象设计简洁有力，易传播、易记忆，富有冲击力。

## 第六章 世界 500 强高管给你的建议书

2. 独特的品牌个性

"动感地带"被赋予了"时尚、好玩、探索"的品牌个性，同时提供以娱乐、休闲、交流为主的内容及灵活多变的资费形式。

3. 炫酷的品牌语言

富有叛逆的广告标语"我的地盘，听我的"、"用新奇宣泄快乐"、"动感地带，年轻人的通讯自治区！"等流行时尚语言配合富有创意的广告形象，将追求独立、个性、更酷的目标消费群体的心理感受描绘得淋漓尽致，能够与目标消费群体产生情感共鸣。

4. 犀利的明星代言

广告代言人周杰伦，以阳光、健康的形象，同时有点放荡不羁的行为，成为流行中的"酷"明星，在年轻一族中极具号召力和影响力，与动感地带时尚、好玩、探索的品牌特性非常契合，可以更好地回应和传达动感地带的品牌内涵，从而形成年轻人特有的品牌文化。

"动感地带"以其独特的品牌主张不仅满足了年轻人的消费需求，吻合他们的消费特点和文化，而且提出了一种独特的现代生活与文化方式，突出了"动感地带"的"价值、属性、文化、个性"。将消费群体的心理情感注入品牌内涵，是"动感地带"品牌新境界的成功所在。

"动感地带"作为一个崭新的品牌，是中国移动的一项长期战略，在进行市场细分与品牌定位后，中国移动大手笔投入了立体化的整合传播，以大型互动活动为主线，通过体验营销的心理感受，为"动感地带"的营销传播推波助澜！

1. 传播立体轰炸

选择目标群体关注的报纸、电视、网络、户外、杂志、活动等，将动感地带的品牌形象、品牌主张、资费套餐等迅速传达给目标消费群体。

2. 活动以点代面

**不懂管理就做不好老板**

从新闻发布会携手小天王、小天王个人演唱会到600万大学生"街舞"互动、结盟麦当劳、冠名赞助"第十届全球华语音乐榜中榜"评选活动，形成全国市场的互动，并为市场推广形成了良好的营销氛围。

3. 高空地面结合

中国移动在进行广告高空轰炸、大型活动推广传播的同时，各市场同时开展了走进校园进行的相关推广活动，建立校园联盟；在业务形式上，通过开通移动QQ、铃声下载、资费套餐活动，为消费群体提供实在的服务内容，使高空地面相结合。

4. 情感中的体验

在所有的营销传播活动中，都让目标消费群体参与进来，达到产生情感共鸣，特别是全国"街舞"挑战赛，在体验之中将品牌潜移默化地植入消费者的内心，起到了良好的营销效果。

"动感地带"作为中国移动长期品牌战略中的一环，抓住了未来市场的高端用户，但关键在于要用更好的网络质量去支撑，应在营销推广中注意软性文章的诉求，更加突出品牌力，提供更加个性化、全方位的服务，提升消费群体的品牌忠诚度，路才能走远、走精彩！

中国移动在中国可谓家喻户晓，是中国企业最早进入世界500强的企业之一。在信息网络高速发展的今天，它紧紧扣住网络时代的脉搏，吸收世界先进的经营和管理理念，重视品牌建设，以其精确的市场细分和准确的市场定位，提供多样化、优质的产品和服务，赢得了消费者的青睐。它本着不断开拓创新的精神，引领中国通讯业的发展，成为中国民族品牌的骄子、走向世界的典范。

## 第六章 世界 500 强高管给你的建议书

### 通用电器与多元化

通用电气公司 (GE)，美国企业，主营业务多元化。通用电气公司是世界上最大的多元化服务性公司，同时也是高质量、高科技工业和消费产品的提供者。从飞机发动机、发电设备到金融服务，从医疗造船、电视节目到塑料，通用电器公司致力于通过多项技术和服务创造更美好的生活。通用电气公司在全世界 100 多个国家和地区开展业务，拥有员工近 300000 人。通用电气公司长期雄踞《财富》杂志 500 强前列，2010 最新排名位列第 13 位。

通用电气公司的历史可追溯到托马斯·爱迪生，他于 1878 年创立了爱迪生电灯公司。1892 年，爱迪生通用电气公司和汤姆森·休斯敦电气公司合并，成立了通用电气公司。通用电气公司是自道·琼斯工业指数 1896 年设立以来唯一至今仍在指数榜上的公司。

通用电气业务集团：7 个发展引擎 ( 消费者金融集团、商务融资集团、能源集团、医疗集团、基础设施集团、NBC 环球、交通运输集团 ) 产生 85% 利润，在技术、成本、服务、全球分销和资本效率方面有强大优势的市场领先者；4 个现金增长点 ( 高新材料集团、消费与工业产品集团、设备服务集团、保险集团 ) 在增长的经济环境下持续产生现金流和收益。

美国通用电气公司是世界上最大的电器和电子设备制造企业，它的产值占美国电工行业全部产值的 1／4 左右。通用电气公司的总部位于美国康涅狄格州费尔菲尔德市，由多个多元化的基本业务集团组成，如果单独排名，其中 13 个业务集团均可名列《财富》杂志 500 强。通用电气公司的电工产品技术比较成熟，产品品种繁多，据称有 25 万多种品种规格。它除了生产消费电器、工业电器设备外，还是一个巨大的军火承包商，制造宇宙航空仪表、喷气式飞机导航系统、多弹头弹道导弹系统、雷达和宇宙飞行系统等。在1977年美国《工业研究》杂志举办的一百种新产品的评选中,美国通用电气公司的新产品获奖最多。知名的可载原子弹和氢弹头的阿特拉斯火箭、雷神号火箭就是通用电气公司生产的。

在两次世界大战中,通用电气公司大发战争财,获得了迅速发展。第一次世界大战后,该公司在新兴的电工技术部门——无线电方面居于统治地位,1919年成立了一个子公司,即美国无线电公司,几乎独占了美国的无线电工业。第二次世界大战又使通用电气公司的产量和利润额急剧增长。

通用电气公司在创立后的80多年中,以各种方式吞并了国内外许多企业,获得了许多企业的股份,1939年国内所辖工厂只有30多家,到1947年就增加到125家,1976年年底在国内35个州共拥有224家制造厂。在国外,它逐步合并了意大利、法国、德国、比利时、瑞士、英国、西班牙等国的电工企业。1972年,该公司在国外的子公司共计有:欧洲33家、加拿大10家、拉丁美洲24家、亚洲11家、澳大利亚3家、非洲1家。到1976年年底,它在24个国家共拥有113家制造厂,成为一个庞大的跨国公司,多次入选世界500强行列。

通用电气公司资产雄厚,规模庞大,1976年和1977年在美国大公司排名中都是名列第九位。据1978年5月8日美国《财富》杂志的统计,美国通用电气公司1977年的总资产达136.96亿美元,销售总额达175.15亿美元,这一年的纯利润为10.88亿美元,在美国各大公司中占第五位,职工总人数38.4万人。通用电气公司从1956年开始建新厂生产导弹,并向外国提供核武器。例如在日本搞原子能、原子燃料和海军鱼雷等。1976年,通用电气公司与法国合作研制涡轮飞机发动机和可以装备鱼雷潜艇、运载火箭的发动机。

(一)通用电气超脱的核心竞争力

对于多元化经营而言,企业必须有一个超脱于具体业务的公司战略,

## 第六章 世界500强高管给你的建议书

这样才能加强对公司未来远景和对公司的总体控制，避免业务单元成为没有战略的利益中心，失去前进和奋斗的目标。通用电气著名的"四大战略"即全球化、服务转型、六西格玛和电子商务，全部都超脱于具体业务。

从通用电气多元化战略的成功经验来看，第一，要通过制定超脱性的战略从客观上指导业务公司方向选择，高度审视多元化战略，强化对公司未来远景和目标的总体控制；第二，正确分析企业内外环境，对企业自身的资源与能力进行正确地分析和评估，要对试图进入的行业有充分的了解；第三，充分发挥并增强核心的竞争优势，对自己的竞争优势是否能延伸扩展至目标行业作出判断；第四，整合企业文化和内部资源，强化管理以及迅速进入所选择的业务，控制过程，改善经营，促进创新。

作为企业经营战略，多元化战略受到企业战略宗旨的影响，一些企业的战略宗旨主要注重产品经营，另一些企业的战略宗旨主要关注资本运营。前者在实施多元化战略时，主要从企业能力，尤其是企业的核心能力出发，关注企业的核心能力与市场机会的结合，因此，这类企业多表现为相关性多元化；后者在实施多元化战略时，主要从企业的资本能力出发，关注企业的资本能力与市场机会的结合，企业的多元化经营主要表现为非相关性多元化，企业多元化业务之间的相关性很小。但是，不同企业的战略宗旨不同，同一个企业的战略宗旨有时也会随着企业的发展而发生变化。

韦尔奇曾说："知道什么时候干涉，什么时候放手让人去做，纯粹是一个需要勇气的决定。在这里一致性并不是必须的。""有的时候为了工作能够尽快完成，可以不用太束缚和守规矩。你可以选择和挑选机会，因为此时你的干涉将起到重要的作用。""当我认为自己能玩的时候，我喜欢亲自上场；当我认为自己不属于这个游戏时，我也很喜欢在一边助威。"

### 不懂管理就做不好老板

通用电气在其熟悉的、具有核心竞争力的行业实施着多元化经营的战略，而在一些运用资本运作方式并购投资的行业里，实施的则是多元化投资的战略。同时，通用电气将其现有的竞争优势超脱地延伸到其他的投资产业和产品，最大限度地运用公司的有限资源进行合理配置，淋漓尽致地发挥出其核心竞争力。通过以通用电气的金融服务集团作为中介，通用电气的多元化战略取得了巨大的成功。

因此，企业多元化战略是企业生产经营和资本运作的综合体现，是企业内部管理型战略和外部交易型战略共同作用的结果。多元化战略应该是多元化经营和多元化投资的合理配置、有机组合的战略模式。随着时间的考验，多元化经营和多元化投资合理配置、有机组合的多元化战略模式，必将是多元化战略模式的发展趋势。也只有这样，企业才能在长期的发展过程中立于不败之地，实现可持续发展。

美国通用电气公司是世界上最大的电器和电子设备制造商。它最显著、最成功的特点就是产业多元化，是世界上最大的多元化服务性公司。从飞机发动机、发电设备到金融服务，从医疗造船、电视节目到塑料，其多元化战略涉及13个业务集团，遍布100多个国家和地区，在全球拥有员工近300000人。支撑这样一个巨大的企业帝国，而且长久不衰，源于通用拥有一个超脱于具体业务的公司战略。通用电气将其现有的竞争优势超脱地延伸到其投资产业和产品，最大限度地运用公司的有限资源进行合理配置，淋漓尽致地发挥出其核心竞争力的作用，使得通用电气的多元化战略取得了巨大的成功。

通用电气可谓是大型跨国企业和多元化企业发展的典范。对我国企业实施多元化和跨国经营提供了宝贵的经验。

# 第六章 世界 500 强高管给你的建议书

## 丰田崛起的秘诀：JIT 管理

丰田汽车(Toyota Motor)，日本企业，主营汽车与汽车零部件。丰田汽车公司简称"丰田"(TOYOTA)，创始人为丰田喜一郎。1895 年，丰田喜一郎出生于日本，毕业于东京帝国大学工学部机械专业。1929 年底，丰田喜一郎亲自考察了欧美的汽车工业。1933 年，在"丰田自动织布机制造所"设立了汽车部。丰田喜一郎的同学隈部一雄从德国给他买回一辆德国 DKW 牌前轮驱动汽车，经过两年的拆装研究，终于在 1935 年 8 月造出了一辆 G1 牌汽车。

丰田的业绩，受益于其成功的 JIT 管理模式。这一模式的核心是其高效低成本的 JIT 生产体系。

(一) 丰田的管理思想

丰田的管理思想总结起来，就是 JIT 管理模式，它的思想框架主要包含"三大目标"、"两大支柱"和"一大基础"。

1. 三大目标

丰田管理的最终目的是努力完成企业的三大目标：一是提高生产力，降低生产成本。丰田公司通过降低存货及清除多余的存货控制，减少生产现场的多余人力、工具，通过自动化精神及美国的 IE(工业工程)方法，使生产力得到发挥；二是降低存货投资，以提高投资回报率，丰田公司把过多而不当的存货视为企业最大的浪费；三是提高准时交货的水平，丰田公司通过贸易公司在产与销的密切配合方面来实现这一目的。

2. 两大支柱

(1) 人员自动化

人员自主化是人员与机械设备的有机配合行为。生产线只要一产生数量、质量、品种上的问题，机械设备就自动停机，并有指示显示，而任何人发现故障问题都有权立即停止生产线，主动排除故障，解决问题。同时将质量管理融入生产过程，变为每一个员工的自觉行为，将一切工作变为有效劳动。

(2) 即时化生产

即时化生产，即以市场为龙头，在合适的时间，生产合适的数量和高质量的产品。即时以需求来拉动生产为基础，以平准化为条件。拉动生产是以看板管理为手段，采用"取料制"，即后道工序根据"市场"需要进行生产，同时，根据本工序再制品短缺的量，从前道工序获取相同的制品量，从而形成全过程拉动控制系统，绝不多生产一件产品。平准化是指工件被拉动到生产系统之前要按照加工数量、时间、品种进行合理的排序和搭配，使拉动到生产系统中的工件流具有在加工工时上的平稳性，保证均衡生产，实现市场对多品种、小批量需要的快速反应和满足功能。

3. 一大基础

一大基础即持续地改进。没有改进就不可能有丰田的生产。"持续改进"的内涵主要包括三个方面：

一是改进生产手段和作业流程，消除一切浪费。"丰田生产方式"哲理认为不能提高附加价值的一切工作(包括生产过剩、库存、搬运、等待、不良品的返工、多余的动作等)都是浪费。这些浪费必须经过全员努力不断消除。

二是从局部到整体永远存在着改进与提高的余地。在工作、操作方法、质量、生产结构和管理方式上要不断地改进与提高。

三是持续地进行改进，这是当今国际上流行的管理思想。它是指以消除浪费和改进提高的思想为依托，对生产与管理中的问题，采用由易到难的原则，不断地改进、巩固、提高的方法，经过不懈的努力，以求长期的积累，获得显著效果。

(二) 丰田管理原则

在降低生产成本的同时，更强调如何提高整体竞争力，这是丰田公司长期快速发展的关键。丰田提出了"UMR 计划"(United Manufacturing Reform Plan)，用以强化汽车基于零件的设计开发能力，同时提高效率。丰田投入百亿日元预算开发引擎设计软件，目的是使作业工程简单化、生产引擎设备小型化，并且贯彻生产一体化。由于丰田追求高效率的制造和汽车开发能力，其零件成本只占汽车总成本的 1／20，大大提升了利润空间。

整体竞争力的提升，有赖于丰田严格的管理。在丰田管理中，包含着下列六个基本管理原则：

1. 强调标准作业

丰田的标准作业，是将标准时间内一个作业者担当的一系列多种作业标准化。丰田对生产的产品、顺序、时间控制和结果等所有工作细节都制定了严格的规范。各种部件都以单件流动生产，在冲压、铸造、锻造等工序已实行约一天用量的小批量生产，在丰田称为"标准作业"。

2. 空间、人力的灵活运用

丰田发现，在面对不确定的生产量下，生产空间可精简许多，而这些剩余的空间可以做灵活运用。人员也是一样，假如一个生产线上有 5 个人，在组装线抽掉 1 个人，则那个人的工作空间自动缩小，空间空出来而工作由 5 个人变成 4 个人，原来那个人的工作被其他 4 个人取代。这样灵活的工作体系，丰田称呼为"活空间、活人原则"。

3. 生产平准化、均衡化

其中平准化指的是"取量均值性"。为了将需求与供应达成均衡，降低库存与生产浪费，丰田要求各生产工程的取量尽可能达到平均值，做到前后一致；而均衡化，就是必须每天平均地、迅速地生产各种部件，所以各种部件都有必要缩短生产周期。生产周期的缩短，可以依靠各种部件的小批量生产，或单件流动的生产来实现。

4. 杜绝浪费

杜绝浪费任何材料、时间、空间、人力、能量、运输等资源，这是丰田生产方式最基本的概念。这种基于杜绝浪费的思想，是坚持追求合理的制造方法而创造出来的一种生产方式，对丰田来说，是提高生产效率、降低成本的关键。

5. 自动化

这里的自动化不仅仅包括机器，还包括人的自动化，也就是养成良好的工作习惯，不断学习创新。

6. 实时存货

依据顾客的需求，在必要的时候，生产必要的东西，生产必要的量，即JIT。

(三) 丰田生产体系

丰田管理模式是一种无与伦比的独创性方式，它是经过长年累月的试验和实践而逐渐总结出来的。这一模式的特色主要体现在四个方面：

1. 生产体系完备而井然

曾在丰田公司工作过的美国密歇根大学日本技术管理教程主任约翰·舒克说："丰田生产体系需要大量详尽的计划、严格的纪律、勤奋的工作、对细微之处的专注。"事实的确如此。

2. 产品开发快中求变

20世纪90年代早期，虽然丰田生产系统精明强干，为向客户提供更多选择，推出了更多的型号，但是价格却高出了市场能承受的程度。针对这种情况，丰田公司重新把工程技术人员分成3组——前轮驱动车组、后轮驱动车组和卡车组，使各组内不同项目比较容易使用统一零件。1994年，丰田推出了备受欢迎的RAV4多用途运动型汽车，这种多用途运动型汽车不同于市场上其他的同类产品，用的是比较轻的轿车底盘而

## 第六章 世界 500 强高管给你的建议书

不是卡车底盘,开起来比较舒服,这强烈地体现了丰田生产的创新精神,使丰田的产品开发又上了一个新台阶,令竞争者胆颤心惊。

3. 卓有成效地降低成本

降低成本,是丰田一直以来坚持的重要工作。1995 年以来,丰田多赚的钱,不是靠多卖车取得的,而是通过降低成本实现的。丰田"省"出来的钱几乎是销售收入的 2 倍。

4. 积极的技术改造和完善的零件供应

丰田汽车公司努力推出新型号的同时,在技术方面也一直走在同行前列。1998 年款的 Corolla 汽车的 120 马力的发动机比以前少用了 25% 的零件,重量减轻了 10%,燃料利用率提高了 10%,且整车价格也大大降低,比 1997 年款的 Corolla 降低了 1500 美元。2002 年 12 月,丰田成为日本第一家出售成批生产的混合型发动机汽车的公司。这种车称为 Ptius,由电动机推动,电动机的能量来自电池和 1.5 升的汽油发动机,前者使汽车开动,后者使汽车保持行驶速度。由于发动机的工作少了,Ptius 汽车每加仑汽油可行驶 66 英里,排出二氧化碳只有普通发动机的一半。丰田公司自己只生产 30% 的汽车零件,其余的都要依赖于外部供应商。在对供应商的关系上,丰田公司把它作为自己生产系统的一个组成部分,并且通过购买股票获得控股权来完善这种关系,通过让供应商充分参与经营活动的各个方面来加深和丰富这种关系。同时,丰田推出适时交付零件的制度,这种做法使丰田从中得到的好处是其他任何汽车制造商无法相比的。

(四) 成功的质量管理

2002 年由美国 J. D. Power & Associates 市场调研公司公布的全球汽车质量年度调查报告指出,全球汽车的整体质量方面,亚洲汽车仍然处于领先地位,其中日本丰田汽车公司生产的凌志品牌汽车名列第一,雄居福特公司、通用公司和克莱斯勒汽车之前。这一成绩的取得,有赖于丰田严谨的质量管理。

丰田的业绩，同样受益于其成功的 JIT 管理模式。JIT 生产是日本丰田汽车公司根据自身的特点，逐步创立的一种独特的多品种、小批量、高质量和低消耗制造模式的生产方式。JIT 生产的基本原理来源于超级市场以需定供的管理方式，即供方依据订货传票(看板)的要求，在规定的时间将货品配送到需要的地点。因此，JIT 生产是指在生产组织的各个层面上，采用通用性强、自动化程度高的机器设备，以不断降低成本、无废品和零库存为目标的一种生产方式。

JIT 生产的核心是消除一切浪费，其实现途径就是通过实现"零库存"目标。JIT 生产式的精髓在于：它是一种持续改善的思想体系，其焦点是杜绝一切浪费，它以尽可能低的成本和尽可能高的质量对顾客做出尽可能快的反应，从而提升企业的竞争能力。

可见，丰田的 JIT 管理模式是一个科学、严谨、先进的管理理念和管理方式，而我国大多数企业的管理是简单、粗放式、落后和混乱的。我国企业要认真借鉴学习吸收丰田科学的管理模式，转变经营方式，改善管理思想和理念，进一步提高我国企业的科学管理水平。

## 从联邦快递的诚信说起

美国通用电气公司前董事长兼 CEO 杰克·韦尔奇告诫公司年轻人：做人要以诚信为本，不可能所有人在所有事上都同意我的看法，我也不可能在任何事上都正确。但只要每个人都明白做事要有诚信就行了。这样才能建立与客户、供应商、分析家、竞争对手及政府的良好关系。这是为企业确定基调。

有这样一个故事：一顾客走进一家汽车维修店，自称是某运输公司

## 第六章 世界500强高管给你的建议书

的汽车司机。他对店主说:"在我的帐单上多写点零件,我回公司报销后,有你一份好处。"但店主拒绝了这样的要求。顾客纠缠说:"我的生意不算小,会常来的,你肯定能赚很多钱!"店主告诉他,这事无论如何也不会做。顾客气急败坏的嚷道:"谁都会这么干的,我看你是太傻了。"店主火了,他要那个顾客马上离开,到别处谈这种生意去。这时顾客露出微笑并满怀敬佩的握住店主的手:"我就是那家运输公司的老板,我一直在寻找一个固定的、信得过的维修店,你还让我到哪里去谈这笔生意呢?"面对诱惑,不为其所惑,让人领略到一种山高海深,这也是一种诚信的文化。

我们把时光倒流到上个世纪的一九七三年三月二十二日晚上,在美国田纳西州曼菲斯市,第一家空运快递公司联邦快递预备启航。在正式启航前,负责业务与客服的资深副总巴许从纽约打电话问现场的主管,到底首航中总共载运多少件包裹。在筹办期间,根据业务代表的回报,第一次的预估是三千件,联邦快递非常担心,因为这超出了公司货机的总承载量。于是,巴许要求再重新与客户确认,做更精确的估计,最后预估的首航载运包裹是三百件。在电话中,那位现场主管告诉巴许:"你坐稳了吗?我有好消息及坏消息,好消息是,总共有六件包裹,坏消息是,其中四件是公司业务人员用来测试的假包裹。"

联邦成功了。现今已经跃入了世界500强之列。联邦快递三十年来的成就,得归功于当初公司上下竭力打造出的诚信的企业文化。为了建立诚信至上的企业文化,所有员工用尽办法,甚至自掏腰包,维持着企业在业界诚信文化的口碑。

纽约的一家全球知名的投资银行把诚信文化的建设看成是企业健康发展的基础。然而正是这家企业,与其许多竞争对手一样,给员工下达了如果讲诚信就几乎不可能完成的任务,从而在不知不觉中使自己关于诚信的目标落空。在这个投资银行里,初来的银行职员叫作"分析员",

**不懂管理就做不好老板**

他们一天三顿饭都要在办公桌边解决，每天要在办公室干到晚上10点钟。工作的压力促使分析员们很快就学会了怎样耍手段：晚上溜出去健身时，把西服外套留在椅背上，让人以为他们就在座位附近。

这样，欺骗的行为习惯就融进了公司的文化中。他们规定，资深的投资银行家以连年的巨大奉献换取潜在的高额经济回报，如果做得好的话，他们可以在四十多岁的时候退休，还有足够的时间开始享受真正的生活。

而银行呢？则接受过早失去许多最有价值员工的损失。高度紧张的银行家们一个交易接着另一个交易，很少有机会谋求作为个人或作为领导的自我发展。他们太专注于残酷的竞争，而难有兴趣来探索自我。

投资银行尽管都虚伪地强调诚信，但它们真正关心的决非诚信，而是要遵守行业的游戏规则。如果违背了这些规则，可能企业就被毁掉了。在现实中，遵守游戏规则是主要的，而诚信文化是次要的。这样的体系终于导致这些游戏规则本身走向崩溃，华尔街公司仅因股票分析舞弊一项，就面临着约10亿美元的罚款。

这些例证告诉我们，诚信文化是企业的立身之本，加强企业的诚信至上的企业文化建设具有重要意义。

一个企业不讲究信用，不诚信经营，必然给国家，给企业造成重大损失，最终使企业无法经营下去。现代企业管理的重要环节，就是要讲究信用，诚信经营，建立诚信至上的企业文化。如此，企业经营才会逐步得到发展，才会树立良好的企业形象。

**东芝公司独具特色的目标管理**

对年轻的下属，美国联邦快递公司创始人弗雷德·史密斯曾经这样说：我们的目标是打造网络，一旦建好了网络，而且如果我们的假设是正确的，那增长前景将无限，我们也将有望享有领导地位。

谈到土光敏夫的时代，不能不涉及东芝公司独具特色的目标管理方式。目标管理作为一种先进的管理方式，并非由日本人首创，但是东芝公司接受和借鉴了德鲁克的"目标管理"的管理理念，并应用到实践，有效地提升了企业的绩效。

东芝公司目标管理主要包括以下四个部分：

(1) 制定目标。在目标管理实施中，东芝公司首先把目标的制定放在首位。在制定目标时要求两点：员工的目标和企业的目标保持一致；每个人都要制定切实的目标。另外在制定目标时还遵守了以下原则：如目标数量不宜过多、目标的内容具体明确、目标难度以略高于本人能力为准、不能失去长远的观点等。

(2) 东芝目标管理的特征。东芝目标管理的特征主要包括两点：直接结合经营需要的一贯性，即目标管理必须从企业的整个经营体制出发，保持完整的一贯性；以个人为中心提高能力，具体来说，每个人的目标，是按照本人的能力、适应性和性格等特点个别确定的。

(3) 目标管理的结构。东芝公司的目标管理，重要的前提就是相信每个人的能力和积极性，恰如其分地明确每个人的工作和任务，然后通过权力下放和自我控制，确立好整体的目标体系以及每个人的目标体系。在目标管理的最后阶段，实施成果评价，并与绩效考核挂钩，给予相应的奖惩措施，提高员工的积极性。

(4) 目标管理的实施。在东芝目标管理的实施过程中，坚持少而精主义和能力主义。此外在实施过程中还坚持"信任下级"原则，适当下放权限，上下级之间建立信任；最后，依据达到程度、困难程度、努力程度三个要素进行成果评价，进行相应的奖励，保证目标管理的有效性。

东芝公司目标管理成功之处在于：

**不懂管理就做不好老板**

(1) 具备一套完善的管理流程。东芝公司的目标管理之所以成功，离不开与之相匹配的一整套管理流程。首先高层管理人员确定公司未来的战略和目标。其次由上至下，逐级确立各级的任务和目标。其中下级的目标也是多次和上级进行沟通，双方一致商定之后，最终确立下来，保证了最终目标的制定是下级员工接受和认可的。在执行过程中，东芝组织的高层领导密切关注和参与，同时让所有员工都参与到目标管理体系中，达到了全员认可、全员参与的效果。最后将绩效与目标管理的成果评价结合起来，确保员工能从中受到激励，让员工更有积极性。

(2) 对细节的注意。东芝公司严格遵循了目标管理的四个要素，设置的目标要明确，让员工参与决策，规定了目标管理的一定时限，通常是半年或者一年，最后将成果评价与人事安排结合起来。此外，东芝还特别注意营造平等的氛围，让上下级之间多沟通，建立深厚的信任。通过实行目标卡片制，并以此作为直属上下级之间订立的合同，让员工做出承诺，提高员工实现目标的可能性。

(3) 高层管理人员和基层员工共同参与。东芝公司的目标管理，就是高层人员亲自关注和参与，从而提高了目标管理被重视的程度，扫清了一些不必要的障碍。让员工参与决策，让他们产生了主人翁意识。日本东芝公司编写的《目标管理实践》中指出：每一个职工，由于亲自参加制度目标，无疑会感到自己为达到目标负有责任，并以极大的热情投入工作。

(4) 基于 Y 理论，充分信任员工。东芝公司的目标管理基于 Y 理论认为："人，就其本性而言，有劳动的欲望、自我提高的欲望和承担责任的能力"。本着这种思想，东芝公司形成了信任员工的氛围，对他们抱有积极的期望，激发员工的工作热情，同时上级下放权力，无权过分干涉员工达到目标的具体措施。甚至一定程度上为这种员工自主承担风险，允许员工失败，认为这是对员工的教育投资。

## 第六章 世界500强高管给你的建议书

(5) 以员工为中心，提高员工能力。东芝公司的目标管理的一个重要特点就是，以员工为核心，提高员工能力。东芝公司把重点放在"提高能力"上，就是要使目标连锁体系中不能充分展开的下级也能实行目标管理。东芝让员工制定略高于自己能力的目标，保证了员工能力的提高，从目标管理的心理功能解析来看，目标管理对人的心理具有定向、控制、激励、凝聚、反馈五个功能，一旦成功完成目标，还有助于提高个人的自信心，使员工获得成长。另外，为了保证每个人的努力方向与企业的总目标相一致，又采取了"自上而下有组织地展开"和"以联合讨论为中心展开"这两项措施。组织中常常出现个人利益与集体利益相冲突的情况，这时员工就不得不同时牺牲个人兴趣和利益，来被迫服务组织目标。要想使员工从"要我做"变为"我要做"，就必须借助目标管理这种管理原则。东芝公司通过让个人目标与集体目标相一致性，就会让员工自觉自愿的为了集体目标而努力。

(6) 与人事管理结合，评价成果并适当奖惩。东芝公司的目标管理，最后的一个环节就是与人事考评、晋升、继任者培养等相结合，依照制定的标准对成果进行评价。有了激励制度，才能保证员工有动力更好地完成自己的目标。最后的成果评价，保证了员工的努力有一个被认可的流程，对员工的奖励可以成为下一阶段员工实现目标的巨大动力，从制度上构成了良性的循环。

目标是希望达到的未来状态，是一个人想要完成的事。没有目标就不会有对未来美好的憧憬，更不会将憧憬变成现实。目标管理也是将目标设置的激励理论应用到实践的有效方法。自从管理学大师德鲁克提出之后，已经广泛被欧美、日本等企业所采纳，成为一种常用的企业管理方法。东芝公司上述独具特色的目标管理案例，给了我们很多启示。

美国通用电气公司前董事长兼CEO杰克·韦尔奇说：我一向的主张是，设定长期目标，激励员工并建立最佳团队，促使他们达到此目标。

## 不懂管理就做不好老板

在追求目标的同时,还要庆祝每一次的胜利。

毋庸讳言,目标管理是企业管理中最重要的管理方式,是指在组织员工的积极参与下,自上而下地确定工作目标,并在工作中实行"自我控制",自下而上地保证目标实现的一种管理办法。

目标管理也是使管理工作变被动为主动的一种很好的手段,其不但有利于员工更加明确、高效地工作,更是为绩效考核限定了考核标准,使考核更加科学化、规范化,更能保证考核的公开、公平与公正。

在浩瀚的撒哈拉沙漠腹地有一个小村庄叫比塞尔,为贫穷所困的比塞尔人曾一次次试图离开那里,但无论向哪个方向走,最后他们却又都一次次地返回了原地。

1926年,英国皇家科学院院士肯·莱文发现了这个地方。他很奇怪为什么这里没有一个人走出过沙漠。于是,他收起了指南针等设备,雇佣了一个名叫阿古特儿的比塞尔人带路,想看看他究竟为什么走不出沙漠。他俩准备了足够用半个月的水,牵上了两匹骆驼上路了。

他们走了大约1300千米的路程,到了第11天早晨,竟又回到了比塞尔。此时,肯·莱文终于明白了,比塞尔人之所以走不出沙漠,是因为他们没有指南针,又不认识北斗星。要知道,在一望无际的沙漠中凭着感觉前行,一定会走出许多大小不一的圆圈,他们最后的足迹十有八九会是卷尺的形状——最终又回到起点。

于是,肯·莱文教阿古特儿认识了北斗星。他告诉阿古特儿:"你白天休息,晚上朝着那颗星的方向一直走,就能走出去了。"后来,阿古特儿只用了三天就走出了沙漠,成了第一个成功走出沙漠的比塞尔人。

要想做成一件事情,仅有热情和能力是远远不够的,最重要的是选准方向。所以一定要带着目标上路,只要朝着清晰的目标努力,就一定能够迈过困难和挫折,走出荒漠,找到希望的绿洲。

美国某所著名大学对应届毕业生做了一项研究调查,他们发观60%

的人目标模糊；27％的人无目标；10％的人有短期目标；只有3％的人有明确的长远目标。

目标是行动的灯塔，我们所有的精力与智慧都是为它储备的。"活着而又没有目标是可怕的。"目标是人们追求的梦想，是成功的希望。一个人如果没有目标，就会找不到努力的方向，就只会在人生的路途上绕圈打转，就可能失去整个世界。

## 三星电子的三维管理模式

三星电子(Samsung Electronics)，韩国企业，主营电子、电气设备。1938年3月，李秉哲在大丘以"三星商会"为名的生意失败。1951年1月，李秉哲重整旗鼓在釜山成立了三星物产株式会社。李秉哲认为电子工业是最适合于韩国国情的产业，于是在1969年成立了三星电子公司，生产电视机、录像机等家用电器，并开始进入国际市场。

1974年，在收购韩国半导体公司50％的股份后，开始了三星电子在半导体领域的神话。在此期间，三星集团进入化学和重工业领域，先后设立了三星重工业公司、三星造船厂和三星精密公司。1985年建立三星数据系统公司(现更名为三星SDS公司)。

1987年三星精密公司更名为三星航空工业公司后，三星正式进入航空领域，以前所未有的速度发展其在航空领域的实力。

1988年将三星电子、半导体及通讯公司合并为三星集团，此次合并有助于优化技术资料并开发多功能、高附加值的产品，提高了三星电子的国际竞争力，向全球领先地位前进。1990年，三星集团推出第一个能全面运作的16兆比特芯片，博得了国际商业机器公司(IBM)、数据设备公司的热烈赞赏。1993年，三星电子宣布进行称为"新经营"的企业管理改革，并开始进行全方位品质经营和世界顶级战略。

2000年11月，三星确立了今后在研发方面将重点确保核心技术与部件的开发；销售方面将重点强化市场，最大限度地缩短整个供给流程所需时间，降低流程费用。同时将以数字为中心进行产业结构重组，将现有流程转换至E体系流程。2001年，三星电子完成全球ERP系统，该系统囊括了遍布47个国家的24家生产设备子公司和35家销售子公司。

如今，"三星电子"已经成为世界知名品牌，产品包括笔记本电脑、手机、照相机、显示器、MP3播放机等，不仅风靡亚洲，还打入了欧美市场。三星电子多次进入世界500强企业行列，2010年三星电子位于世界500强的第32位。

三维管理模式以三星为代表，这里的三维指的是"变革、人才、品牌"。这种管理模式则是指通过变革管理、人才管理和品牌管理来提升企业竞争力、改善企业经营业绩的一种管理系统。

1. 变革

世界上唯一不变的法则就是"变化"。变革是企业保持活力的重要基础，企业经营从来都是以变应变，而不能以不变应万变。企业变革包括多方面，比如战略思维变革、组织结构变革、运营程序变革、企业文化变革、管理模式变革、管理制度变革等。

2. 人才

人才是企业最重要的资源，也是最具能动性的一种资本投入。能否使人才发挥自己最大的潜能，能否让人才对企业忠诚，是企业成败的一大关键。人才的管理，包括选人、育人、用人、留人。

3. 品牌

品牌在企业经营中占据着越来越重要的地位了，其作用已经超过有形资产的作用，已经成为企业的灵魂所在。

一个拥有强势品牌的企业，能够给消费者留下清晰、良好的企业形象、

## 第六章 世界500强高管给你的建议书

产品形象和服务形象,并且取得分销商的有力支持,从而增强市场竞争力。建立强势品牌,要全力维护和宣扬品牌的核心价值,营销传播以品牌核心价值为导向,通过与消费者的深度沟通,让品牌形象铭刻在消费者的心中,进行规范的品牌管理和有理性的品牌延伸,在发挥品牌最大作用的同时保护品牌。

——三星的第一"维":人才管理。

企业间的竞争,归根到底是人力资源的竞争。2002年6月5日,三星电子召开"人才战略总裁研讨会",三星会长李健熙指出:"选拔并培养人才是最高层领导的根本任务。"

三星电子创新人才管理理念,强化人才的系统管理,建起了韩国最大的人才库。在三星电子4.8万名员工中,高级人才约占总人数的25%,其中有硕士近4000名,博士约1500名。2001年,在149名新任高级职员中,61名以上是硕士,约占总数的40%,其中在佐治亚大学、哈佛大学等名校取得学位的有28名。

三星一直坚持人才不分国籍,在世界范围内选用优秀人才。该公司每年委派人事专员到国外招贤,到美国或欧洲一些国家聘用国外名牌大学毕业的优秀人才。对中国、印度、俄罗斯等人才众多、基础科学力量强大的国家,三星电子在这些国家中选拔优秀人才,然后资助其留学韩国。三星电子每年要招聘350名国外专家和MBA等各种优秀专业人才。三星电子将核心职员分为超级人才和高潜质人才,把他们视为推动公司不断发展的核心重量级人物。目前,纳入超级人才管理的就有400多名。这些特殊职员的年薪,即使是行政级别同样的情况下也会是普通高级职员薪金的3倍。三星电子还以优厚的报酬保证员工能有较高的生活水平,员工平均全年工资收入约有1.45万美元。各种福利津贴约有1.15万美元,合计约2.6万美元,而韩国的人均年收入大约才6500美元。

三星的人才政策是:"唯才是用";"人才优劣并不在于学历高低,

## 不懂管理就做不好老板

而在于个人拥有的潜力"；"要不拘一格地选拔人才，如果确实能发挥出水平，就要一视同仁地对待"等。早在1994年，三星就已经取消了学历限制，开始面向社会招聘人才。目前，三星电子的高级主管共有421位，其中通过公开招聘被录用的人才占总数的66%，其余34%的人才均是从其他公司挖来的。三星对那些自学成长的软件专家，甚至"黑客"高手也视为重要的人才。

三星电子在人才方面的努力，已经收到显著的成效。1999年以后连续三年，三星电子的专利注册总数均名列世界前10强，2001年，三星电子申请专利的数量跃升为全球第5位，仅在美国专利商标部(USPTO)就注册了1450项专利。三星电子将知识产权看做企业"最重要的财产"，在研产部门配备大量人才，并不断地对研发领域进行投资。三星电子的员工总数约4.8万名，其中研发人员就有1.7万名，超过员工总数的30%。以移动通讯部门为例，该部共有9500名员工，其中研发人员4500名，接近总数的一半。此外，三星电子还在美国、日本、英国、印度、俄罗斯分别设有研发中心，共拥有700多名研发人员。三星电子将在专利等级、世界标准化技术等方面，跻身世界前5强。

在人才培养方面，三星一直都是不惜重金。该公司每年投入巨额资金，派遣200余名人才到海外研究所进修先进技术，旨在使这些高端技术能在未来实现商用化。三星电子以高级职员为对象，强化他们的外语学习，并通过相关培训，使之以最快的速度适应国际技术发展。三星电子每年投入再教育系统的资金额达到500亿韩元(约5000万美元)，平均每人超过100万韩元(约1000美元左右)。CEO李健熙在1990年发表了二次创业宣言，并设立了占地7 200平方米的三星电子尖端技术研究所，作为专门进行职员再培训的基地，每年培训人员超过3000名。2001年，该研究所共开设了97门培训课程，涉及三星电子未来发展方向的战略将直接出现在教材里。

## 第六章 世界500强高管给你的建议书

与高校联合办学，也是三星人才培养的重要举措。三星电子公司工作与学习相结合的体系已经发展为与韩国一流大学共同办学的规模，形成"1+1"和"2+2"的教学模式，铺设了一条工作学习两不误的成才之路。与三星电子合作办学的名校包括延世大学、高丽大学、成均大学(半导体)、汉阳大学(软件)、庆北大学(电子工学)等。其中，"1+1"方式为取得硕士学位而设，即攻读该学位的人员第一年在研究生院学习，第二年到三星电子相关业务部门工作，修完全部硕士课程。"2+2"方式为取得博士学位而设，该学位所学课程的知识产权经过注册，归三星电子与合作大学共同拥有。1993年9月，三星电子还独立创办了"CEO学校"。这所学校旨在让所有850名集团经理们接受6个月的重新教育，其中3个月在韩国，3个月在海外，后者主要在于强化外语学习。

为了增加员工的国际经验，三星电子每年选出400名在公司工作满3年以上的职员，给他们支付足够的费用，送他们出国。李健熙期望他们回国时能对驻在国的语言和文化有相对详实的了解。这些人回到韩国呆上几年后，将返回他们去过的国家，去推销三星电子的产品。为了培养职员的基本经营技术和对公司的奉献与忠诚，三星电子开办了"三星人力资源开发中心"，公司员工平均每年都要到公司开设的学校里学习16天，学习内容主要是技术培训，另外还学习高效谈判技术和中国、日本周边国家的政治、经济结构等课程。

在新员工培训方面，三星电子也独具特色。每录用一批新员工，不分部门按300名编制成一队，集体住宿，进行为期1个月的培训。培训日程安排得非常紧凑，从清晨一直到晚上，而且学习非常紧张。第二年夏天，所有满1年工龄的员工被召集在一起，举办三天两夜的夏季集训，培养员工之间互相帮助、平等融洽的关系。培训是形成员工之间凝聚力的最有效的途径。

三星在人才培养方面，获得了丰厚的回报，为三星的持续发展打下

**不懂管理就做不好老板**

了坚实的基础。

此外，在人才考评与奖惩方面，三星电子的基本原则是："按能力区分人才，凭业绩回报人才。"对部门工作评价，三星每半年进行一次，按实际收益、资金流动量、每周利润率等因素综合考虑后评价出 A、B、C 三个类型，27 个级别。根据评价结果，如果获得最优秀的等级，那就能拿到相当于年薪 300％的奖金，反之，如果被评为最末的等级，这意味着可能一分钱都拿不到。三星电子采用同样的方法评价新员工，两三年内，按照各自能力的不同，新招员工的年薪最高可以拉开 2 倍的距离。

对于各分公司负责人等高级人员，其年薪中基本职务工资所占比重不超过 25％，其余 75％由以下指标考核确定：股票上涨率、收益性指标、实现既定目标、实际营业额等。对于一般高级职员，基本职务工资占年薪总数的 60％，其余部门由实际业绩考核指标决定。

对部门主管级别人员的提升，也是根据工作考评来确定。业绩不同，提升的速度也就不一样。例如，数字多媒体网络部社长从理事的级别待遇进入三星电子后，历时 15 年，是一步一个台阶地升到社长职务的；而信息通讯部社长自 1996 年进入公司，前后短短 5 年就登上了社长宝座。为三星电子每年创利最多的骨干人才们大部分都是快马加鞭地疾驰在通向成功的大道上。

对于腐败，三星电子是深恶痛绝的，一旦发现即会严惩不贷。如果是负责人，他管理的公司涉嫌存在资金问题，查实后他必须当天提交辞呈。2001 年，三星物产建设部、三星电子半导体采购部集体腐败现象被曝光后，三星电子坚决辞退了所有相关人员。对一般员工也非常严格。有一名职员收取了交易对方以出租车费名义给的 42.5 美元，没有退还，根据三星电子的规定，这是一种受贿行为，为此受到严厉处分。对于因腐败除名的员工，特别是高级职员，三星电子将其列入一本"禁止出入人员名单"的名册，放在三星电子总部的会客室，不准他们进入公司的大楼。

## 第六章 世界500强高管给你的建议书

为了让监察成为一种常规性的工作，三星电子专门成立了各分公司及总部的经营监察组。该机构的主要任务包括三项：

一是坚决揭露腐败，惩治腐败。

二是采取措施以避免产生腐败，并从客观角度对那些存在腐败隐患的公司或事业部门进行检查。

三是在监察过程中发掘并培养未被领导发现的优秀人才。

除了把经济问题当作腐败外，三星还把不正当的人际关系归为腐败。由同学结成的学缘关系、同乡结成的地缘关系和同部门结成的人缘关系等都属于不正当的人际关系。

三星的监察控制工作不仅防患腐败，并且发现了很多人才，从1997年至2001年五年间，经营监察组提拔了近百名优秀人才，有的直接从科长级提升为次长或部长级。

——三星的第二"维"：变革管理。

三星会长李健熙具有与其父迥然不同的个人风格。李秉哲创建并用铁腕经营三星，三星集团内部因此建立了一套等级森严的管理制度。李健熙却认为，三星集团要持续发展，必须进行管理改革，改变家族式的管理，打破等级管理。具体为：

(1) 推行"新经营"

早在1993年，三星电子就开始实施"新经营"，提出"改变才能生存"、"除老婆孩子外，任何事情都能改变"等思想，开展了一场三星管理的革命。

"新经营"的核心是"变"，就是改革一切不适应生产发展的管理机构、管理手段、产品结构、技术开发、营销理念以及企业文化等，开展"产品一流化，为顾客提供全方位服务，树立优秀企业公民形象"的企业经营革新运动，以全面提高企业的市场竞争力。

(2) 实施结构调整

1996年下半年，半导体市场出现危机，紧接着又是亚洲金融风暴。

## 不懂管理就做不好老板

在这生死存亡的危难时刻,三星电子义无反顾地进行结构调整,大刀阔斧地进行一系列改革。结构调整确立的一个重要原则,是使企业向高端产品制造商蜕变,大胆而果断地撤销局限型以及辅助型产业,以半导体及移动电话等高利润产品为主进行结构重组。

三星电子将原有各项产业分为"种子事业"、"苗圃事业"、"果树事业"和"枯树事业"四大类,并分别采取相应对策:

①"种子事业"是指在未来5-10年间会给企业带来收益的"下一代"产业,需要从现在开始果断地寻求技术、资金和人才支持,打好基础,如移动通讯系统、网络、非存储器等。

②"苗圃事业"是指那些尽管目前无法大幅盈利,但将来发展前景良好的产业,需要强化技术开发,尽快提高产品品质以及市场营销能力,先一步抢占市场,如数字电视、TFT-LCD等。

③"果树事业"是指已经主导市场发展的产业,需要通过强化该产业优势,以确保三星电子稳固的王者地位,如大型彩电、显示器、笔记本电脑、移动电话及存储器等。

④那些已经停止生长,难以期待其产出果实的产业,基本都属于"枯树事业",对此要果断地加以整顿,毫不留恋地迅速砍伐,即使目前尚有盈利,但从长远发展来看没有前途的,也要坚决整顿。李健熙苦心经营的富川半导体工厂虽然每年销售达4千亿韩元、净利润过千亿韩元,但为了坚持彻底进行产业重组,只能忍痛割爱卖给美国仙童(Fairehfld)半导体公司,一切以有益于企业长远发展为前提。三星电子前后将其10个事业部卖给海外财团,其中包括将三星重工业的建筑机械卖给瑞典沃尔沃、三星叉车卖给CLARK等。

在这次变革中,三星经历了一场深层次的动荡。1997-1998年两年间,三星电子共整顿了包括小型家电及无线寻呼等在内共34项产业、52个品种。一些不重要的公司,如百货公司和造纸厂等,转卖给他人。简单消费电器的生产转移到其他国家。其中，将音频产业移交给中国惠州工厂，吸尘器等小型家电制造转让给三星广州电子公司。同时，将42家服务部门、物流部门予以剥离，出售多种资产，将三星电子所持韩国惠普45%的股份全部出售给惠普公司。集中资金发展未来行情看好的产业，重点在本国生产制造如计算机等高新技术产品。1996年底至1999年底，三星电子的员工总数由8.5万名减至5.4万名，即3名员工中就得有1名被裁减。

(3) 管理变革

三星在产业结构和人员调整的基础上，建立了"三角形管理框架结构"：三角顶点是三星会长李健熙，负责指引经营方向及部署战略目标，在大方向上把握全局，如将三星电子带入半导体领域，1988年主持合并了三星电子与三星半导体，带领部下奋力打造出众多世界顶尖产品等。

三角形的另一个点是结构调整本部，负责协助会长及总裁团体成功实施战略决策，与号称"智囊团"的三星经济研究所齐心协力为三星电子勾画出未来战略的蓝图，同时还担当着"监察队"角色，主要负责调整几家分公司的经营状况，就连三星电子的总裁团制定实际经营战略、战术时，都要好好地参考他们的意见。

三角形的第三个点是总裁团，负责具体组织指挥，实施具体战略计划，即如何开展实际经营活动。"三角形管理框架结构"使三星电子经营风险降至最低，从而提高了市场竞争力。

在管理方法上，三星也做出了重大的变革。过去，对三星所属的公司实行集中管理，使用统一管理标准，包括低级主管的任命都由总裁办公室控制。调整之后，三星电子集团分设电子、机械、化工和金融四个核心部门，每一部门由一位副总裁领导。每个副总裁都拥有完全的管理和经营自主权，包括任命高级主管人，副总裁对总裁负责。这种分权管理的方法，增强了管理责任，提高了管理效率。

## 不懂管理就做不好老板

变革管理使三星电子顺利渡过了亚洲金融风暴造成的危机，而且增强了企业的凝聚力和向心力，使之集中力量在高新技术领域得到快速发展。在三星，结构调整，并不是困难时采取的权宜之计，也不是一次性的方案，而是应对不断变化的外界环境的经常性措施。如今，三星电子不仅仍然保留着一套完整的结构调整体系，而且企业结构调整的步伐始终没有停止。三星电子继2001年分离了MP3产业之后，又于2002年变卖了工厂自动控制器产业，从而使产业更加集中，发展更加快捷。

——三星的第三"维"：品牌管理

亚洲金融危机让三星的品牌问题暴露无遗。单就品质而言，三星电子的产品并不次于日本产品，但当时却始终无法跻身于世界一流。20世纪80年代末至90年代初，三星电子的品牌形象曾一度大受挫折。"三星"微波炉堆积成山，后来不得不打折处理，在美国消费者心目中留下了二流甚至三流品牌的印象。廉价甩卖的结果是进一步损坏了品牌声誉，陷入一种难以自拔的恶性循环之中。

1996年5月，三星电子决心打一场品牌翻身仗，把三星产品的三流形象进行提升。1997年12月，三星电子确立了品牌战略，制订了一整套具体实施方案。

(1) 实施体育营销

三星电子不惜重金出击奥运赛场，强力营造品牌声势，把这种方式作为市场宣传的核心手段灵活加以运用。

1998年，日本长野举行冬奥会，已经确定了11家公司为赞助商，三星电子经过多方努力，终于成功地列入正式赞助商的名单，将奥运赛场当成宣传其产品的最佳大擂台，为"三星"日后成为一流品牌埋下了伏笔。从那以后，三星电子频繁地出现在各大赛场，先后成为2000年悉尼夏季奥运会、2002年盐湖城冬季奥运会的正式赞助商。在盐湖城冬季奥运会期间，三星电子在当地设置了展示馆，参观人次高达20多万人，

## 第六章 世界 500 强高管给你的建议书

平均每天有 1 万多人体验"三星"数字技术带来的激情。三星电子"趁热打铁",以此为契机把美国市场对"三星"电子品牌的认知度大幅提高到 89%。

除了奥运重大赛事外,三星电子对各目标地区的各种各样的体育赞助活动也在十分频繁地进行着。三星电子还通过亚运会、LPGA 旅行高尔夫精英赛、三星国家杯马术大赛等体育盛事,向全世界宣扬"三星电子世界级尖端企业"的概念。当中国申奥成功时,三星电子趁机在中国 30 个城市举行大规模促销活动,免费赠送 2002 部手机。

(3) 产品高端化

三星电子调整了品牌营销路线,选定美国及欧洲一些发达国家为主要市场,正面树立"三星"作为数字企业的形象。

三星悄悄地从所有折扣商店中撤出他们的商品,将 DVD 播放机、电视、电脑等产品搬到迎合高层次消费者的高档专卖店。

(4) 广告投入

为提高品牌知名度,三星在广告上面投入大量资金,仅 2001 年的广告投入就高达 4 亿美元。通过强大的品牌宣传攻势,"三星"品牌知名度大大提高。美国权威经济媒体《商业周刊》报道,1999 年,"三星"跻身"全球最有价值的品牌",排名第 75 位,2001 年已升为全球第 42 位,2002 年升至全球第 34 位。

"三星电子"多次进入世界 500 强企业行列,2010 年名列世界 500 强第 32 位。其辉煌业绩的取得得益于它著名的"三维管理模式"。这种管理模式则是指通过变革管理、人才管理和品牌管理来达到提升企业竞争力,改善企业经营业绩的一种管理系统。

三星公司的"三维管理模式",紧紧抓住了现代企业发展的命脉,并以独到的眼光和科学的手段,实现了三星的辉煌。三星的"三维管理模式"同样适用于中国企业。

**不懂管理就做不好老板**

## 阿尔弗雷德·斯隆的分权制衡机制

阿尔弗雷德·斯隆，1924年任美国通用汽车公司总裁，1956年退休。在他领导通用汽车公司的32年中，通用汽车公司迅速地发展起来，在美国市场的占有率由1923年的12%发展到1956年的53%。

1928年以后，通用汽车公司一直是美国和世界上最大的汽车公司。斯隆战胜强劲对手亨利·福特的故事，一直是美国企业领导史上一件发人深思的事例。

斯隆最早是海厄特滚珠轴承公司的负责人，海厄特后来被联合汽车公司收购，而联合汽车之后又被通用汽车收购。当斯隆于1918年加入通用汽车时，由于公司缺乏进行有效管理的组织机构，加上汽车行业及外部市场的诸多困难，通用正陷入严重的财务危机中。斯隆说："公司同时面临着来自外部的经济压力及内部的管理危机。"但是，斯隆对汽车行业及通用的前景表示乐观，并尝试制定出长期的管理计划。他说："有些人被不景气的市道吓坏了。但我从来就没有向经济悲观主义低头，在那段时间，我一直坚信商业形势最终会好转，进入一个强劲增长期。"

斯隆认为对通用进行有效管理需要三个要素：分权管理、财务控制和根据市场实现商业概念。

通用汽车的创始人威廉·C·杜兰特首先运用了分权管理系统，斯隆深刻了解在通用汽车的经营管理中，分权管理的重要意义，所以在他执掌GM的时间里，一直坚持这种商业模式。通用汽车的分权管理模式的核心就是公司每个部门的独立性；每个部门拥有自己的管理团队、对自己的盈亏负责。公司另设一个管理委员会，负责监督每个部门的工作、盈利状况，并制定公司政策。由于通用汽车一直缺乏对各部门财务状况的管理，所以直接导致了公司内部资本无法有效分配。为了解决这一问题，

## 第六章 世界500强高管给你的建议书

管理委员会开始调查各部门的收益状况。同一时期,斯隆提出了收益率是决定资本配置最重要的因素这一理论。对于斯隆来说,分权管理是一种非常难以维系的管理策略,因为分权管理稍一不慎,就变成了放任自流,斯隆为此也尝试了许多方法,以寻找到一个平衡点。

为了进一步加强不同部门之间的沟通,斯隆在通用汽车内部建立了许多委员会,在这些委员会及财务控制政策的扶助下,通用汽车进入了稳定发展阶段。斯隆说:"财务控制的基本要素就是成本、价格、产量和投资收益率"。财务控制被视为在将来的行业低迷期中公司不受影响的预防措施。"财务控制产生于危机之中,控制手段有助于避免危机的再度发生"。

斯隆明白,要想增加对通用汽车的市场需求,就必须从整个行业及其竞争的角度看问题。上个世纪20年代,是美国汽车行业风起云涌的时代,作为行业领头羊的通用,占据了越来越大的市场份额。

但福特汽车一直是通用的最大竞争对手。亨利·福特和杜兰特不仅经营管理的方式不同,对市场的看法也大相径庭——福特信奉集权式的管理,而杜兰特主张分权管理。尽管两者采用不同的管理模式,但都对汽车行业的发展做出了极大的贡献——福特发明了生产线,从而大大提高了生产效率;而通用汽车则把各个生产部门都推到了市场。

斯隆认为,在上个世纪20年代,汽车行业发生了四个大的转变:分期付款、旧车折价、封闭式轿车和每年推出新车型。分期付款让更多的人买得起轿车,从而增加了销售额。而二手车折价同样增加了消费者的购买能力。

在那个年代,封闭式轿车成为了行业发展的趋势。通用旗下的雪佛来顺应这一趋势,推出了许多低价位的封闭型轿车,从而在与福特敞篷式的T型车的市场较量中,获得了竞争优势。汽车行业的第四个变化就是每年向市场推出新车型。斯隆说:"我认为在20年代,不论是通用汽

## 不懂管理就做不好老板

车还是其他公司,并没有刻意去这样做,只是希望能每年创造一个更大、更佳的销售亮点。"斯隆也许在当时还没有意识到每年推出新车型战略是多么的成功;福特汽车就是因为没有顺应这一策略而付出了高昂的代价。

在阿尔弗雷德·斯隆担任通用汽车CEO年间,一直坚持三项策略:产品种类的多样性、对研发的重视和制造商的整合。通用汽车的多样性表现在生产不同价位产品的众多的生产线。斯隆对研发的重视表现在把公司的大量资源投入到了新产品的研究方面,因为他相信新技术是未来汽车行业的发展动力。还有,就是斯隆沿袭了杜兰特的思维,把零配件制造商与不同的制造部门结合在一起。这种整合策略大大降低了生产成本,跟从外面的供应商处购买零配件相比,使各部门对其产品的零配件有更深入的了解。

事实证明,对通用汽车的零配件供应商进行的垂直统一管理,是一项成功的商业决策,大大减少了通用与外部供应商的合同数量。而外部供应合同的减少,使通用汽车可以完全依赖自己员工的生产;跟完全依赖外部的供应商相比,通用少了很多的麻烦。一家公司和其外部供应商之间的合同非常难以管理,例如供应商经常供货效率低下,而该公司又不能完全控制外部供应商,相比较而言,通过垂直统一管理的方法管理自己的员工,效率更高。

尽管汽车行业在不断的发展变革,阿尔弗雷德·斯隆的管理能力给通用汽车留下了不可磨灭的痕迹。他的许多管理方法和他建立的那些管理委员会至今仍在通用汽车公司良好地运作。

在现代西方工业国家当中,最富有、最发达的国家当属美国。若问美国最富有的人是谁,这就众说纷纭了。但在20世纪80年代,若要问这个问题,多数人会做出同一回答:"杜邦!"

1986年,杜邦家族所掌握的杜邦公司,是美国十大工业公司之一,

## 第六章 世界 500 强高管给你的建议书

盈利达 271 亿美元，它被称为是称霸全球的"化学大王"。

杜邦家族的发展史，要追溯到 1792 年法国的大革命时期。其创业人皮埃尔·萨姆埃尔是位著名的经济学家，也是杜斐尔·塔莱朗和托马斯·杰斐逊的朋友。正是由于杰斐逊总统的推荐，再加上正值美国独立战争时期，政府就委托他给政府供应火药。到了 1820 年，杜邦一家已是美国最大的火药制造商了，他的儿子埃莱乌德雷·伊尔内又进一步发展了这个家族的势力。但是，杜邦家族仍不满足，他们以硝酸钠为基础，再加入诺贝尔发明的甘油炸药，从而改进了原先的黑色火药，又赚了许许多多的钱。据统计，第一次世界大战期间，协约国所使用炸药的一半，都是由杜邦家族提供的。

后来，他们又开拓了新的领域，研制开发出并生产出钚、合成纤维、杀虫剂 DDT 等。"未来将是机动车的时代"——杜邦家族是这样想的。由于有的是"积累"，于是他们又把通用汽车公司的大部分股票买了下来，并由皮埃尔·杜邦出任该公司的总裁。

第一次世界大战前不久，杜邦集团又发明了用途极为广泛的新产品——尼龙，几年后又发明了另外几种合成纤维，包括今天早已广泛使用的锦纶和绦纶。这些产品为杜邦家族赢得了数不尽的财富。

经过 200 多年的发展，"杜邦公司"所经营的产品包括：化纤、医药、石油、汽车、煤矿开采、工业化学制品、油漆、炸药、印刷设备、电子行业，其产品达 1800 种之多，此外，他们还经营运输业、服务业等。每年的开发研究经费达 10 亿美元，并有 5000 多名科学家和工程师参与研究开发工作，有 4000 多名工程师和技术人员从事产品的研制工作，每年研究出 1000 种以上的新奇化合物——等于每天有两件至三件的新产品问世。而且每一个月至少从新开发的众多产品中选出一种产品使之商业化。

杜邦家族的富裕是一个奇迹！兴盛 200 余年而不衰，这在世界经营史上，也是一个大的奇迹！而创造这些奇迹的秘诀就是"分权机制"的建立。

## 不懂管理就做不好老板

在全美国，杜邦公司于 1903 年建立了一个集体领导的执行委员会，用一群人来替代一个人进行决策。经过约 20 年的探索改革，逐步完善，形成了现在这样的经营管理集体执行机构：由 27 位董事组成的董事会作为公司的最高经营决策机构。每月的第三个星期一开会。董事会议闭会期间，由董事长、副董事长、总经理和六位副总经理组成执行委员会，行使大部分权力，集体负责、分兵把口，承担日常的经营管理决策，推行董事会制定的营销战略。每星期三，执行委员会开会，先就日常业务进行审议，并决定处置办法。正式议程的主要内容是听取和审阅各部门经理的业务报告，其内容包括：生产情况、业务进展、市场销售、效益、存在问题、建议等，并就进一步采取的措施和对策进行讨论，然后做出决议。执行委员会的最后决议，通常采取多数赞成的方式通过，复杂的问题则可经充分协商之后决定。

除了执行委员会之外，董事会还下设财务委员会，其委员多数由不参加日常企业经营的董事担任。财务委员会决定总公司的财务政策，并对财务活动进行指导和监督，是掌握"杜邦钱柜"的掌柜。执行委员会在财务上，有权使用 400 万美元限额内的款项，如果超过，则须经公司财务委员会的同意。

正是这种机制的成功运行，促使了杜邦公司获得了今天的伟大成就，我们的领导者应该从此例上得到一些启示，建立适合于自身发展的领导机制。

在许多人的记忆中，斯隆是一个充满同情心的人，但是在《我在通用汽车的岁月》一书中，他只是实事求是地陈述了他在通用工作的岁月及他任职通用之前的职业生涯，而没有更多的个人感情。也正因为如此，一些评论家认为这本书太"没有人情味"、太"冷冰冰"了。斯隆认为，他不能在书中涉及太多的个人恩怨，这样只会使事情变得复杂。事实上阿尔弗雷德·斯隆之所以能以一个优秀经理人和导师的形象名留通用汽车的历史,正是因为他对别人的关心和了解。

在现代管理活动中,建立适宜的分权机制,以实行集体领导,不仅可以减少管理者的工作压力,更主要的是,这种机制可以使管理工作更有效率。

在经济衰退、明星 CEO 受到质疑的现在,重温工业时代的商业领袖——斯隆的管理方式,可以看到无论商业世界在几十年来如何变化,有些基本的规则是不会改变的。因此,作为管理者,建立一套体制是非常重要的。体制的成功与否,很大程度上决定了管理者的领导成功与否。建立分权的体制,形成内部的竞争与督导,才能充分发挥每一个下属的潜力,使得事半功倍,最终走向巨大的成功。

## LG 电子的人本管理

LG(Lucky Goldstar),韩国企业,主营电子、电气设备。LG 电子创立于 1958 年,早期名叫乐喜电子。乐喜公司自制造出了韩国第一台晶体管收音机后,又涉足自动电话交换机和电冰箱领域,并且通过竞标获得了韩国第二炼油厂的建设权和经营权。随后,它又在 1967 年与美国加德士石油公司合资建立了韩国最大的炼油公司,由此进入能源工业领域,并逐步建立起庞大的石油化学工业。接下来,它又制造出韩国的首台空调器、洗衣机、电梯、彩色电视机、微型电脑……在短短几十年中,乐喜涉足的领域从消费电子和家用电器,再拓展到半导体、通信、工业用电子和电气产品领域。

可以说,LG 电子从成立之日起一直领导着韩国电子行业的发展。目前,其业务遍及 171 个国家与地区,包括 12 个科研及产品开发中心,一跃成为世界电子企业的后起之秀,是全球第二大电视机生产商和第三大

#### 不懂管理就做不好老板

手机制造商。LG已连续多年入选美国《财富》杂志世界500强排行榜，在2010年公布的世界500强企业中排名第69位。

组织管理之父韦伯曾经说过：组织的目的，本来是要激发人的能力，因此，组织结构的目标就是动员人的能力、发挥人的才智。现代人力资源管理就是一个人力资源的获取、整合、保持激励、控制调整及开发的过程。作为世界500强企业，LG电子对人本管理一直是非常重视的。

LG电子公司在企业的经营管理中，贯彻"以人为本"的思想，即"尊重人格的经营"和"为顾客创造价值"这两条管理理念，它们为LG电子带来了积极的回报。

在对内部员工的管理上，LG电子除了积极塑造员工的基本道德规范外，更强调企业组织应对员工担负的社会责任。在对待自己的客户上，LG电子注重的是"人本经营"，通过不断努力，为顾客积极创造价值。LG电子对员工投入了极大的热情，它在注重企业发展的同时，也为员工提供了良好的个人发展条件；在加强管理的同时，给予员工充分的关怀；在严明纪律的同时，给员工提供了一个宽松、自由、舒畅的工作环境。

LG电子的理念有：

——人力开发

人力开发(Human Resource Development)，即为提高自己和他人的业务处理能力，坚持学习和指导，不断丰富自己的经验。

——革新

革新(Innovation)，即为解决现有的问题，思考和接受解决问题的方案及想法，捕捉未来的机会，并果断地去做。

——收益创新

收益创新(Generating Profit)，即应该给顾客提供比其期待水平更高的产品和服务，通过顾客获取相应的价值，为员工、企业创造效益。

## 第六章 世界500强高管给你的建议书

——主人翁精神

主人翁精神(Ownership)，即根据自觉的判断和意志，主动负责产出结果，并尽最大努力完成业务。

——顾客感动

顾客感动(Customer Delight)，即正确了解顾客的期待和要求，迅速以真诚之心，给顾客提供其期待水准的服务。

在LG电子公司，员工以公司为荣，保持诚实和公正的态度，保持标准的道德和个人的尊严。为了避免与公司利益发生冲突，LG电子严格限制员工使用公司财产来为个人牟取私利。员工通过与同事和有关部门的公开交流与合作，竭力提高自己的工作效率。他们保护公司的财产，绝不泄露公司机密。他们追求模范雇员的理想形象,通过持续的自我完善，强调自我发展，力求完美表现。

从公司角度来说，LG电子又非常强调公司对员工的责任，因为员工是企业内部人本管理的基础。LG电子会根据员工的能力和表现给予公正的对待。在工作中，不断地向员工灌输主人翁精神，并建立了员工完美履行他们职责所必需的制度和方针。

在事业内容的经营上，LG电子强调对顾客的责任和义务。LG电子认为，顾客是公司事业的基础，所以，公司应该不断地向顾客提供实际的价值，努力去获得顾客充分的信任。这些经营思想主要体现在以下三个方面：

一是创造价值：LG电子的观点是：只有让顾客满意，才能建立起繁荣的基础。所以，LG电子努力地为顾客创造价值。

二是尊重顾客：LG电子把顾客的意见视为自身决策实施的最起码的标准，自始至终尽力满足顾客的真正要求。

三是提供价值：LG电子一向对顾客以诚相待，以合理的价格向顾客提供高质量的产品和服务，迅速和准确地回应顾客的要求，真正做到有

## 不懂管理就做不好老板

诺必践。

LG电子在未来几年内的目标是成为世界上最优秀的企业。何为优秀的企业？无非就是顾客最喜爱的企业、人们最希望就职的公司、职员有成就感，并愿意为之终生效力。

员工是企业发展和创新的根本因素。现代企业管理中越来越重视人的因素，强调以人为本，但如何将极具个性化的、独立的个体联合起来，服务于企业的共同目标，又同时保留个体的创造性与独特性呢？LG电子给出了自己的解答。

LG电子始终坚持尊重每一个员工的独创性和个性，并集中力量在每一个事业领域培养有竞争力的专业人才。LG电子共同推崇的一种精神是团结和不服输，以企业未来的发展目标为黏合剂，以这种共有的精神为无形的纽带，全面加强企业在市场中的竞争力。在LG电子的招聘网页上，提出了对以下人才的需求：创造力丰富的专业人、发挥个性的组织人、挑战未来的行动人、生活文化的国际人。这些看似矛盾的个体在LG电子得到了最完美的施展舞台。

此外，LG十分重视发展学习型组织，我们知道，学习型组织已经成为现代企业以不变应万变的法宝之一。为了适应市场不断变革的需要，每个公司都致力于将自己的企业建设成为学习型企业。LG电子也不例外，他们在公司一贯倡导终身学习的风气，实现人才与公司价值共同成长。

在LG电子，新人社的员工一般要接受为期2-3周的培训，才能正式上岗。之后，还要在一年之内完成公司内部开设的、以网上培训方式进行的2-4门课程。对于有发展潜力的人才，LG电子内部还有一个专门针对核心人才的"接班人计划"。

为了提高员工在工作中解决问题以及改革创新的能力，LG电子与中国的清华大学合作开设精选课程，能够参加该课程的学员必须是目前在LG电子工作的优秀员工。培训内容为：生产管理、财务管理、人力资源管理、市场营销以及企业经营战略等。LG电子的目标很明确，那就是希望通过这一系列的课程培训，为自己培养出优秀的接班人。

"让有能力的先培训"，这是LG电子的一套独特而又有效的员工培训体制。说其独特，是因为LG电子在员工培训上往往给那些有发展潜力的员工更多的培训机会。在LG电子，平均主义没有施展的空间，能者上、庸者下。公司的很多课程都是专门为"核心人才"设立的，保证了培训的有效性。比如，新员工只有一些最基本的培训，而高层管理者则有机会去韩国总部中心培训，或去进修MBA，或去国外参加专门的培训。

目前，LG电子新开发了《社员能力提高课程》、《超一流亲切课程》、《新入社员课程》等课程。LG电子的员工可以随时随地完成课程中的课题，按照自己的方式和进度进行自我培训，指导人员会把学习的效果评估反馈给员工。另外，LG电子拥有全球性的在线培训网络，韩国和中国的培训部门可直接交流培训的方式、课程的设置和方向等。在中国，LG电子的员工可以查看韩国培训中心的课程计划表，决定是否参加某个课程学习。

LG电子的员工培训机制具有如下特点：

第一、明确的目的性

让企业员工提高岗位技能和认同企业文化，是企业员工培训的一般目的。由于每个企业自身背景的不同，又必须根据自身的具体情况明确更为核心和根本的培训目的。在LG的员工培训机制中，不断被强化的一个核心就是更好地为顾客服务。"顾客满足"是LG员工培训的一个重要课程，这一课程着重培养企业员工"顾客至上"的思维方式和行为方式，从接待顾客的着装、表情、心态、问候、语言、电话应答等细节，到为顾客服务的行动、心态、处理顾客投诉的原则等，都对员工进行科学系统的培训。

第二、鲜明的个性化

企业员工在共同的企业价值观框架下,应当形成一致的思维方式和行为方式。企业为了达成这种一致,就必须根据员工个人素质和具体工作岗位的差异,进行个性化的培训。

第三、先进的培训手段

在培训手段方面,LG电子开辟了一条被称为IBL(Internet Based Learning)课程的培训新渠道。通过互联网,LG电子分设在各地的企业可以和韩国总部直接交流课程设置、培训方式和方向等。同时,设计以网络为基础的学习条件,以远程教育的形式营造良好的学习环境。

第四、充足的资金投入

有些企业在员工培训的资金支持方面投入不足,或者延续性不佳,这主要是因为企业的培训部门需要大量的投资,但却不能直接带来经济效益。一些韩国公司在1997年的东南亚金融危机期间,为了节约开支纷纷撤销了培训机构。LG电子则始终将员工培训视为发展战略中的重要一环,不仅没有削减培训资金,反而加大了投入。LG电子为员工量身定制培训课程,他们先把员工分为"技术职社员"和"经营职社员"两种,然后根据员工的不同要求为其设计不同内容的课程,员工自主选择参加与否。比如"选修"的专业化课程,"必修"的企业文化、思维理念等课程。这种个性化的培训使得员工的需求和企业的需求有机地结合在一起,从而能更有效地达到培训目的。

第五、人才的本地化

在人才本地化策略上,LG电子也是可圈可点。在20世纪90年代,LG电子就走出了"立足中国,扎根中国"的第一步。在LG电子本土化战略中,最值得推崇的是在中国CDMA市场上的成功。在中国CDMA市场上,LG电子市场占有率为15%,销售成绩已经达到60万台。另外,LG电子和中国浪潮集团合作,保证了其在CDMA手机的产、供、销各个

## 第六章 世界 500 强高管给你的建议书

环节上实现本土化战略。

自从 LG 电子进入中国以来，LG 集团坚持开展全方位的人力资源本地化策略。目前，在华的 20000 多名员工中，中国籍员工占大多数，其中不少表现优秀的已经晋升至管理高层，特别是 LG 电子在武汉、济南、成都等地分公司的经理已经由中国员工来担任。

2002 年 11 月 11 日，来自清华大学、北京大学、北京邮电大学、北京科技大学的 34 名优秀学生从 LG 电子中国有限公司总裁卢庸岳会长手中接过了"LG 电子奖学金"的证书，从而揭开了 LG 电子在全国 19 所大学设立奖学金的计划。LG 电子希望通过设立这一奖学金，为培养本地人才作出自己的贡献。

LG 电子成立至今，作为全球第二大电视机生产商和第三大手机制造商，一直领导着韩国电子行业的发展。作为世界 500 强企业，LG 电子最突出的经营之道就是"人本管理"。LG 电子公司在经营管理中，贯彻"以人为本"的思想，即"尊重人格的经营"和"为顾客创造价值"这两条管理理念，它们为 LG 电子带来了积极的回报。

我国的企业管理也提倡"以人为本"，但"以人为本"绝不仅仅是个概念，而是在实践中得到检验的制胜法宝。LG 电子深信，深入理解和执行"以人为本"思想，对现代企业的发展至关重要。

## 版权声明

本书的编选，参阅了一些报刊和著作。由于联系上的困难，我们与部分作者未能取得联系，谨致深深的歉意。敬请原作者见到本书后，及时与我们联系，以便我们按国家有关规定支付稿酬并赠送样书。

电话：010-53300592

北京瀚文锦绣国际文化有限公司